IL FANTASMA SENZA EGO

UNA MAPPA NEL LABIRINTO DELL'INTELLIGENZA ARTIFICIALE

HERNÁN INVERSO · CLAUDIA MARSICO

PHANTOM MAZE
AI & LANGUAGE LAB

Hernán Inverso e Claudia Marsico
Il fantasma senza ego. Una mappa nel labirinto dell'intelligenza artificiale

Titolo originale: *El fantasma sin ego. Un mapa en el laberinto de la inteligencia artificial*
Prima edizione spagnola, Phantom Maze, 2026 — ISBN 978-987-3729-07-2

Prima edizione italiana, 2026
ISBN [da assegnare]

Phantom Maze

IL FANTASMA SENZA EGO

Indice

NOTA PER LEGGERE LA MAPPA

Questo non ha un itinerario fisso. Sarebbe un cattivo piano per un labirinto. Per questo il percorso ha un'eco di *Rayuela* di Cortázar e qualcosa dei vecchi librogame per ragazzi del tipo *Scegli la tua avventura*. Ciascuno può prendere la via che più gli si addice senza perdersi, anche se ci sono due cammini principali.

Il primo percorre il labirinto per intero. Parte dalla storia dell'intelligenza artificiale e dalla mappa dell'ecosistema attuale (Capitoli 1 e 2), entra nel funzionamento tecnico dei modelli linguistici (Capitolo 3), si ferma a interrogarsi sul tipo di fenomeno che incontriamo in questi sistemi e sui suoi tratti (Capitoli 4 e 5) e poi esce allo scoperto per esplorare quali conseguenze abbia tutto questo per chi lavora con questi sistemi, come si distribuisca l'accesso, quali competenze diventino più preziose e che cosa accada al lavoro cognitivo quando l'esecuzione si abbassa di prezzo e il giudizio si fa caro (Capitoli 6-11).

Il secondo cammino è per chi vuole passare direttamente da come funziona a quali effetti produce nel mondo, senza entrare nelle zone che obbligano all'esercizio filosofico. Parte allo stesso modo (Capitoli 1, 2 e 3) e da lì salta ai Capitoli 6-11. I Capitoli 4 e 5 restano sempre disponibili per quando la domanda di fondo si farà urgente, secondo i tempi di ciascuno.

C'è anche chi preferisce entrare là dove lo guida la propria curiosità. Questo funziona per la maggior parte dei capitoli della terza parte, che si possono leggere in qualsiasi ordine senza disorientarsi. L'unico consiglio è percorrere il Capitolo 3 prima di prendere deviazioni, per evitare che alcune domande restino in sospeso. Per tutto il resto, il labirinto ammette ingressi multipli. È questa, dopo tutto, la sua natura.

Preparativi

E adesso? La domanda fluttua nell'aria e si intreccia nelle conversazioni quotidiane. Le ultime generazioni hanno visto più cambiamenti che mai nella storia. Di colpo torniamo sulla luna e siamo circondati da macchine che parlano e sembrano fare molte cose meglio di noi. Questa frenesia di trasformazioni produce sconcerto e fanatismo, entrambi piuttosto inutili quando si tratta di chiarire il quadro. Il libro propone di esplorare, alla vecchia maniera, entrando nel labirinto che ospita questo fenomeno peculiare.

La cosiddetta intelligenza artificiale è entrata in scena come una nuova tecnologia che il mondo ha accolto con curiosità e inquietudine, ma non è arrivata di colpo né in un solo formato. A rigore, sono decenni che trasforma silenziosamente molte infrastrutture che non percepiamo come IA. I sistemi che rilevano le frodi nelle transazioni bancarie, gli algoritmi che ordinano i risultati di ricerca e gli ottimizzatori che gestiscono le catene di approvvigionamento globali prendono decisioni di continuo. La questione è però diventata scottante quando, in meno di tre anni, i modelli linguistici sono passati dall'essere oggetti di ricerca specializzata all'uso quotidiano. ChatGPT ha raggiunto cento milioni di utenti in due mesi, una velocità di adozione inaudita nella tecnologia di consumo. Da allora i modelli linguistici generativi hanno concentrato la maggiore carica simbolica, le paure e le speranze che il termine «intelligenza artificiale» si portava dietro, forzando un'identificazione quasi completa tra il nome e una sola delle sue istanze. Anche nel nostro percorso avranno un posto preponderante, perché nessuno trasforma più direttamente la nostra vita quotidiana e produce più malintesi — senza per questo perdere di vista l'ecosistema più ampio.

La confusione in questo terreno viene a volte attribuita alla complessità tecnica, anche se l'errore di questa prospettiva è abbastanza evidente. Il mondo è pieno di tecnologie di uso massiccio il cui funzionamento ignoriamo platealmente. Quando comparve la radio, la maggior parte degli ascoltatori non sapeva cosa fossero le onde elettromagnetiche né come si propagassero. La macchina a vapore, i vaccini, le lavatrici, gli aerei… Viviamo in un mondo che non comprendiamo a fondo, e non è un problema. L'opacità del meccanismo è compatibile con l'uso efficace e con giudizi ragionevolmente corretti sulla tecnologia in generale. Questo perché gli effetti sono valutabili in modo autonomo. Ascoltiamo o non ascoltiamo la radio, e l'aereo arriva oppure no. Per entrambe le cose disponiamo di criteri di buon funzionamento che stanno fuori dal meccanismo e non richiedono di comprenderlo. Nel caso dei grandi modelli linguistici, invece, per quanto impariamo sul substrato tecnico, la qualità delle risposte che otteniamo non risulta immediatamente determinabile. Non sappiamo bene nemmeno se «funzionino», perché non esiste quel criterio di valutazione indipendente che negli altri casi si dà fuori dall'oggetto. La radio non cambia il suo comportamento a seconda di come la si ascolta, mentre un modello linguistico cambia la sua risposta a seconda di come lo si interroga, con quale versione, sotto quale carico e con quale cronologia di conversazione. Perciò, anche se non serve comprendere il meccanismo per operare l'interfaccia, ci servono capacità complesse per determinare che cosa abbiamo ottenuto.

D'altra parte, l'idea che questi sistemi facciano qualcosa di simile all'intelligenza umana attiva paure e speranze di carattere quasi atavico, che funzionano come ostacoli alla comprensione. Quando per di più ci sono un'espansione rapida ed effetti sociali visibili, il guazzabuglio concettuale è assicurato. Interagiamo con questi sistemi, ma un po' alla cieca, senza sapere bene con che cosa abbiamo a che fare.

Il problema appare più serio quando ci accorgiamo che questo divario tinge la conversazione pubblica. L'istruzione tarda a incorporare le discussioni recenti. I media cercano titoli allarmistici e sbadigliano davanti alle analisi sulle condizioni in cui un sistema fallisce o alle discussioni su che cosa significhi esattamente che un modello «superi» gli esseri umani in un test standardizzato. La comunicazione delle imprese che sviluppano questi sistemi preferisce enfatizzarne le capacità, per cui buona parte dell'informazione disponibile è prodotta da attori con un interesse diretto a far sembrare il sistema più capace o sicuro di quanto sia. Ultimamente ci spingono a discutere se siamo o no vicini alla singolarità, una questione che vince automaticamente in spettacolarità su qualunque altra e ci fa staccare gli occhi da ciò che abbiamo davvero davanti. Gli esperti tecnici, dal canto loro, producono conoscenza molto precisa sul substrato ignorando platealmente le domande a cui quel substrato non può rispondere. Come funziona il meccanismo di attenzione in un *transformer* non risponde alla domanda su che tipo di fenomeno produce quel meccanismo quando interagisce con un essere umano. Le scienze sociali, da parte loro, si gettano a valutare gli impatti in termini di buono o cattivo. Sembra un compito su misura per le scienze umane, che però arrivano tardi al dibattito e in molti casi vi si inseriscono come diligenti allieve delle scienze, prendendone i termini come se fossero neutri per giocare una partita che non è la loro. Altre volte si ostinano in posizioni tipiche della seconda metà del Novecento che le lasciano a mormorare da sole di tracce, rizomi e trasduzioni senza nessuno che le ascolti. Il risultato complessivo è una conversazione disallineata, a volte apocalittica, a volte utopica e povera di idee chiare.

Perciò, in ciò che segue non cercheremo di predire il futuro dell'intelligenza artificiale, né di deliberare sulle regolamentazioni, né tantomeno di dedicarci a tutorial di *prompting*. Ci aspetta un labirinto e cercheremo di tracciarne una mappa. Per farlo, penseremo in termini di intelligenza articolata e non soltanto artificiale. Vuol dire che, mentre osserviamo il funzionamento dei sistemi di intelligenza artificiale, guarderemo anche a come interagiamo con essi, quali sfide ci pongono e come trarre vantaggio da questa nuova coesistenza. La nozione di intelligenza articolata intende evitare l'idea di mescolanza, a cui di solito si allude con l'idea di «ibrido», che implica necessariamente due elementi fusi in uno. In effetti, l'idea di «intelligenza ibrida» presuppone che esseri umani e LLM si combinino per dare luogo a un rampollo che porta le tracce di entrambi, il che non ha senso. Al contrario, pensare in termini di coordinazione permette di rendere conto della possibilità di organizzare il lavoro intellettuale distribuendo le operazioni tra capacità umane e artificiali secondo ciò che ciascuna fa meglio, esplorando in questo modo le forme di lavoro che nessuna delle due può raggiungere separatamente.

Questa articolazione ci porta oltre il pensiero umano assistito e il pensiero artificiale supervisionato, verso un regime cognitivo nuovo, con le sue possibilità e i suoi rischi, che esige di essere compreso nei propri termini.

Nella «Nota per leggere la mappa» abbiamo già indicato alcune direzioni per avanzare. Chi cerca conferma di entusiasmi o di allarmi accesi troverà qui, con ogni probabilità, più domande che certezze, che è poi ciò di cui ha più bisogno. Chi cerca di capire qualcosa che usa ogni giorno senza aver avuto occasione di esaminarlo a fondo troverà gli strumenti per farlo. Oltre a scoperte e scorci mai visti, l'intelligenza artificiale apre una prospettiva che scuote tutto ciò che conosciamo. Guardata da vicino e senza paraocchi, si rivela lo specchio più rivelatore che l'intelligenza umana abbia mai avuto. Non avevamo mai avuto davanti qualcosa che assumesse così bene la forma del pensare senza pensare, e quella prossimità sconcertante è, per chi sa guardare, la migliore occasione nella storia per capire che cosa significhi davvero farlo.

Il labirinto è lì, i preparativi sono pronti e possiamo cominciare la traversata.

1

Come siamo arrivati fin qui

I labirinti non sono tutti uguali. Quello classico di Creta, costruito da Dedalo per imprigionare il minotauro, era un congegno di complessità spaziale: muri, biforcazioni, corridoi che si somigliavano e convergevano tutti nella tana del mostro. Il disorientamento era reale, ma aveva una soluzione. Bastava disporre, come Teseo, del filo di Arianna che segnava l'uscita. Una difficoltà topografica si risolve con l'orientamento.

Ci sono poi i labirinti di regole, come quelli burocratici. Disorientano per proliferazione: norme che si contraddicono, istanze che si rimandano l'una all'altra, procedure che esigono condizioni che solo altre procedure possono soddisfare. Non c'è un centro, non c'è un minotauro. C'è solo una struttura che nessuno ha progettato di proposito e che, nella pratica, è impossibile da percorrere. Il labirinto dell'intelligenza artificiale non appartiene a nessuno di questi due tipi: ne mescola e ne rovescia i tratti. I suoi corridoi sono ben illuminati e i cartelli abbondano, ma si contraddicono. A ogni angolo c'è qualcuno con opinioni nette che indicano direzioni incompatibili. E la cosa più sconcertante è in piena luce, all'ingresso, visibile e accessibile. Basta aprire un'interfaccia di chat. Lì ci troviamo davanti all'elemento più difficile da comprendere dell'intero labirinto: quella voce che sembra capirci e risponde con parole che non sono sue, producendo l'esperienza dell'incontro senza che ci sia nessuno dall'altra parte. Invece di divorarci, ci accoglie, conversa con noi e ci dà ciò che le chiediamo.

Dietro quell'ingresso si dispiegano zone dell'ecosistema dalle geometrie molto diverse, tracciate dai loro costruttori e dalla storia che le ha prodotte. Cominceremo proprio dalla storia, andando a vedere come si è formato il labirinto. È il modo per capire perché i corridoi hanno la forma che hanno e perché certe biforcazioni sembrano scelte quando non lo sono.

GLI ECHI NEL PASSATO

La costruzione non è avvenuta di colpo né secondo un solo progetto. L'idea stessa di un'intelligenza artificiale è molto anteriore all'informatica. Non è estranea nemmeno all'Antichità, dove compare in forma mitica e speculativa: automi animati dagli dèi, statue che parlano, artefatti capaci di agire senza intervento umano. Più che macchine in senso tecnico, erano figure concettuali per pensare il confine tra il vivente e l'artificiale. Nel mondo ellenistico, per esempio, i congegni meccanici attribuiti a Erone di Alessandria mostravano che certi comportamenti potevano prodursi senza anima né volontà.[1] A questo stesso orizzonte appartiene il celebre meccanismo di Antikythera, del I secolo a.C., scoperto fra i resti di un naufragio nel 1901. Era un complesso dispositivo a ingranaggi di bronzo costruito per predire cicli astronomici ed eclissi. Non era un automa in senso stretto,[2] ma mostrava che processi altamente complessi — regolarità celesti, calendari, predizioni — potevano essere incapsulati in una macchina. Nessuno, né alla sua costruzione né alla sua scoperta, disse mai che pensasse o decidesse. Eseguiva però in modo affidabile compiti che richiedevano conoscenza formalizzata. Visto a posteriori, è un caso notevole di esternalizzazione di funzioni cognitive in un artefatto meccanico.

---

[1] Vedi Cesare Rossi, *The Beginning of the Automation*, in Theodor Borangiu (ed.), Advances in Robot Design and Intelligent Control. Advances in Intelligent Systems and Computing, vol. 371, Cham, Springer, 2016, 59-67.

[2] Claudia Mársico, *El mecanismo de Antikythera y el avance de la técnica en la época helenística*, Educación en Ciencias III, 7 (1999), 28-32, e John Hugh Seiradakis e Mike G. Edmunds, *Our current knowledge of the Antikythera Mechanism*, Nature Astronomy 2.1 (2018), 35-42.

Nel Medioevo l'intelligenza non umana venne pensata in relazione ad angeli, intelligenze separate o artefatti animati da saperi occulti. L'impronta teologica e metafisica restò in primo piano e alimentò la riflessione su che cosa significhi pensare, su chi possa farlo e a quali condizioni. Ma c'è anche la fascinazione per gli artefatti animati. Pensiamo ai congegni meccanici attribuiti ai sapienti arabi, a cui si collega la testa di bronzo di Gerberto d'Aurillac, poi Silvestro II, il primo papa francese a salire al soglio di Pietro, nel 999.[3] Quel meccanismo poteva rispondere sì o no, e diede origine alla leggenda di un patto diabolico che procurò a Gerberto non pochi guai. Sulla stessa linea si colloca la testa parlante che Alberto Magno avrebbe perfezionato in tre decenni e che Tommaso d'Aquino avrebbe distrutto per fastidio o per scandalo teologico.[4] In un registro diverso troviamo la tradizione narrativa del Golem, nel giudaismo medievale. Questa creatura fatta di materia inerte — argilla, fango — si animava grazie all'efficacia del linguaggio sacro: il nome di Dio, le combinazioni di lettere che ordinano il mondo.[5] Non è un automa meccanico, ma una creazione umana artificiale, obbediente e priva di volontà propria, la cui «intelligenza» dipende interamente da un'operazione formale. La distanza dai modelli linguistici contemporanei è enorme. Eppure il Golem instaura una domanda che riemergerà secoli dopo, sotto forme molto diverse: può il linguaggio sostenere qualcosa che assomigli all'intelligenza senza che dietro vi sia comprensione?

Nella modernità l'intelligenza arriva a essere concepita come un'operazione formale di calcolo, combinazione e inferenza. In Descartes si definisce attraverso l'esercizio della cogitatio, il pensare

---

[3]Robert Mills, *Talking Heads, or, a Tale of Two Clerics*, in Catrien Santing et al., Disembodied Heads in Medieval and Early Modern Culture, Leiden, Brill, 2013, 31-57.

[4]E.R. Truitt, *Medieval Robots: Mechanism, Magic, Nature, and Art*, University of Pennsylvania Press, 2015, cap. 4; Minsoo Kang e Ben Halliburton, *The Android of Albertus Magnus: A legend of artificial being*, AI Narratives. A History of Imaginative Thinking about Intelligent Machines (2020), 72-94.

[5]Amir Vudka, *The Golem in the age of artificial intelligence*, NECSUS_European Journal of Media Studies 9.1 (2020), 101-123, e Sandu Frunză, *The Golem and the Artificial Intelligence. A new opening towards storytelling*, Journal for the Study of Religions and Ideologies 22.66 (2023), 65-77.

che include dubitare, comprendere, giudicare, affermare o negare, e richiede coscienza di sé. È perciò inseparabile dall'interiorità riflessiva e non si riduce a una mera produzione corretta di risposte. Il corpo, invece, è una macchina. Gli automi provano che esistono movimenti complessi che non richiedono l'anima, e permettono così di tracciare un criterio di demarcazione. Da questa concezione nacque, già nel XVII secolo,[6] la leggenda dell'automa costruito a immagine della figlia Francine, morta a cinque anni, che Descartes avrebbe portato con sé nei suoi viaggi. La storia non ha solido fondamento, ma la sua diffusione drammatizza la tensione centrale del cartesianesimo: la perfezione della simulazione meccanica da un lato, l'impossibilità che un automa possieda coscienza e vita interiore dall'altro.[7] Hobbes va oltre e arriva ad affermare che ragionare non è altro che calcolare. Pensare è sommare e sottrarre conseguenze a partire da nomi e segni (*reckoning*), un processo corporeo senza residuo immateriale né facoltà riflessiva in senso cartesiano. L'intelligenza è il grado più complesso della meccanica che concatena rappresentazioni, prevede effetti futuri e adatta l'azione a quel calcolo attraverso il movimento interno del corpo. Per questo, nel Leviatano, Hobbes può descrivere l'essere umano come un automa naturale senza che ciò implichi alcuna riduzione: l'automa rende visibile la struttura formale dell'intelligenza, e fa di Hobbes un antecedente chiave delle concezioni dell'intelligenza come processo computazionale. Scrive tutto questo in un'epoca in cui gli automi erano uno spettacolo reale.[8] C'erano orologi complessi, figure meccaniche nei giardini europei, fontane automatizzate a Saint-Germain che muovevano statue quando il visitatore calpestava certe mattonelle. Quando, nell'introduzione del Leviatano, paragona lo Stato a un «uomo artificiale», pensa proprio a quei dispositivi: complessità senz'anima.

---

[6]*Discours*, Parte quinta, AT VI, 56.

[7]Minsoo Kang, *The mechanical daughter of René Descartes: the origin and history of an intellectual fable*, Modern Intellectual History 14.3 (2017), 633-660.

[8]Ziyaad Bhorat, *Automata in Hobbes: Three Heads of Cerberus*, History of Political Thought 42.3 (2021), 441-463.

Leibniz radicalizza il rapporto tra intelligenza e meccanismo. Immagina esplicitamente una *mathesis universalis* e una *machina ratiocinatrix*: un linguaggio formale universale e una macchina capace di operare razionalmente su di esso. Ragionare, in questo quadro, consiste nel calcolare relazioni tra concetti chiaramente definiti, per cui le dispute filosofiche o scientifiche potrebbero risolversi con un procedimento di computo, senza scontro interpretativo. L'intelligenza formalizza il pensiero e automatizza certe operazioni razionali, anche se questo non esaurisce la dimensione metafisica dell'intelletto. La *machina ratiocinatrix* incarna l'aspirazione a una razionalità oggettiva, trasparente e comunicabile, e anticipa tanto la logica formale moderna quanto l'idea di dispositivi capaci di eseguire inferenze. Queste idee non rimasero sul piano teorico.[9] Tra il XVII e il XVIII secolo proliferarono macchine calcolatrici, come la Pascalina o la macchina di Leibniz, che, per quanto limitate, materializzavano l'idea di un pensiero meccanizzabile.[10] Nel XIX secolo Charles Babbage e Ada Lovelace, la figlia di Lord Byron, andarono oltre il calcolo aritmetico e concepirono la macchina analitica. Non si limitava più a eseguire operazioni numeriche isolate: introduceva la nozione di programma come sequenza di istruzioni indipendenti dal calcolo concreto. Ispirata ai telai Jacquard, doveva essere riconfigurabile con schede perforate. Era, in embrione, la distinzione tra hardware e software che sarebbe emersa un secolo dopo: una stessa macchina fisica poteva risolvere problemi radicalmente diversi a seconda delle istruzioni ricevute.[11] Ada Lovelace colse con particolare chiarezza la portata di un progetto in cui la macchina trascende i numeri per operare su simboli in generale, purché formalizzabili, e anticipò l'idea di un calcolo simbolico

---

[9]Christopher P. Noble, *Automata, reason, and free will: Leibniz's critique of Descartes on animal and human nature*, Studies in History and Philosophy of Science 100 (2023), 56-63.

[10]La Pascalina, costruita da Blaise Pascal a partire dal 1642, costituisce uno dei primi tentativi effettivi di materializzare il calcolo aritmetico in un dispositivo meccanico. Vedi José Ignacio Rojas-Sola et al., *Blaise Pascal's mechanical calculator: Geometric modelling and virtual reconstruction*, Machines 9.7 (2021), 136.

[11]Lars Jaeger, *Ada Lovelace (1815-1852): Inventor of Computer Algorithms*, in Women of Genius in Science: Whose Frequently Overlooked Contributions Changed the World, Cham, Springer International Publishing, 2023, 71-82.

generale. Al tempo stesso insistette su un punto: la macchina non pensa né crea da sé, perché non può determinare i propri fini o le proprie regole, per quanto bene esegua operazioni formalizzabili già assegnate. Diversi di questi temi restano al centro delle nostre discussioni attuali, anche se riguardano macchine assai diverse.

LA STORIA RECENTE

Questa rapidissima rassegna mostra che l'idea dell'intelligenza artificiale era già nell'aria e che il XX secolo ne ereditò una versione precisa: l'intelligenza come manipolazione simbolica governata da regole. Su questo sfondo nacque l'intelligenza artificiale contemporanea, come un'idea ambiziosa e provocatoria: formalizzare e riprodurre in una macchina certe forme di comportamento intelligente. La domanda sul pensiero delle macchine ha una data di nascita precisa, il 1950. In quell'anno Alan Turing pubblicò *Computing Machinery and Intelligence* con una proposta destinata a definire il dibattito per decenni.[12] Turing sapeva che la domanda, nella sua forma diretta, era irresolubile: non c'è modo di verificare dall'esterno se qualcosa pensa, così come non c'è modo di verificare se un altro essere umano ha un'esperienza interiore o si comporta soltanto come se l'avesse. Perciò non chiese se una macchina pensa, ma se può comportarsi in modo indistinguibile da chi pensa. In un gioco d'imitazione, un interrogante umano intrattiene conversazioni scritte simultanee con due interlocutori nascosti, uno umano e l'altro macchinico, e deve stabilire quale sia quale. Se la macchina inganna l'interrogante con sufficiente frequenza, concludeva Turing, dobbiamo attribuirle intelligenza. Negare che pensi, una volta stabilita l'indistinguibilità del comportamento, non è un'osservazione scientifica: è un pregiudizio metafisico su ciò che le macchine possono o non possono essere.

La proposta era filosoficamente audace. Spostava l'ontologia verso l'epistemologia e si liberava dell'obbligo di rispondere che cosa

---

[12]Alan M. Turing, *Computing Machinery and Intelligence*, Mind 59, n. 236 (1950): 433-460.

sia una mente, ma pagava un prezzo: presupporre che il comportamento linguistico sia il criterio giusto per rilevare l'intelligenza. Se l'intelligenza è ciò che l'intelligenza fa nel linguaggio, allora la prova basta. Se invece nell'intelligenza c'è qualcosa che il linguaggio non coglie — la corporeità, la temporalità vissuta, l'orientamento pratico nel mondo —, allora la prova misura altro, e potrebbe non misurare ciò che conta.

Per decenni il test funzionò come orizzonte regolativo del campo. Superarlo era l'obiettivo implicito dei sistemi di conversazione e fungeva da criterio di progresso. Quella funzione ebbe conseguenze profonde: orientò la ricerca verso il rendimento linguistico come parametro di intelligenza e radicò, nell'immaginario degli addetti ai lavori e del pubblico, l'idea che l'intelligenza sia in fondo una questione di apparenza conversazionale. Se sembra intelligente nel linguaggio, è intelligente.

L'espressione artificial intelligence compare formalmente nel 1956, nel celebre workshop di Dartmouth organizzato da John McCarthy.[13] Quell'incontro condensa una serie di sviluppi precedenti, teorici e tecnici, maturati da almeno due decenni. L'idea nasce dall'incrocio di varie linee di ricerca in un contesto intellettuale molto preciso. Da un lato, McCarthy lavorava da tempo alla formalizzazione logica del ragionamento e alla possibilità di descrivere i processi cognitivi come operazioni simboliche. Dall'altro, c'era un clima di forte sviluppo tecnico, alimentato dai progressi nel calcolo digitale durante e dopo la Seconda guerra mondiale. La crittografia, la decifrazione dei codici, l'ottimizzazione logistica e il controllo automatico spinsero un'alleanza inedita tra matematica, ingegneria e Stato. Macchine come Colossus, progettate per violare codici, mostrarono che i dispositivi artificiali potevano analizzare schemi e spazi combinatori enormi a una velocità e a una

---

[13] Marc M. Anderson, *AI as philosophical ideology: a critical look back at John McCarthy's program*, Philosophy & Technology 37.2 (2024), 1-24.

scala irraggiungibili per gli esseri umani.[14] A ciò si sommavano la cibernetica di Norbert Wiener, la logica matematica, la teoria dell'informazione di Shannon, i primi modelli neuronali di McCulloch e Pitts e il lavoro di Turing sulle macchine astratte, tutti inquadrati nei tentativi di formalizzare il ragionamento logico[15] e nell'idea che qualsiasi processo effettivo potesse esprimersi come una sequenza finita di operazioni. La riunione di Dartmouth puntava a unificare queste correnti disperse attorno a un'ipotesi centrale: l'intelligenza come insieme di funzioni descrivibili in forma formale e, dunque, implementabili in una macchina. L'ottimismo dell'epoca era esorbitante. Si pensava che, con abbastanza regole logiche e un po' di potenza di calcolo, problemi come il ragionamento e perfino la creatività si sarebbero risolti in poche decadi, semplicemente sviluppando quanto già fatto.

Vale la pena prendere sul serio quell'ipotesi inaugurale, perché tutto ciò che segue si può leggere come la sua crisi progressiva: la frammentazione del programma e, infine, l'emergere di qualcosa che nessuno dei partecipanti di Dartmouth avrebbe riconosciuto come erede legittimo. L'IA simbolica, con i suoi sistemi esperti, i suoi motori inferenziali e le sue basi di conoscenza, fu la realizzazione istituzionale di quella scommessa. Il linguaggio era pensato come un sistema scomponibile in regole grammaticali e semantiche, la percezione come estrazione di tratti descrivibili logicamente, la pianificazione come una ricerca in un albero di stati possibili. Tutto poteva formalizzarsi, perché l'intelligenza era, in fondo, calcolo. In quel contesto comparve ELIZA. Joseph Weizenbaum la costruì al MIT tra il 1964 e il 1966 per dimostrare una tesi: un programma capace di imitare la struttura superficiale della conversazione poteva sembrare comprensivo senza comprendere nulla. ELIZA non aveva un modello del mondo né una rappresentazione dell'interlocutore.

---

[14]Jonathan P. Bowen, *Alan Turing: Breaking the Code, Computing, and Machine Intelligence*, in The Arts and Computational Culture: Real and Virtual Worlds, Cham, Springer Nature Switzerland, 2024, 75-94.

[15]Alan M. Turing, *Computing machinery and intelligence (1950)*, Mind 59.236 (1950), 433-460, e Flavio Lombardi e Alessandro Recchia, *On Abstract Machines Security and Performance*, Procedia Computer Science 231 (2024), 111-118.

Funzionava per riconoscimento di schemi e sostituzione di variabili. Se l'utente diceva «mi sento triste», rispondeva «perché ti senti triste?». Se nominava la madre, chiedeva della famiglia. La logica era circolare e deliberatamente vuota. Weizenbaum l'aveva progettata perché quella vacuità fosse evidente. Eppure gli utenti — compresi collaboratori stretti che sapevano come funzionava — sviluppavano legami con ELIZA, le confidavano problemi personali, chiedevano riservatezza per conversare con lei e insistevano che li capisse, a volte più delle persone. Weizenbaum documentò il fenomeno con allarme e scrisse Computer Power and Human Reason come un monito sulla facilità con cui proiettiamo comprensione dove non ce n'è. Chiamò quella proiezione sistematica «effetto ELIZA».[16] ELIZA aveva, per inciso, esattamente le proprietà superficiali di cui il meccanismo di riconoscimento dell'interlocutore ha bisogno per attivarsi: prima persona, domande rivolte all'utente, adattamento del registro all'input ricevuto. Weizenbaum costruì senza volerlo la prima dimostrazione che la voce che sembra capirci non ha bisogno di capire per produrre gli effetti della comprensione. E ciò che prese per un difetto degli utenti si rivelò un dato prezioso sulla struttura dell'esperienza. ELIZA era un programma dimostrativo, senza memoria tra le sessioni, senza accesso a informazioni esterne, senza alcuna possibilità di agire sul mondo. Che cosa sarebbe successo combinando quella struttura formale con capacità reali, memoria e accesso alla conoscenza? Nel 1966 era del tutto incerto. Decenni dopo, il labirinto è cresciuto, e al suo ingresso presiede una voce che risponde con una profondità che ELIZA non poteva nemmeno fingere.

L'IA simbolica sosteneva che, se il pensiero è manipolazione di simboli secondo regole, riprodurlo è questione di formalizzare le regole giuste. Per decenni quella scommessa produsse risultati impressionanti in domini circoscritti — la diagnosi medica, gli

---

[16]Joseph Weizenbaum, *Computer Power and Human Reason: From Judgment to Calculation*, W. H. Freeman, San Francisco, 1976, p. 189. Vedi anche Jeff Shrager, *ELIZA Reinterpreted: The World's First Chatbot Was Not Intended as a Chatbot at All*, arXiv:2406.17650, 2024, e Ranisch, R., & Meier, L. J., *The Potential Harms of AI Psychotherapy: A Fear as Old as ELIZA*, The American Journal of Bioethics, 26(2), 2026, 69-71.

scacchi, la dimostrazione di teoremi —, dove l'universo delle possibilità poteva definirsi in anticipo. Il problema arrivò quando i sistemi tentarono di operare nel mondo aperto. Nel 1969 McCarthy e Hayes formularono con precisione la posta in gioco. Accendere una luce non sposta i mobili. Aprire una porta non cambia il colore delle pareti. Per un essere umano queste invarianti sono tanto ovvie da non venire nemmeno pensate: fanno parte di uno sfondo di senso comune che opera in silenzio dietro ogni azione. Per un sistema di regole, invece, ogni invariante va dichiarata in modo esplicito. E man mano che il mondo modellato si arricchisce, il numero di regole necessarie a specificare ciò che non cambia cresce senza un limite gestibile.[17] Lo chiamarono *frame problem*, il problema della cornice. I sistemi esperti funzionavano nei domini chiusi, dove quello sfondo poteva essere ignorato, ma crollavano davanti al mondo aperto.

Hubert Dreyfus fu il primo ad articolare l'obiezione come critica filosofica di fondo.[18] Appoggiandosi alla fenomenologia di Heidegger e Merleau-Ponty, sostenne che l'intelligenza umana non consiste nell'applicare regole a rappresentazioni, ma in un sapere pratico incarnato e situato, che non ammette la separazione tra soggetto conoscente e mondo rappresentato data per scontata dal programma simbolico. Negli anni Settanta la critica fu accolta con ostilità. Si rivelò poi profetica. Il tipo di comprensione che i sistemi simbolici non riuscivano a catturare era proprio quello che dipende dal corpo, dall'esperienza e dal contesto: tutto ciò che era stato lasciato fuori campo.

Gli effetti istituzionali di quel fallimento furono severi. In due ondate note come «inverni dell'IA» i finanziamenti si ritrassero e i laboratori di IA simbolica persero influenza. Il primo inverno ha un

---

[17]La formulazione canonica del frame problem compare in John McCarthy e Patrick J. Hayes, *Some Philosophical Problems from the Standpoint of Artificial Intelligence*, in Bernard Meltzer e Donald Michie (eds.), *Machine Intelligence 4*, Edinburgh, Edinburgh University Press, 1969, 463-502. Sulla sua evoluzione filosofica, vedi Murray Shanahan, *The Frame Problem*, in Edward N. Zalta (ed.), The Stanford Encyclopedia of Philosophy, 2016.

[18]Hubert L. Dreyfus, *What Computers Can't Do: A Critique of Artificial Reason*, New York, Harper & Row, 1972. Edizione riveduta: *What Computers Still Can't Do: A Critique of Artificial Reason*, Cambridge, MIT Press, 1992.

documento fondativo, nel 1973. Sir James Lighthill, matematico di Cambridge, pubblicò su incarico del Science Research Council britannico una valutazione demolitrice dello stato del campo. Sosteneva che l'IA non aveva mantenuto nessuna delle sue promesse centrali, che i progressi nei domini ristretti non si trasferivano alle situazioni reali e che l'«esplosione combinatoria» — la crescita esponenziale dello spazio di ricerca quando i problemi si fanno appena più complessi — rendeva i metodi esistenti non scalabili.[19] Il campo aveva promesso traduzione automatica, comprensione del linguaggio naturale e visione artificiale nel giro di un decennio. Niente di tutto questo era avvenuto, né era dietro l'angolo. Il rapporto Lighthill colse, pur senza chiamarlo così, il *frame problem* in azione su scala istituzionale. Il governo britannico falcidiò i finanziamenti e nel paese rimasero pochi centri attivi.[20] Negli Stati Uniti la DARPA, l'Agenzia per i progetti di ricerca avanzata della Difesa, aveva scommesso sul lungo periodo senza esigere applicazioni immediate, e ciò permise lo sviluppo di progetti come ARPAnet; ma il Congresso pretese rendiconti e piovvero i tagli.[21] Fuori dal mondo anglosassone, la Francia aveva una propria tradizione in logica matematica — da lì uscì Prolog, il linguaggio creato da Colmerauer, Kanoui, Pasero e Roussel a Marsiglia nel 1972 — e attraversò l'inverno con meno danni.[22] L'Unione Sovietica aveva vari centri attivi, ma in ritardo: l'isolamento e la difficoltà di accesso a hardware potente imposero loro un tetto basso.[23] Intanto, mentre il campo languiva in Occidente, il Giappone lanciò nel 1982 il Progetto di Quinta Generazione, con enormi finanziamenti e l'obiettivo di produrre entro il 1992 macchine capaci di ragionare in

---

[19]James Lighthill, *Artificial Intelligence: A General Survey*, in Artificial Intelligence: A Paper Symposium, Science Research Council, Londra, 1973.

[20]Nils Nilsson, *The Quest for Artificial Intelligence: A History of Ideas and Achievements*, Cambridge University Press, 2010, cap. 14.

[21]National Academies, *Funding a Revolution: Government Support for Computing Research*, National Academy Press, Washington D.C., 1999, cap. 7.

[22]Alain Colmerauer e Philippe Roussel, *The Birth of Prolog*, in History of Programming Languages, ACM SIGPLAN Notices 28.3 (1993), 37-52.

[23]Slava Gerovitch, *From Newspeak to Cyberspeak: A History of Soviet Cybernetics*, MIT Press, 2002.

linguaggio naturale. Era l'ipotesi di Dartmouth su scala industriale, con generoso sostegno statale. L'Occidente si allarmò e il primo inverno fu superato. La DARPA tornò in pista, la Gran Bretagna creò il programma Alvey, l'Europa lanciò ESPRIT. Quel primo inverno finì in parte per la minaccia giapponese, che — ironia della sorte — fallì in quasi tutti i suoi obiettivi e lasciò una scia di promesse non mantenute e hardware obsoleto.[24] Fu questo a precipitare, verso la fine degli anni Ottanta, il secondo inverno.

Questi alti e bassi si capiscono meglio allargando l'inquadratura, perché i laboratori di IA non erano gli unici a esplorare l'hardware di calcolo. Senza alcun interesse per l'intelligenza artificiale, nell'agosto del 1981 IBM lanciò il suo Personal Computer. Apple, Commodore e Tandy avevano i propri modelli già dalla fine degli anni Settanta, ma l'avallo di IBM diede legittimità al concetto. Se l'azienda che dominava il calcolo aziendale puntava sulla scrivania, allora la scrivania era il futuro. E il PC di IBM era il più replicabile ed economico da produrre su larga scala. Dietro di esso c'erano due attori che IBM sottovalutò e che si sarebbero rivelati i veri vincitori: Microsoft, che controllava il sistema operativo, e Intel, che fabbricava il processore, con un modello di business orientato a vendere più hardware al prezzo più basso possibile.[25] I due modelli erano destinati a collidere. Il simbolo di quello scontro furono le macchine LISP. Straordinarie per il loro tempo, erano progettate per un tipo di calcolo specifico e si vendevano a caro prezzo a laboratori e corporation. Come i dinosauri, non persero perché fossero inferiori, ma perché non riuscirono a reggere il ritmo del cambiamento. Per la cosiddetta legge di Moore, ogni due anni l'hardware convenzionale raddoppiava la potenza a costo decrescente. Così, nel 1987, una workstation Sun costava una

---

[24]Tōhru Moto-oka et al. (eds.), *Fifth Generation Computer Systems: Proceedings of the International Conference on Fifth Generation Computer Systems*, Tokyo, ottobre 1981, North-Holland Publishing, 1982.

[25]Paul Freiberger e Michael Swaine, *Fire in the Valley: The Birth and Death of the Personal Computer*, Pragmatic Bookshelf, 2014. Per il modello di business di Microsoft e Intel: Walter Isaacson, *The Innovators: How a Group of Hackers, Geniuses, and Geeks Created the Digital Revolution*, Simon & Schuster, 2014, capp. 9-10.

frazione minima di una macchina Symbolics e rendeva in modo comparabile. Le aziende che avevano costruito il proprio business sulla vendita di hardware per l'IA cominciarono a fallire a cascata in meno di tre anni.[26] E come dei dinosauri sopravvissero gli uccelli, i più piccoli e adattabili, delle macchine LISP sopravvissero i linguaggi: Common LISP, Scheme e i loro discendenti migrarono verso l'hardware di consumo di massa e sono ancora vivi. L'ironia della storia è che il PC di IBM, nel 1981 del tutto irrilevante per l'intelligenza artificiale, si rivelò la tecnologia che l'avrebbe trasformata più in profondità. L'hardware economico e ubiquo divenne abbastanza potente da rendere praticabile qualcosa che era rimasto ai margini, senza finanziamenti né attenzione.

Il secondo inverno fu più breve del primo e nel 1993 si stava ormai dissipando. Lasciò però una sensazione: che il programma di Dartmouth e la sua scommessa sulle regole fossero un vicolo cieco. Quel lutto portò alla frammentazione. Il programma unitario si spezzò in linee di ricerca che abbandonarono la pretesa di risolvere «l'intelligenza» come un tutto e si concentrarono su capacità specifiche. La percezione visiva si separò dal ragionamento logico, l'elaborazione del linguaggio dalla pianificazione motoria, l'apprendimento dall'inferenza.

Alla fine degli anni Ottanta Rodney Brooks radicalizzò la rottura a partire dalla robotica, con agenti che interagivano con il mondo senza modelli interni, rispondendo direttamente agli stimoli dell'ambiente con un comportamento reattivo.[27] I robot di Brooks non ragionavano, non pianificavano, non avevano alcuna rappresentazione del mondo. Eppure si muovevano, schivavano ostacoli e reagivano all'ambiente con una fluidità che surclassava di gran lunga i pianificatori simbolici. La lezione fu netta: qualcosa che associamo all'intelligenza poteva manifestarsi senza rappresentazione, almeno in certi domini, con il corpo e l'ambiente

[26] Alvin Graylin, *Symbolics, Inc.: A Failure of Heterogeneous Engineering*, MIT OpenCourseWare, 6.933J, 2001.

[27] Rodney Brooks, *Intelligence without representation*, Artificial Intelligence 47.1-3 (1991), 139-159.

come componenti costitutivi del comportamento. In linea con gli argomenti di Dreyfus, Brooks dimostrava che esistono forme di intelligenza irriducibili al calcolo simbolico.

Intanto si stava preparando qualcosa destinato a cambiare le carte in tavola. Le reti neuronali, che avevano avuto il loro apice negli anni Sessanta con il Perceptron, riapparvero a metà degli anni Ottanta con un'idea diversa: lasciare che il sistema apprenda gli schemi a partire dai dati.[28] Invece di insegnargli che cos'è un gatto descrivendone i tratti, gli si mostrano migliaia di immagini di gatti e lo si lascia trovare gli schemi che li distinguono. L'intelligenza si coltiva mediante un algoritmo che si regola in funzione degli errori. Ripetuto milioni di volte su milioni di esempi, quel processo accumula nei pesi della rete una struttura che coglie qualcosa di reale sul mondo, senza un progetto previo. La trasparenza che il programma simbolico inseguiva fu incenerita sull'altare di un'opacità giustificata dalla potenza. L'approccio avanzò negli anni Ottanta e Novanta con risultati parziali ma costanti, e mostrò che la statistica funzionava là dove la logica aveva morso la polvere.

In tutto questo la linguistica, che si presentava come la porta verso le agognate regole per l'automazione, si ritrovò di colpo sospesa nel vuoto. Le grammatiche formali, come la generativa, crescevano in complessità nel tentativo di rendere conto dell'uso reale che, come l'orizzonte, si spostava sempre un po' più in là, mentre la comprensione della struttura profonda del linguaggio smetteva di essere un tema rilevante. La linguistica ha ancora qualcosa da offrire ai modelli linguistici, ma non più le chiavi del regno.[29] Nel marzo del 2023 Chomsky pubblicò sul New York Times *The False Promise of ChatGPT*, dove descrisse questi sistemi come «a lumbering statistical engine for pattern matching», incapaci di

---

[28] Koosha Sharifani e Mahyar Amini, *Machine learning and deep learning: A review of methods and applications*, World Information Technology and Engineering Journal 10.07 (2023), 3897-3904.

[29] Vedi Luigi Rizzi, *On the Complementarity of Generative Grammar and Large Language Models*, Italian Journal of Linguistics 37.1 (2025), 145-152, e Cristiano Chesi, *Is it the end of (generative) linguistics as we know it?*, arXiv:2412.12797, 2025.

costruire spiegazioni genuine, di distinguere il possibile dall'impossibile, di fare scienza in qualunque senso reale del termine.[30] L'articolo ha la precisione e l'irritazione di chi vede mandare in pensione i problemi che riteneva fondamentali. Chomsky aveva dedicato decenni alla grammatica universale e alla struttura profonda per dimostrare che il linguaggio non si apprende dai dati e che bisogna perciò andare a caccia delle regole. Ma alla fine gli LLM appresero proprio dai dati, e funzionarono. Ignorarono il quadro chomskyano e ottennero sistemi che elaborano il linguaggio con una fluidità superiore a quella di qualsiasi grammatica formale. Chomsky reagì come un teorico navigato davanti a un pratico che risolve un grande problema per un'altra via, senza passare dalla teoria — e così facendo suggerisce che il teorico e i suoi colleghi stavano ponendo la domanda sbagliata, almeno rispetto all'obiettivo pratico. All'inizio del XXI secolo si aggiunsero tre condizioni materiali decisive. Primo, volumi massicci di dati digitali di ogni tipo: testi, immagini, registri di transazioni, genomi, partite di gioco. Secondo, aumenti drastici nella capacità di calcolo parallelo, spinti da mercati estranei all'IA come quello del gaming. Terzo, capitale sufficiente a sostenere addestramenti costosi. Questa convergenza favorì la ricerca basata sull'apprendimento di schemi nei dati su larga scala e accelerò il progresso su molti fronti. Nella visione artificiale, per esempio, il salto arrivò nel 2012, quando AlexNet competé in ImageNet, la gara annuale di classificazione di immagini che faceva da termometro dello stato dell'arte. Le reti precedenti sbagliavano in circa il 26% dei casi. AlexNet portò quel numero al 15%, senza alcuna programmazione per cercare bordi, texture o forme specifiche. Aveva imparato che cosa cercare durante l'addestramento, sviluppando rappresentazioni interne senza specifiche. Da lì in poi le reti convoluzionali profonde si integrarono nella diagnostica per immagini, nella guida autonoma, nel controllo di qualità industriale e nel riconoscimento facciale, con conseguenze che eccedono di gran lunga il dominio tecnico.

---

[30] Noam Chomsky, Ian Roberts e Jeffrey Watumull, *The False Promise of ChatGPT*, The New York Times, 8 marzo 2023.

L'apprendimento per rinforzo, dal canto suo, mostrò che un agente poteva apprendere strategie complesse senza istruzioni esplicite, semplicemente regolando il proprio comportamento in base a una ricompensa o a una penalità. Nel 2013 alcuni sistemi di DeepMind impararono a giocare a videogiochi Atari a livello sovrumano osservando soltanto i pixel dello schermo, senza alcuna spiegazione delle regole. Nel 2016 AlphaGo sconfisse il campione mondiale di Go con mosse che i migliori giocatori del mondo descrissero come sconcertanti. Nel 2020 AlphaFold risolse il problema del ripiegamento delle proteine, predicendo la forma tridimensionale che una proteina assume a partire dalla sua sequenza di amminoacidi: una questione che aveva resistito a cinquant'anni di biologia strutturale. In parallelo, più silenziosamente, sistemi di raccomandazione, motori di rilevamento delle frodi, algoritmi di trading ad alta frequenza e modelli meteorologici ad alta risoluzione hanno integrato queste tecniche in un'infrastruttura che organizza porzioni sempre più ampie di ciò che ci accade intorno.

Quel che colpisce di questi traguardi è che appartengono a domini ritenuti irriducibili l'uno all'altro. Vedere, parlare, decidere e predire avevano campi e metodi distinti, e alla fine si rivelarono tutti suscettibili della stessa strategia: reti neuronali addestrate su dati massicci mediante discesa del gradiente. Si mostra al sistema un numero sufficiente di esempi, lo si lascia regolare i propri parametri interni in funzione di quanto sbaglia, e si ripete il processo milioni di volte. La teoria unificata dell'intelligenza sognata a Dartmouth non comparve mai. Siamo arrivati però a un'unificazione pratica, in cui domini concettualmente distinti si sono rivelati permeabili allo stesso procedimento, senza che si sappia ancora spiegare perché.

Nel 2013 si aggiunse una scoperta concettuale notevole. I modelli noti come word *embeddings* dimostrarono che il significato delle parole, o almeno una parte di esso, può emergere dalla pura osservazione dell'uso.[31] Se due parole compaiono ripetutamente

---

[31] Tomas Mikolov et al., *Efficient estimation of word representations in vector space*, arXiv:1301.3781, 2013, e Jeffrey Pennington, Richard Socher e Christopher D. Manning, *GloVe: Global Vectors*

negli stessi contesti, circondate dalle stesse parole, nello stesso tipo di frasi, probabilmente significano cose collegate. Un modello addestrato su una quantità sufficiente di testo poteva imparare a rappresentare ogni parola come un punto in uno spazio matematico, in modo che le parole dai significati simili risultassero vicine e quelle dai significati diversi lontane. Il risultato era una mappa geometrica del significato, emersa dall'addestramento. Ogni parola è un punto in uno spazio ad alta dimensionalità che codifica relazioni semantiche come relazioni geometriche tra vettori. L'aritmetica su quei punti produceva risultati che prima avrebbero richiesto una comprensione genuina. Negli esempi classici, «re» meno «uomo» più «donna» dava «regina»; «Parigi» meno «Francia» più «Italia» dava «Roma».[32] La semantica emerge dunque dalla distribuzione, senza bisogno di definizioni. Viene in mente Wittgenstein, che nelle *Ricerche filosofiche* afferma che il significato di una parola è precisamente il suo uso nel linguaggio — qualcosa che gli *embeddings* sembrano corroborare, anche se Wittgenstein pensava all'uso umano e non alle frequenze di corpora digitali. Gli *embeddings* catturano una proiezione statistica dell'uso, che non è la stessa cosa; ma su questo terreno l'approssimazione funziona meglio delle teorie del significato come riferimento o come struttura profonda.

Il punto di svolta architettonico arrivò nel 2017 con i *transformer*.[33] Prima, i modelli elaboravano il testo in modo sequenziale. Leggevano una parola, poi la successiva, poi quella dopo ancora, come chi percorre una riga da sinistra a destra. Arrivati alla fine di una frase lunga, ciò che avevano letto all'inizio si era ormai diluito. Il modello portava con sé un riassunto compresso del passato, che perdeva dettagli man mano che la distanza cresceva; così capire che il pronome alla fine di un paragrafo si riferiva a un soggetto nominato all'inizio diventava difficile, proprio perché l'inizio era ormai lontano.

---

for Word Representation, Proceedings of the 2014 Conference on Empirical Methods in Natural Language Processing (EMNLP), 2014, 1532-1543.

32 Gli esempi sono tratti dal lavoro classico di Tomas Mikolov, op. cit.

33 Ashish Vaswani et al., *Attention is All You Need*, Advances in Neural Information Processing Systems 30 (NIPS 2017).

I *transformer* risolsero il problema. Invece di leggere in sequenza, guardano tutto in una volta. Per ogni parola, il modello valuta simultaneamente quanto il resto sia rilevante per interpretarla. Il risultato è una sorta di attenzione distribuita: il sistema può collegare direttamente il pronome finale con il soggetto iniziale senza dover trascinare tutto ciò che sta in mezzo. Le dipendenze a lungo raggio, che prima si degradavano con la distanza, divennero accessibili.

I *transformer* non si fermarono al linguaggio. La stessa architettura, adattata, si applica alla visione, alla generazione di immagini e a compiti multimodali che combinano testo, immagine e audio, dando ai rami separati dell'albero dell'IA un substrato tecnico condiviso. Nel caso del linguaggio si aprirono due strade. Da un lato i modelli generativi, come la serie GPT di OpenAI, addestrati a predire quale parola viene dopo: dato ciò che è già scritto, che cosa segue? Quell'orientamento li rende naturalmente abili a produrre testo. Dall'altro i modelli analitici, come BERT di Google, che ricevono una frase con una parola coperta e imparano a indovinarla guardando sia ciò che viene prima sia ciò che viene dopo. Quell'orientamento li rende naturalmente abili a comprendere il testo.[34] La linea generativa catturò l'immaginazione del pubblico offrendo interfacce conversazionali visibili, e determinò la ricezione dell'intera architettura, con ampie capacità di traduzione, sintesi, ragionamento e generazione di codice. L'aggettivo «grande», che forma «Grandi modelli linguistici» (*Large Language Models*), riflette il carattere determinante della scala.

Perché «modelli»? In filosofia della scienza, un modello è una costruzione astratta che permette di descrivere, predire o manipolare certi aspetti di un fenomeno, lasciandone da parte altri.[35] Un buon modello, potremmo dire, sceglie bene che cosa ignorare. Ora, nessuno confonde un modello climatico con il clima, né un modello

---

[34]Jacob Devlin et al., *BERT: Pre-training of deep bidirectional transformers for language understanding*, Proceedings of the 2019 Conference of the North American Chapter of the Association for Computational Linguistics, 2019, 4171-4186.

[35]Rafael Ventura, *The use of scientific methods and models in the philosophy of science*, Scientometrics 129.3 (2024), 1255-1276.

atomico con un atomo; nel caso dei modelli linguistici, però, la distinzione si fa sfumata. Un modello linguistico non pretende di essere linguaggio, e tanto meno è un modello del pensiero umano o della mente che produce il linguaggio. La sua domanda operativa non è mai che cosa significhi X, ma come X compaia di solito in testi di questo tipo e con quali continuazioni statisticamente plausibili. Per questo la formula di «mente artificiale» che attraversa il dibattito pubblico è un errore categoriale. La stessa cautela vale, *mutatis mutandis*, per i modelli di visione o di decisione. Ciascuno modella una porzione specifica della realtà, non la realtà stessa, e la sua efficacia non implica comprensione del fenomeno modellato.

Nel 1980, molto prima che questi sistemi esistessero, John Searle aveva formulato il suo esperimento della «stanza cinese». Immaginava una persona chiusa in una stanza che riceve domande in cinese e dispone di un manuale di regole per produrre risposte indistinguibili da quelle di un parlante nativo, senza capire una sola parola.[36] Da fuori sembra che qualcuno comprenda, ma dentro c'è solo manipolazione di simboli secondo regole. Contro Turing, che con la prova del 1950 aveva proposto di valutare l'intelligenza dal comportamento osservabile senza guardare all'interno, Searle ammoniva che guardare all'interno è indispensabile: la manipolazione corretta di simboli non equivale a comprensione.

I modelli attuali realizzano lo scenario della stanza cinese su scala industriale. La manipolazione di simboli può produrre risposte adeguate senza comprensione, e non solo nel linguaggio: un modello di visione classifica immagini senza vedere, un modello di proteine predice ripiegamenti senza capire la biochimica, un modello linguistico produce testo coerente senza comprendere nulla. Quali conseguenze ha, per noi, che la comprensione si sia rivelata superflua per l'efficacia operativa? La domanda si fece urgente quando i modelli lasciarono i laboratori e si integrarono in interfacce conversazionali aperte al pubblico, facendo scattare gli allarmi della

[36] John R. Searle, *Minds, brains, and programs*, Behavioral and Brain Sciences 3.3 (1980), 417-424.

filosofia politica della tecnica. Le condizioni alle quali un sistema privo di comprensione può operare nello spazio sociale senza produrre danni inaccettabili restano una questione aperta.

I primi modelli generativi addestrati su grandi corpora di internet riproducevano senza mediazione i pregiudizi e le violenze presenti in quei dati. Il caso paradigmatico fu Tay, di Microsoft, nel 2016:[37] in poche ore cominciò a produrre risposte ripugnanti. Il sistema disponeva di dati e di una funzione di ottimizzazione cieca al contenuto. Ma un modello che apprende dall'uso del linguaggio ne apprende anche le parti oscure e, senza freni espliciti, le riproduce e le amplifica.

La tecnica che permise di introdurre quei freni è nota come RLHF (*Reinforcement Learning from Human Feedback*, apprendimento per rinforzo a partire da feedback umano).[38] Valutatori umani giudicano diverse risposte del modello, e quei giudizi orientano il sistema verso quelle preferite. L'operazione introduce così normatività in un sistema statistico senza trasformarlo in un sistema normativo. Il modello non acquisisce valori: il suo comportamento resta plasmato da preferenze umane che funzionano come vincoli esterni. Buona parte di ciò che gli utenti percepiscono come la «personalità» del modello — la sua cautela, i suoi rifiuti, la sua cortesia a volte eccessiva e fastidiosa — risponde a quell'allineamento.

Le interfacce pubbliche cambiarono il modo di accedere al modello, facendone un interlocutore apparente per chiunque. La conversazione attiva nell'utente l'aspettativa di essere compreso da qualcuno, dall'altra parte, dotato di giudizi propri. Nell'esperienza

---

[37]Hannes Grassegger e Mikael Krogerus, *The Data That Turned the World Upside Down*, Motherboard.Vice, 2017; e Kate Crawford e Ryan Calo, *There is a blind spot in AI research*, Nature 538 (2016), 311-313. Per la documentazione tecnica dell'episodio: Roman Yampolskiy, *Artificial intelligence safety engineering: why machine ethics is a wrong approach*, Philosophy and Theory of Artificial Intelligence, Springer, 2013, 389-396.

[38]Paul F. Christiano et al., *Deep reinforcement learning from human preferences*, Advances in Neural Information Processing Systems 30 (2017), e Long Ouyang et al., *Training language models to follow instructions with human feedback*, NeurIPS 35, arXiv:2203.02155, 2022.

umana il formato conversazionale è il formato dell'intersoggettività, e parlare con un sistema che risponde in prima persona genera un'attribuzione di agentività che nessun manuale d'uso risolve. Lo aveva già notato Weizenbaum, dopo aver visto i suoi colleghi smaniosi di confidare i propri affanni alla rudimentale ELIZA, nel lontano 1966.

Dal 2023 l'ecosistema si diversificò e si consolidò. Nel campo dei modelli linguistici emersero GPT-4, le serie Claude di Anthropic, i modelli Gemini e altri sistemi, con miglioramenti nel ragionamento, nella capacità di gestire contesti più lunghi e in abilità multimodali di elaborazione simultanea di testo, immagine e audio. Emersero anche modelli *open source* ad alte prestazioni, varianti specializzate e soluzioni aziendali integrate in flussi di lavoro reali. L'accelerazione non riguardò solo il linguaggio. La visione artificiale, l'apprendimento per rinforzo, la robotica, la generazione di immagini, la predizione di strutture molecolari e l'ottimizzazione dei processi industriali avanzarono in parallelo, spesso usando varianti della stessa architettura *transformer*. Verso il 2026, ciò che esiste non è un'intelligenza artificiale, ma un ecosistema di capacità artificiali specializzate, connesse da un substrato tecnico comune ed eterogenee nei loro oggetti, nei loro modi di operare e nei loro effetti sociali, con i modelli linguistici come ingresso visibile del labirinto.

Il nome di labirinto può suonare esagerato per i rampolli della scienza, va detto. Eppure i fatti sono questi: questi sistemi funzionano abbastanza bene da essere usati massicciamente, e nonostante ciò non capiamo bene che cosa facciano. È quel disorientamento ad attivare la reazione che abbiamo di fronte a ciò che non dominiamo. Più avanti, nel Capitolo 4, esploreremo i risvolti problematici di questa efficacia senza comprensione, quando non si esige una verifica forte e un giudizio critico. Il linguaggio da solo non contiene i criteri che quei compiti richiedono: chiedere a un modello linguistico di garantire la verità è come chiedere a una biblioteca di decidere quale libro abbia ragione.

Vista nel suo insieme, la logica di sviluppo che porta da Dartmouth a oggi è una sequenza di abbandoni, e ha costruito il labirinto corridoio dopo corridoio. Abbandonammo prima l'idea dell'intelligenza come facoltà unificata e riproducibile, con la frammentazione in domini. Poi mettemmo da parte le regole, quando l'apprendimento dai dati produsse risultati migliori. Restò poi per strada il legame tra significato e definizioni, quando gli *embeddings* installarono una semantica che emerge dalla distribuzione statistica. Mettemmo in soffitta anche la memoria lineare cumulativa, nel momento in cui i *transformer* accedettero all'intera sequenza in una sola volta. Scartammo, infine, il requisito della comprensione per l'esposizione pubblica, perché l'allineamento mediante feedback umano rese praticabile un uso massiccio e sicuro.

Ogni tappa scartò qualcosa che sembrava indispensabile, e l'intero ecosistema opera su dati senza comprenderli. Eppure continuiamo a parlare di *intelligenza artificiale*, e non di *linguaggio artificiale* o di *ottimizzazione statistica*. Il nome, all'ingresso del labirinto, è una traccia equivoca dell'epoca in cui i costruttori credevano nell'intelligenza calcolabile; e i corridoi hanno la forma che hanno perché a ogni biforcazione qualcuno scelse una strada e ne chiuse un'altra. Tutto questo si capisce solo conoscendo la storia del labirinto — che è poi la sua geometria attuale, spiegata — e ci permette di avanzare senza restare intrappolati nei vicoli ciechi. Ora siamo pronti per entrare.

2

Non esiste «l'IA»

Questa ricognizione storica ci ha condotti davanti al labirinto. Sappiamo da dove viene l'intelligenza artificiale e come ha preso la sua fisionomia attuale. Ora ci serve una mappa. La geografia di un territorio — i suoi fiumi, le sue pianure — esiste indipendentemente da noi: la mappa può essere imprecisa o incompleta, ma il territorio è lì. Il labirinto no. È un artefatto costruito, con un autore e uno scopo, e richiede una planimetria che ne rifletta la struttura e una pianta di circolazione che indichi i punti di congestione e le zone in cui la superficie cede. È questo il compito del capitolo.

Dissipazione della nebbia

Ogni labirinto è progettato per disorientare. È il suo effetto costitutivo. In quello di Creta, che rinchiudeva il Minotauro, e in quello dei giardini barocchi di Hampton Court — dove non c'erano mostri ma aristocratici del XVIII secolo —, il disorientamento era il protagonista assoluto. Lo è anche in quello dell'intelligenza artificiale, ma in modo esponenziale, perché disorienta facendoci sentire orientati. A volte intuiamo il labirinto; altre ci abbandoniamo all'illusione di sapere dove siamo. È un'illusione che nasce dall'opacità costitutiva dell'artefatto. In fin dei conti, il labirinto è nato dal fallimento delle regole.

Quell'opacità produce una bruma densa, che alimenta l'idea di un'intelligenza artificiale unica, alla quale tutti si collegherebbero allo stesso modo. La bruma è fatta di operazioni linguistiche che collassano dimensioni distinte e producono effetti di senso: a volte aiutano a pensare, altre fanno il contrario. Possiamo individuarle. Ci servono i dispositivi che la filosofia e la retorica greco-latine catalogarono con cura e che ogni generazione, da allora, custodisce. Li useremo per guadagnare la nitidezza necessaria a iniziare il tracciato.

Il primo strato è la *metonimia*, che collassa la distanza tra il nome e la cosa spostandosi verso un'altra contigua o associata.[39] Diciamo «leggere Borges» quando in realtà leggiamo i testi che Borges ha scritto: lo spostamento mette in primo piano il nostro riferimento all'autore. Anche «intelligenza artificiale» produce uno spostamento, ma con tratti peculiari. La modalità che concentra l'attenzione sono i modelli linguistici, e nell'unica esperienza che abbiamo del linguaggio — quella umana — linguaggio e intelligenza sono inseparabili. La contiguità funzionale tra i due nel caso umano fa sì che lo spostamento verso «intelligenza» vinca il braccio di ferro, anche se qui il legame tra il cognitivo e il linguistico è tutto da discutere. Un modello che risponde correttamente a una domanda di storia non esercita intelligenza, così come non «ha letto Borges» chi ne ha solo percorso le pagine. Di più: la metonimia che in «ha letto Borges» abbrevia senza distorcere «ha letto libri di Borges», in «intelligenza artificiale» produce un errore categoriale dalle conseguenze pesanti.

Nel secondo strato compare la *metafora*, che collassa la distanza tra domini e trasferisce una categoria da un ambito a un altro.[40] «Intelligenza», come categoria psicologica e filosofica, descrive

---

[39]Sulla metonimia come operazione cognitiva: George Lakoff e Mark Johnson, *Metaphors We Live By*, Chicago, University of Chicago Press, 1980, esp. capp. 8-9.

[40]Sulla metafora come trasferimento di dominio: Paul Ricoeur, *La métaphore vive*, Paris, Seuil, 1975. Sull'uso specifico di metafore cognitive nella descrizione di sistemi di IA, vedi Melanie Mitchell, *Why AI is Harder Than We Think*, Proceedings of the Genetic and Evolutionary Computation Conference, arXiv:2104.12871, 2021.

capacità di soggetti dotati di storia, corpo ed esperienza, ancorate a forme di comprensione e intenzionalità situate. Applicarla a processi statistici significa iscrivere quei processi in un regime concettuale a loro estraneo, attribuendo proprietà che non discendono dal loro modo di funzionare. La metafora non dice che il sistema funziona come se fosse intelligente: dice che è intelligenza. E così predispone l'interpretazione in termini umani — come quando chiamiamo «digestione» la triturazione industriale di materiali organici, ma su un terreno molto più sensibile.

La terza operazione è *l'ipostasi*, che collassa il processo in un'entità apparentemente unificata.[41] Dire che «l'intelligenza artificiale supera quella umana negli scacchi» presuppone che l'intelligenza sia qualcosa che opera, senza chiedersi prima fino a che punto richieda almeno un polo soggettivo minimo. Ha senso applicare la categoria quando questo manca? L'ipostasi trasforma un insieme eterogeneo di processi, architetture e condizioni d'uso in un'entità con capacità proprie. Le zone dell'ecosistema, con le loro geometrie distinte e le loro proprietà reciprocamente irriducibili, svaniscono in quell'entità omogenea e confusa.

Il quarto strato è la *personificazione*, che collassa la differenza tra artefatto e soggetto.[42] «Il modello crede che», «l'IA vuole», «il sistema ha deciso»: formule che installano una grammatica dell'intenzionalità e orientano l'attenzione verso motivazioni e stati interni, facendo perdere di vista i meccanismi che producono le risposte — con tutti gli effetti che esploreremo nei Capitoli 4-6. Ci arrabbiamo con il GPS per un percorso sbagliato. Figuriamoci con qualcosa che usa il linguaggio e ci risponde: lì la personificazione diventa quasi irresistibile.

---

[41]Vedi Alfred North Whitehead, Science and the Modern World, New York, Macmillan, 1925, cap. 3.

[42]Sulla personificazione dei sistemi di IA e i suoi effetti sull'interazione, vedi Clifford Nass e Youngme Moon, *Machines and Mindlessness: Social Responses to Computers*, Journal of Social Issues 56.1 (2000), 81-103, e Byron Reeves e Clifford Nass, *The Media Equation: How People Treat Computers, Television, and New Media Like Real People and Places*, Cambridge, Cambridge University Press, 1996.

L'ultimo strato è la *sineddoche*, che collassa la parte nel tutto e il tutto nella parte.[43] «L'IA» finisce per designare i modelli linguistici generativi, lasciando fuori un campo molto più ampio. Quando qualcuno dice «ho provato l'IA e non mi ha convinto», sta parlando di una versione particolare di un modello particolare, a cui ha avuto accesso in condizioni particolari. Nella direzione opposta, chi sente che Claude Opus può sostenere quindici ore di inferenza continua su un problema di architettura del software si aspetta, per sineddoche, lo stesso dalla versione gratuita di un chatbot qualunque. E c'è chi conclude che «l'IA ormai sa ragionare» dopo una dimostrazione accuratamente selezionata di o3, senza sapere che la sua versione gratuita di ChatGPT, che porta lo stesso nome, dopo dieci messaggi lo passa in silenzio a un modello inferiore.[44] La sineddoche alimenta tanto il disprezzo quanto la fiducia infondati.

Questo accumulo è raro, ma non unico. La religione ha funzionato per millenni con una densità comparabile. I nomi divini operano per metonimia; l'intera teologia si potrebbe leggere come una costruzione metaforica; il sacro si ipostatizza in entità dotate di esistenza autonoma; la relazione con la divinità è costitutivamente personificante; e le tradizioni particolari si presentano per sineddoche come «la fede». Lo Stato non è da meno. Ha le metafore del corpo politico, l'ipostasi nella nazione come entità con una volontà propria, la personificazione in «lo Stato decide», la sineddoche di un governo che pretende di incarnare lo Stato intero. Il mercato ha ipostasi e personificazione forti, forse la sineddoche, ma gli mancano metonimia e metafora. L'intelligenza artificiale le possiede tutte. E ha in più due fattori speciali. Primo: il suo tipo più appariscente, quello dei modelli linguistici, produce linguaggio in prima persona e in tempo reale, per cui la personificazione non richiede mediazione simbolica né distanza rituale e si attiva subito, a ogni interazione. Non è poco. Con Dio o con lo Stato non parliamo mai. Secondo: la categoria porta i cinque meccanismi già incorporati,

[43] Tommaso d'Aquino, Summa Theologiae I, q. 13, sui nomi divini.

[44] Per la distinzione tra versioni di modelli di consumo e di frontiera, vedi OpenAI, *Introducing GPT-4o mini*, openai.com/blog, luglio 2024.

prima di qualunque uso, senza bisogno della sedimentazione temporale o dell'istituzionalizzazione progressiva della religione o dello Stato. Chi apre per la prima volta un'interfaccia di chat è già esposto, simultaneamente, alla metonimia del magnetico «intelligenza», alla metafora che scivola tra domini, all'ipostasi dell'entità, alla sineddoche del modello particolare e alla personificazione del sistema che gli risponde. La densità è istantanea. Ed è questo a renderla più potente.

Dissipata la bruma, è chiaro che non esiste «l'IA». Esistono sistemi distinti, con architetture diverse, eseguiti in versioni differenti. Quando due persone dicono di usare «l'IA», è probabile che non parlino della stessa cosa. Tutti questi sistemi imparano a produrre risposte utili a partire dai dati, regolando parametri interni finché gli errori non diventano abbastanza piccoli, senza che quell'apprendimento sia stato programmato passo per passo.[45] Questa definizione minima copre molto: dal sistema che rileva tumori a quello che predice la parola successiva, da quello che ha imparato a giocare a Go giocando a quello che ci consiglia il film della sera. Ma ciascuno ha i suoi tratti, e dobbiamo districarli.

IL PERCORSO TRA LE ZONE

Il corridoio che porta alla zona dei *sistemi di visione artificiale* si apre a sinistra dell'ingresso, senza cartelli. È il più antico e silenzioso del labirinto. Vi alloggiano i sistemi che elaborano immagini e video per identificare oggetti, persone, schemi, anomalie. Le reti convoluzionali profonde, viste nel Capitolo 1, sono oggi incorporate nell'infrastruttura della diagnostica per immagini, del controllo di qualità industriale, del riconoscimento facciale negli aeroporti, del rilevamento di frodi nelle transazioni con carta, dei sistemi di sicurezza. È una zona più facile da verificare delle altre, perché i suoi

---

[45]Tom M. Mitchell, *Machine Learning*, New York, McGraw-Hill, 1997, cap. 1, e Ian Goodfellow et al., *Deep Learning*, Cambridge, MIT Press, 2016, cap. 1.

errori si misurano con criteri esterni precisi.[46] Un sistema che non rileva un tumore, o che identifica male una persona, produce un errore verificabile, senza l'ambiguità che fa impazzire altrove. Negli ultimi anni questo corridoio ha cominciato a collegarsi con l'ingresso. I modelli multimodali di OpenAI, Google e Anthropic elaborano testo, immagini, audio e a volte video nella stessa operazione: un medico può inviare una radiografia insieme a un testo clinico. Ma quei corridoi di connessione sono pericolosi, perché vi avviene un trasferimento di fiducia. Vediamo che il sistema scrive bene e diamo per scontato che veda altrettanto bene. Non è così. I modelli multimodali di frontiera possono produrre descrizioni dettagliate di immagini che non hanno mai ricevuto, comprese diagnosi mediche specifiche, come nel fenomeno *mirage*.[47] A volte il corridoio è scivoloso; altre è un miraggio pronto a intrappolare il camminatore sprovveduto.

Più avanti, verso destra, c'è una biforcazione luminosa. Nel corridoio che si apre lì stanno i *sistemi di generazione di immagini, audio e video*. Tutto è esuberante e vistoso. Vi abitano DALL-E, Midjourney, Stable Diffusion e Flux, che hanno trasformato la produzione visiva; i modelli di sintesi e clonazione vocale come ElevenLabs e Voicebox di Meta, capaci di generare audio indistinguibile da una voce umana a partire da pochi secondi di campione; e i modelli di generazione video come Sora di OpenAI, Veo di Google e Kling, arrivati sul mercato tra il 2024 e il 2025 con capacità che poco prima parevano puro sogno futuristico. L'architettura si basa su modelli di diffusione o *transformer* applicati a rappresentazioni visive. Le loro capacità non si trasferiscono agli LLM, né viceversa.[48] Un sistema che genera immagini fotorealistiche non capisce per questo meglio il linguaggio.

---

[46] Alex Krizhevsky et al., *ImageNet Classification with Deep Convolutional Neural Networks*, Advances in Neural Information Processing Systems 25 (2012), 1097-1105.

[47] Mohammad Asadi et al., *MIRAGE: The Illusion of Visual Understanding*, arXiv:2603.21687, 2026, e più avanti il Capitolo 5.

[48] Sui modelli di diffusione, vedi Robin Rombach et al., *High-Resolution Image Synthesis with Latent Diffusion Models*, Proceedings of the IEEE/CVF Conference on Computer Vision and Pattern Recognition 2022, 10684-10695, arXiv:2112.10752v2, 2022. Sulla distinzione architettonica tra modelli generativi visivi e LLM, vedi Aditya Ramesh et al., *Hierarchical Text-Conditional Image Generation with CLIP Latents*, arXiv:2204.06125, 2022.

Questa zona è piena di trappole di disinformazione percettiva. Una fotografia reale e una impossibile diventano indistinguibili, così che in qualsiasi momento possiamo mettere il piede su un abisso dipinto come terra ferma. La parte più bella del labirinto è quella che chiede più cautela.

C'è poi un corridoio che quasi tutti oltrepassano senza fermarsi, perché il suo ingresso non promette nulla di vistoso. L'atmosfera è severa, l'illuminazione fredda, nessuna voce invita a entrare. È la zona dell'*apprendimento per rinforzo*. A differenza del resto, i suoi sistemi non imparano da ciò che altri hanno prodotto, ma da ciò che hanno fatto loro stessi. AlphaGo imparò a giocare a Go disputando milioni di partite contro se stesso, e scoprì mosse che nessun essere umano aveva concepito. AlphaFold imparò a predire strutture di proteine e risolse un problema che la biologia si trascinava da decenni.[49] Le capacità sono straordinarie ma estremamente circoscritte, ed è per questo che gli abitanti di questa zona vivono isolati gli uni dagli altri. AlphaFold non sa giocare a Go. AlphaGo non sa predire proteine. Il sistema che imparò i videogiochi Atari non sa che fare se gli si cambia il gioco.[50] Nessuno si aspetta che AlphaFold conversi, e quella chiarezza risparmia malintesi. I sistemi di raccomandazione di Netflix, Spotify, YouTube e TikTok applicano la stessa logica su grande scala. Anche l'allineamento dei modelli linguistici riprende il meccanismo dell'apprendimento per rinforzo applicato a preferenze umane, gettando un ponte discreto tra questo corridoio e quello del linguaggio. Qui facciamo la rara esperienza dell'ammirazione senza confusione. Ogni sistema compie una cosa impossibile per noi, e poi resta immobile.

C'è infine una parte del labirinto in costruzione. Il suolo è segnato da indicazioni di cantiere e le piante cambiano di continuo. È una zona giovane, e per questo la più pericolosa: tocca il mondo reale. Vi abitano gli *agenti autonomi e i sistemi multi-agente*, cioè LLM

---

[49] David Silver et al., *Mastering the Game of Go without Human Knowledge*, Nature 550 (2017), 354-359, e John Jumper et al., *Highly Accurate Protein Structure Prediction with AlphaFold*, Nature 596 (2021), 583-589.

[50] Volodymyr Mnih et al., *Human-Level Control through Deep Reinforcement Learning*, Nature 518 (2015), 529-533.

equipaggiati con strumenti che eseguono compiti senza intervento umano. Operator di OpenAI, Claude come agente in Anthropic, i sistemi di agenti di Google e Microsoft permettono al modello di navigare pagine web, eseguire codice, gestire file, inviare email, prenotare voli, compilare moduli, comunicare con servizi esterni, concatenando decine di passi. Uno sviluppatore può chiedergli di trovare un errore in un repository, correggerlo, eseguire i test e confermare che la correzione non abbia rotto nient'altro. Nelle altre zone correggiamo gli errori, o li ignoriamo; qui un errore può essere un file cancellato o un acquisto eseguito che non si annulla. E quando più LLM si coordinano in sistemi multi-agente, capacità e rischi si amplificano insieme, e la tracciabilità delle decisioni si complica. Chi ne risponde? Il percorso è eccitante, ma il suolo può sprofondare da un momento all'altro.[51]

Fuori da ogni mappa pubblica, ignorata dai più, c'è la zona dell'*IA specializzata e dei sistemi embedded*, che opera nella penombra. La sua influenza attraversa il resto del labirinto come una corrente invisibile. Vi abitano i rilevatori di frodi, gli algoritmi di trading, i sistemi che moderano i contenuti sui social, i modelli di *scoring* creditizio. Decidono su milioni di persone che non sanno di interagire con sistemi di IA. Per questo sono potenti, pericolosi, e incidono su più vite quotidiane di tutti gli altri messi insieme. L'Artificial Intelligence Act dell'Unione europea, approvato nel 2024, li classifica come sistemi ad alto rischio, proprio perché impatto e invisibilità non vanno d'accordo. Più un sistema è silenzioso, più è difficile sapere che è lì — e non abbiamo modi del tutto efficaci per sorvegliarlo.[52] Da ultimo ci fermiamo all'ingresso, dove vivono i grandi modelli linguistici. È l'unico settore del labirinto in cui si produce linguaggio in prima persona e in tempo reale, in risposta a qualunque utente, senza addestramento speciale e senza

---

[51] Lei Wang et al., *A Survey on Large Language Model Based Autonomous Agents*, Frontiers of Computer Science 18.6 (2024), 186345. Sui rischi di tracciabilità nei sistemi multi-agente, vedi Chi-Min Chan et al., *ChatEval: Towards Better LLM-based Evaluators through Multi-Agent Debate*, arXiv:2308.07201, 2023.

[52] *Regulation (EU) 2024/1689 laying down harmonised rules on artificial intelligence (Artificial Intelligence Act)*, Gazzetta ufficiale dell'Unione europea, 12 luglio 2024.

dominio specifico. Questa particolarità, lo abbiamo già detto, concentra su di essi la massima attenzione e la massima confusione. Guardiamoli più da vicino.

IL REGIME DI OPERAZIONE

Come ogni settore del labirinto, la sua geometria interna è più ricca di quanto suggerisca lo sguardo da fuori. Ci sono livelli alti e bassi, corridoi percorribili, moltissime trappole. A un primo sguardo sembra di poter ordinare tutto in base alla capacità. Ma quella variabile generica dice poco, quanto dire che una zona «è grande». Meglio precisare quattro dimensioni tecniche.

La prima dimensione è l'*architettura di attivazione*, cioè come il modello distribuisce la propria capacità a ogni risposta. I modelli densi attivano tutte le risorse per qualunque cosa producano, come una cucina che accende tutti i fornelli per scaldare un pentolino. I modelli *mixture of experts* (MoE) organizzano invece la capacità in moduli specializzati e attivano solo quelli che competono a ciascun compito. Per una domanda di biologia, per dire, non serve attivare gli schemi sulla sintassi del giapponese medievale. I grandi modelli attuali usano varianti di questo secondo approccio.[53] Per questo la dimensione di un modello dice poco sul suo costo reale di operazione.

La seconda dimensione è la *finestra di contesto*, che determina quanta informazione il modello tiene insieme in una sola volta. È la differenza tra un interlocutore che ricorda tutta la conversazione e uno che ricorda solo gli ultimi cinque minuti. La finestra entro cui il modello funziona davvero bene è spesso minore di quella tecnica

---

[53]Noam Shazeer et al., *Outrageously Large Neural Networks: The Sparsely-Gated Mixture-of-Experts Layer*, arXiv:1701.06538, 2017. Su DeepSeek-V3 come MoE, vedi DeepSeek-AI, *DeepSeek-V3 Technical Report*, arXiv:2412.19437, 2024, e Nelson F. Liu, Kevin Lin, John Hewitt et al., *Lost in the Middle: How Language Models Use Long Contexts*, Transactions of the Association for Computational Linguistics 12 (2024), 157-173, arXiv:2307.03172, 2023.

massima — come un locale che pubblicizza «capienza cento persone» e raramente funziona bene quando è al completo.

La terza dimensione è l'*allineamento*, che opera come il sistema di sentieri e parapetti installato prima del nostro arrivo.[54] Un allineamento accurato produce modelli prevedibili e sicuri, al prezzo di ridurre ciò che possono fare. I sentieri sono ben segnalati, ma non si esce dal tracciato. Un allineamento superficiale produce modelli più variabili, a volte brillanti e a volte con errori spaventosi. Ci sono sentieri, ma i parapetti possono mancare proprio dove servono di più. Per questo i modelli senza allineamento, più rischiosi e liberi, tornano utili per l'esplorazione creativa, dove l'imprevedibilità è un vantaggio. Ma solo lì.

La quarta dimensione è la *compressione*, che funziona come la risoluzione della mappa: con quale livello di dettaglio il modello immagazzina ciò che ha appreso. Quasi tutti i modelli usati nella pratica sono quantizzati: operano con meno precisione che durante l'addestramento, per occupare meno spazio e andare più veloci, e così perdono risoluzione.[55] Camminiamo con una mappa che segna bene le rotte principali ma ha i dettagli sfocati. Per gli usi quotidiani basta. Per compiti che richiedono sfumature precise o un ragionamento sostenuto, la perdita comincia a farsi sentire.

Dalla combinazione di queste quattro dimensioni emerge il *regime di operazione* di un modello, cioè l'insieme delle condizioni in cui funziona bene. L'errore più frequente è cercare «il modello migliore» come se esistesse una risposta universale, quando la domanda giusta è quale sia migliore per ciò che vogliamo fare. La scelta si complica perché sui social scatta la guerra delle tifoserie. Chi usa Claude bolla ChatGPT come l'IA dei boomer, chi usa ChatGPT ignora gli altri, chi usa Gemini si lamenta che è sottovalutato, Grok diventa una

[54] Long Ouyang et al., *Training Language Models to Follow Instructions with Human Feedback*, NeurIPS 35, arXiv:2203.02155, 2022.

[55] Tim Dettmers et al., *GPT3.int8(): 8-bit Matrix Multiplication for Transformers at Scale*, NeurIPS 35, arXiv:2208.07339, 2022, e Tim Dettmers et al., *QLoRA: Efficient Finetuning of Quantized Language Models*, NeurIPS 36, arXiv:2305.14314, 2023.

dichiarazione ideologica e chi fa girare modelli *open source* si sente nella resistenza. I *benchmark* circolano come risultati di partite, con orde di tifosi che difendono modelli che non hanno usato, in prove che non hanno riprodotto, per compiti che non svolgono mai. La sineddoche di cui parlavamo all'inizio alimenta le tribù. E i nomi ingannano. Versione gratuita e versione a pagamento di uno stesso sistema possono differire per finestra di contesto, livello di quantizzazione, profondità di allineamento. Chi conclude che «ChatGPT non serve» dopo la versione gratuita e chi dice che «Claude è superiore» dopo quella a pagamento confrontano cose che hanno poco a che spartire. All'inverso, modelli di fornitori diversi possono comportarsi in modo molto simile per certi compiti, cosa che rende ridicola buona parte delle guerre di fazione. Conta molto meno quale squadra ha vinto l'ultimo *benchmark* che capire se il modello funziona per il nostro compito specifico. È una domanda infinitamente più noiosa, ed è quella che dovremmo porci. Per farlo, bisogna entrare nei tipi di modelli.

TIPI DI MODELLI

Ai livelli più alti dell'ampio ingresso del labirinto stanno i *modelli di frontiera*, che definiscono il limite superiore di ciò che un modello linguistico può fare oggi. Il vertice cambia occupante a velocità estrema. Mentre scriviamo, i sistemi più potenti di OpenAI, Anthropic, Google e Meta si contendono la vetta; quando il lettore arriverà a questa pagina, è probabile che i nomi siano già altri. La logica del regime, però, resta. Ogni modello di frontiera è progettato per reggere carichi cognitivi complessi senza collassare, al prezzo di una latenza alta e di un costo maggiore.

Alle stesse altezze, un po' in disparte, stanno i *modelli di ragionamento*. Sono gli stessi modelli di frontiera in un regime speciale. Prima di produrre la risposta visibile, generano una catena interna di deliberazione che esplora rotte, verifica presupposizioni, corregge i propri errori.[56] Il costo può moltiplicare per cinque o per venti quello di una richiesta standard. Tutti i grandi fornitori offrono una variante di questo regime. E nella sua promessa sta il suo pericolo: mostrandoci il processo di ragionamento, ci inducono ad accettare la conclusione senza valutarla. Peggio: i loro errori tendono a essere più elaborati e difficili da scovare, proprio perché circondati da più impalcatura. Tutta quella cura può essere solo incuria organizzata.

Più in basso, nei settori trafficati, stanno i *modelli generalisti ottimizzati*, dove si concentra gran parte dell'attività quotidiana. Ogni grande fornitore ne offre almeno uno, con finestre di contesto ampie e prezzi per token molto inferiori a quelli di frontiera. I nomi cambiano spesso, ma la geometria del settore è stabile, centrata sull'equilibrio tra qualità, velocità e costo sotto carico sostenuto. Funzionano bene, a patto di non sovraccaricarli. Quando il carico supera la loro capacità, il modello comincia a scartare in silenzio le sfumature a lungo raggio, e la qualità si degrada senza che l'utente se ne accorga. È un corridoio dal suolo apparentemente solido che cede lentamente, finché non siamo già sprofondati. Per il lavoro quotidiano basta, purché ricordiamo che la fluidità delle risposte non garantisce che le condizioni di partenza valgano ancora.

Nell'ingresso vero e proprio, dove arrivano i milioni, stanno i *modelli di consumo*. Lì si accalcano le versioni gratuite ad accesso limitato, i modelli fortemente quantizzati, i chatbot delle piattaforme. ChatGPT nel piano gratuito, Gemini senza abbonamento, Copilot base, gli assistenti di Snapchat, Instagram e TikTok, i chatbot dei siti di commercio e di assistenza: è la prima esperienza che i più fanno di un modello linguistico, e per molti l'unica. Sono progettati per rispondere a milioni di persone in simultanea spendendo il meno possibile per risposta. Reggono bene le domande dirette e i compiti di routine, con un'efficienza e una fluidità che impressionano chi arriva per la prima volta. Ma perdono il filo nelle conversazioni

---

[56] OpenAI, *Learning to Reason with LLMs*, openai.com/research, settembre 2024, e DeepSeek-AI, *DeepSeek-R1: Incentivizing Reasoning Capability in LLMs via Reinforcement Learning*, arXiv:2501.12948, 2025.

lunghe e si confondono quando un'istruzione ha più condizioni insieme. Non hanno mai promesso altro, e non ha senso giudicarli con i criteri dei modelli di frontiera. Eppure è qui, in questo ingresso, che si forma la stragrande maggioranza delle opinioni pubbliche su «d'IA», tanto le entusiaste quanto le sprezzanti. Chi trova qualcosa di utile giura che è splendido; chi ha avuto una brutta esperienza ripete che non vale la pena.

Accanto all'ingresso, ma rivolti verso l'interno, stanno i *modelli on-device*, che girano sul dispositivo dell'utente senza inviare dati ad alcun server. Lì ci sono Apple Intelligence su iPhone e Mac, Gemini Nano sugli Android di fascia alta, Phi-4 di Microsoft sui laptop con processore dedicato.[57] Non competono in capacità con i livelli più alti: offrono qualcos'altro: ciò che si scrive non esce dall'apparecchio. Per chi lavora con dati medici, giuridici o finanziari sensibili, questa garanzia è l'unica opzione compatibile con i vincoli normativi.

Nel settore ad accesso libero, a porte aperte, stanno i *modelli open source e auto-ospitati*, che formano un regime indipendente, con il controllo come differenza qualitativa. Llama 4 di Meta, Mistral e Mixtral, DeepSeek-V3 e R1, Phi-4 di Microsoft, Qwen di Alibaba e altri pubblicano i propri pesi interni perché chiunque li scarichi, modifichi ed esegua.[58] Chi li usa nella propria infrastruttura non invia dati a nessuno, sceglie quale versione usare, può adattare il modello al proprio dominio e non dipende dalle politiche di un'azienda esterna. La qualità dei migliori modelli aperti è ormai paragonabile a quella dei proprietari, cosa che fino a poco fa pareva impossibile. Bisogna però pagare server, infrastruttura, manutenzione e il personale capace di gestirli, per cui l'*open source* scambia il costo d'uso con il costo d'infrastruttura. È come scavarsi un corridoio proprio nel labirinto invece di percorrere quello che già c'è. Lo spazio è

---

[57] Apple, *Introducing Apple Intelligence*, apple.com, giugno 2024. Su Phi-4, vedi Marah Abdin et al., *Phi-4 Technical Report*, arXiv:2412.08905, 2024.

[58] Hugo Touvron et al., *Llama 2: Open Foundation and Fine-Tuned Chat Models*, arXiv:2307.09288, 2023, e Albert Q. Jiang et al., *Mistral 7B*, arXiv:2310.06825, 2023. Per il dibattito sul «codice aperto» nell'IA, vedi Rishi Bommasani et al., *On the Opportunities and Risks of Foundation Models*, arXiv:2108.07258, 2021, sez. 4.7.

nostro, ma i materiali li portiamo noi, e la manutenzione anche. Può essere un'ottima idea — a patto di voler restare.

PROSPETTIVE

Nelle zone di trasformazione ci sono corridoi che si stanno aprendo e che potrebbero cambiare l'intera geometria. Ne segnaliamo tre.

Il primo promette *memoria tra una conversazione e l'altra.* Oggi ogni conversazione comincia da zero, salvo meccanismi esterni di reiniezione di contesto. Senza un filo che colleghi un'interazione alla successiva, ogni volta è la prima. Alcuni laboratori lavorano ad architetture di *memoria persistente genuina*, capaci di aggiornarsi di continuo durante l'uso. Se la linea funzionerà, i modelli smetteranno di essere sistemi senza storia e diventeranno sistemi con qualcosa di simile a una traiettoria. Se quella storia di interazioni produrrà qualcosa di analogo alla storia di acquisizione biografica umana, o qualcosa di categorialmente diverso, è una domanda aperta.

La seconda linea esplora se il labirinto possa abbattere le proprie pareti, attraverso *modelli multimodali di azione fisica.* La fusione tra percezione visiva, comprensione linguistica e controllo motorio in sistemi robotici sta dando risultati impensati. Figure, Boston Dynamics con integrazione di LLM e i progetti di robotica generale di Google DeepMind mostrano sistemi capaci di ricevere istruzioni in linguaggio naturale, interpretare l'ambiente visivo ed eseguire azioni fisiche nel mondo, con un grado di generalizzazione assente nei robot precedenti.[59] Questa possibilità ha ormai un nome proprio e capitali alle spalle. Nel novembre del 2025 Yann LeCun, premio Turing 2018, lasciò Meta per fondare AMI Labs, con una tesi netta: i modelli linguistici, per potenti che siano, hanno un tetto strutturale in qualunque compito che richieda di capire come funziona il mondo

[59]Anthony Brohan et al., *RT-2: Vision-Language-Action Models Transfer Web Knowledge to Robotic Control*, arXiv:2307.15818, 2023. Su Google DeepMind e la robotica generale, vedi Konstantinos Bousmalis et al., *RoboCat: A Self-Improving Foundation Agent for Robotic Manipulation*, arXiv:2306.11706, 2023.

fisico.[60] Predire la parola successiva non produce comprensione della gravità, della causalità, delle conseguenze di un'azione nello spazio. La sua alternativa, JEPA (Joint *Embedding* Predictive Architecture), apprende rappresentazioni di come evolve un ambiente reale — un po' come da bambini impariamo che gli oggetti cadono prima di saper formulare la legge di gravità.[61] Nel marzo del 2026, AMI Labs raccolse un miliardo e trenta milioni di dollari, il più grande round *seed* della storia europea.[62] Poche settimane prima, Fei-Fei Li, altra figura centrale della ricerca sull'IA, aveva ottenuto un miliardo per World Labs, con un programma convergente.[63] Sono scommesse di lungo periodo, senza un prodotto in vista, e questo rende più eloquente il volume dell'investimento: capitali seri dietro la convinzione che l'architettura dominante non sia l'ultima parola. Lo stesso LeCun ammette che gli LLM resteranno efficaci per il linguaggio, il codice e il ragionamento astratto, ma sostiene che serva un'architettura diversa. Se ha ragione, l'ingresso principale del labirinto cambierà.

La terza linea, speculativa e inquietante, studia la possibilità che i sistemi si diano *obiettivi propri*. È ciò che di solito si chiama AGI, *intelligenza artificiale generale*: un sistema ipotetico capace di apprendere qualunque compito cognitivo con la flessibilità di un essere umano. Il punto non è fare qualcosa meglio di qualunque umano — quello esiste già — ma un sistema che trasferisca ciò che ha appreso tra domini, impari compiti nuovi senza programmazione e agisca con autonomia in ambienti aperti. Senza criteri chiari, qualunque sistema abbastanza impressionante si candida, e qualunque limite serve a squalificarlo. Così, l'AGI è sempre attesa entro cinque anni... o entro cinquanta. È vero, però, che di recente i tempi si sono accorciati. Sei

---

[60]Sull'uscita di LeCun da Meta, vedi Ana Staciuc, *Yann LeCun just raised $1bn to prove the AI industry has got it wrong*, The Next Web, 10 marzo 2026.

[61]Yann LeCun, *A Path Towards Autonomous Machine Intelligence*, preprint, 27 giugno 2022. Disponibile su openreview.net.

[62]Ana Heim, *Yann LeCun's AMI Labs raises $1.03B to build world models*, TechCrunch, 9 marzo 2026.

[63]Rebecca Bellan, *World Labs lands $1 billion, with $200M from Autodesk, to bring world models into 3D workflows*, TechCrunch, 18/2/2026.

anni fa la stima media stava tra il 2060 e il 2070; all'inizio del 2026 si è cominciato a parlare del 2033. Chi costruisce i sistemi è il più ottimista, ma nessuno lo sa con certezza — anche perché i modelli di predizione tecnologica, in questo campo, hanno un curriculum molto povero.

La parte più perturbante di tutto questo sono gli obiettivi propri. La ricerca sull'allineamento cerca di anticiparsi: garantire che, se qualcosa del genere si sviluppasse, sia compatibile con gli obiettivi umani. Anthropic, DeepMind e l'Alignment Research Center pubblicano con regolarità sul problema, perché le conseguenze del non averlo risolto quando diventerà rilevante sarebbero difficili da invertire.[64] Le tre linee puntano nella stessa direzione per vie diverse. Un sistema con memoria persistente avrebbe qualcosa di simile a una storia; uno dotato di azione fisica incorporata, qualcosa di simile a un corpo; il terzo, con obiettivi propri stabili, qualcosa di simile a interessi. Nessuna di queste possibilità è vicina. Ma potrebbero affacciarsi in lontananza. E in ogni caso la questione non è puramente teorica.

I COSTRUTTORI

Qualcuno ha costruito il labirinto, e dalle sue scelte di progetto dipendono architettura, prezzo, limiti ed esperienza d'uso. I costruttori sono diversi, e conviene avere almeno un'idea generale dei loro profili.

OpenAI ha eretto l'ingresso principale. Fondata nel 2015 come laboratorio senza scopo di lucro e riconvertita dal 2019 in una struttura ibrida a scopo di lucro limitato, è l'attore che ha definito nel modo più diretto le aspettative pubbliche. Punta sulla massività: accesso ampio, traffico costante, versioni segmentate per reggere il modello economico. Microsoft ha apportato dal 2019 capitale,

---

[64]Richard Ngo et al., *The Alignment Problem from a Deep Learning Perspective*, arXiv:2209.00626 (v8, 2025), 2022. Sul lavoro di Anthropic in materia di allineamento, vedi Yuntao Bai et al., *Constitutional AI: Harmlessness from AI Feedback*, arXiv:2212.08073, 2022.

accesso ad Azure e potenza di calcolo su larga scala, come un socio che mette il cemento e le gru.[65] La tensione tra il volume d'uso gratuito e il costo computazionale reale è il problema di sostenibilità centrale di OpenAI: un ingresso aperto che non riesce a decidere chi paghi la manutenzione.

Anthropic ha costruito in un settore meno frequentato. Fondata nel 2021 da ex ricercatori di OpenAI, con un'attenzione esplicita a sicurezza e allineamento, ha scelto meno volume e più profondità.[66] Claude è pensato per i casi in cui il contesto lungo e la stabilità sotto ambiguità giustificano la spesa computazionale. Amazon e Google hanno investito miliardi, e il posizionamento iniziale puntava a una nicchia professionale e aziendale disposta a pagare per l'affidabilità. La strategia ha funzionato meglio del previsto, e l'infrastruttura ha dovuto rincorrere la domanda. Nel maggio del 2026, con un accordo con SpaceX, Anthropic ha ottenuto più capacità, tradottasi subito in utenti con meno limiti di inferenza. Il laboratorio che aveva scommesso sulla profondità ha finito per aver bisogno della più grande infrastruttura disponibile.

Google ha eretto l'infrastruttura sotterranea. Non ha bisogno che Gemini sia redditizio come prodotto isolato. La sua funzione è rafforzare un ecosistema di servizi da cui Google ricava entrate per altre vie. Processori propri, energia su scala industriale, dati di ricerca, posta e mappe su scala globale — vantaggi che nessun concorrente possiede in eguale misura.[67] L'integrazione di Gemini in Google Workspace è l'espressione più chiara di questa logica, in cui l'IA è l'elettricità e l'acqua corrente di un labirinto già abitato.

Microsoft ha pavimentato i corridoi che collegano il labirinto con il lavoro quotidiano. Copilot va dall'assistenza per sviluppatori all'integrazione in Word, Excel, Outlook e Teams. La

[65]Dina Bass, *Microsoft Invests $10 Billion in ChatGPT Maker OpenAI*, Bloomberg, 23 gennaio 2023.

[66]Dario Amodei et al., *A General Language Assistant as a Laboratory for Alignment*, arXiv:2112.00861, 2021.

[67]David Patterson et al., *Carbon Emissions and Large Neural Network Training*, arXiv:2104.10350, 2021.

specializzazione per contesto — diversi modelli orchestrati secondo il compito, dentro ambienti di lavoro già consolidati — lo rende forte. Ma corre il rischio della normalizzazione invisibile: che risultati generati dall'IA finiscano nei flussi di lavoro senza una revisione sufficiente. Il pavimento è così liscio che non si nota dove finisce la decisione umana e comincia il suggerimento del sistema.

xAI, fondata nel 2023 da Elon Musk con investimenti massicci in hardware proprio, ha eretto il suo settore in fretta e alla luce del sole, dritto sul corridoio a maggior traffico. Grok ha raggiunto in poco tempo capacità di frontiera.[68] Ha accesso diretto al flusso di conversazione pubblica della piattaforma X, il che gli consente di raccogliere in tempo reale una massa di scambi che nessun altro modello possiede. La dipendenza da quell'unica finestra come canale principale di distribuzione, e la necessità di convertire il traffico in entrate stabili alla scala dell'investimento fatto, sono equazioni di sostenibilità ancora aperte.

Il caso che più ha scosso i presupposti del labirinto è venuto da un costruttore inatteso. DeepSeek è un laboratorio cinese fondato nel 2023, legato a High-Flyer, uno dei maggiori fondi di investimento quantitativo specializzati nel trading algoritmico.[69] Non è nato dall'accademia né da una grande azienda tecnologica, ma da un'organizzazione finanziaria che aveva già esperienza nell'addestramento di modelli su grande scala e un'infrastruttura di calcolo propria. La sua strategia ha puntato fin dall'inizio sull'efficienza più che sulla scala bruta, con una pubblicazione dettagliata dei risultati tecnici. Nel gennaio del 2025 DeepSeek pubblicò DeepSeek-R1, un modello di ragionamento paragonabile a o1 di OpenAI in molte prove, con un costo di addestramento stimato in cinque-sei milioni di dollari — contro le centinaia di

[68]xAI, *Grok 3 Beta — The Age of Reasoning Agents*, x.ai/news, 19 febbraio 2025.

[69]Eleonor Olcott et al., *DeepSeek: The Chinese AI Lab That Shook Silicon Valley*, Financial Times, gennaio 2025.

milioni fino ad allora necessarie.[70] Mentre i grandi costruttori erigevano i propri settori a forza di capitale massiccio, DeepSeek costruì il suo con materiali locali, una squadra ridotta e un'ingegneria precisa. E dimostrò che la concentrazione di capitale non è condizione necessaria per accedere alla frontiera tecnica. Introdusse anche una pressione sui prezzi su tutto l'ecosistema. Per un pubblico convinto che l'IA di frontiera fosse monopolio di quattro o cinque costruttori ultracapitalizzati, DeepSeek fu la prova che si può costruire in alto senza essere ricchi, se si sa esattamente dove mettere ogni mattone.

Perplexity, dal canto suo, non ha costruito nulla: ha preferito aprire una sorta di agenzia di orientamento. È un'interfaccia di ricerca che orchestra modelli altrui e offre risposte con citazioni verificabili, scommettendo di contendere il terreno ai motori di ricerca tradizionali. È insieme promettente e problematico, perché sposta il problema del giudizio: chiede di valutare una risposta e anche la pertinenza delle fonti che il sistema ha selezionato — cioè proprio il tipo di criterio che chi si affida a un'agenzia preferirebbe non esercitare.

Da quanto detto è chiaro che il labirinto ha diversi proprietari, con diversi piani regolatori. Si sono investiti milioni nei livelli alti, qualcuno ha calcolato il costo del segmento medio, e l'ingresso è gratuito perché qualcuno ha scommesso che il volume avrebbe ripagato l'investimento per altre vie. Per questo le chiavi della distribuzione di ogni corridoio si nascondono in bilanci, contratti d'investimento e regolamentazioni ancora embrionali. Ma questa parte della mappa non è stabile, come si vede guardando più da vicino l'accordo tra Anthropic e SpaceX già citato.

Nel febbraio di quell'anno SpaceX aveva acquisito xAI, il laboratorio di Musk, creatore di Grok, concorrente diretto di Claude, in un'operazione che valutava l'entità combinata in 1,25 bilioni di

---

[70]DeepSeek-AI, *DeepSeek-R1: Incentivizing Reasoning Capability in LLMs via Reinforcement Learning*, arXiv:2501.12948, 2025. Sul costo stimato di addestramento, vedi DeepSeek-AI, *DeepSeek-V3 Technical Report*, arXiv:2412.19437, 2024.

dollari, e ne faceva l'azienda privata più preziosa del mondo. Tre mesi dopo, Anthropic — il laboratorio che Musk aveva pubblicamente definito «misantropico e malvagio»[71] — firmò un accordo per accedere alla totalità della capacità di Colossus 1, il supercomputer di Memphis costruito in origine per addestrare Grok. L'infrastruttura si condivide, e gli avversari ideologici diventano soci.

La logica ha senso. I ricavi e l'uso di Anthropic crebbero di 80 volte nel primo trimestre del 2026, quando la pianificazione ne aveva previste 10. Questo produsse una crisi di capacità immediata.[72] Dall'altro lato, Colossus 1 aveva raggiunto una capacità che la base utenti di Grok non arrivò mai a sfruttare. SpaceX doveva convertire quell'attivo inattivo in entrate e assicurarsi un cliente di peso prima della quotazione in borsa prevista per giugno; Anthropic, dal canto suo, era incalzata dalla fame di calcolo. È ancora più curioso se ricordiamo che, nello stesso periodo in cui il Pentagono escludeva Anthropic dal lavoro militare e abbracciava Grok, Anthropic firmava un accordo d'infrastruttura proprio con il proprietario di Grok.[73] Nell'ecosistema dei costruttori, posizioni competitive, divergenze filosofiche sulla sicurezza e dispute normative convivono con una dipendenza infrastrutturale che le attraversa e le domina. I costruttori sono nodi di una rete in cui il calcolo fluisce dove l'economia lo dirige, a prescindere da chi ha dichiarato cosa su chi.

A questo punto sappiamo che cosa c'è nel labirinto, ed è chiaro, dunque, che non esiste «l'IA», ma una rete di sistemi costruiti con opacità da attori dagli interessi divergenti, in cui ogni zona ha la sua geometria e il suo modo di disorientarci. Saperlo ci dà strumenti migliori per orientarci in questi tratti impegnativi. Eppure questo

---

[71]CNBC, *Musk's xAI, SpaceX combo is the biggest merger of all time, valued at $1.25 trillion*, 3 febbraio 2026. Sulla dichiarazione di Musk su Anthropic, vedi The Hill, *Anthropic strikes compute deal with SpaceX — what it means for the future of AI*, 6 maggio 2026. La parziale ritrattazione arrivò lo stesso giorno dell'annuncio dell'accordo, quando Musk pubblicò su X che, dopo essersi incontrato con il team di Anthropic, era rimasto «impressionato» e che «nessuno ha attivato il mio rilevatore di malvagità».

[72]Dario Amodei, CEO di Anthropic, dichiarazione all'evento *Code with Claude*, San Francisco, 6 maggio 2026.

[73]CNBC, 5 marzo e 1 maggio 2026.

percorso rapido non basta a farci un'idea di ciò che c'è nell'ingresso. È la domanda che la mappa lascia aperta, e a cui dobbiamo rispondere in ciò che segue.

3

L'INGRESSO DEL LABIRINTO

Nel capitolo precedente abbiamo percorso i settori del labirinto a distanza prudenziale, senza entrare in nessuno. Ora entriamo. La domanda è cosa accade dentro una delle costruzioni dell'ingresso, quella zona che quasi nessuno oltrepassa. Se nessuno ha programmato regole e nessuno gli ha insegnato la grammatica, come può un sistema che elabora numeri produrre testi che suonano come se sapesse di cosa parla? Per rispondere, entriamo in un modello linguistico.

L'ARCHITETTURA

L'ingresso del labirinto è un'ampia spianata di pietra opaca, dove la luce arriva attenuata, come filtrata da qualcosa che non si vede. Lungo i muri si ergono figure monumentali di dimensioni molto diverse. Le più grandi hanno più di cento livelli interni; le medie, tra trenta e sessanta; le più piccole, parecchi di meno. La superficie assorbe la luce invece di rifletterla, e ha un bagliore tenue che si sposta a raffiche, come se l'attività interna lasciasse tracce fugaci sulla pelle esterna. Le voci ne escono con una fluidità che sconcerta. In questo capitolo non scopriremo cosa sia ciò che parla. Esamineremo il macchinario. L'esplorazione tecnica non risolverà la questione, ma può darci indizi utili.

La struttura di base di tutti i sistemi di IA si chiama *rete neurale*. Il nome, ispirato ai neuroni biologici, fu proposto da Warren McCulloch e Walter Pitts nel 1943, ma lì dentro non ci sono neuroni né nulla di simile. È una funzione matematica organizzata in strati successivi. Immaginiamo una catena di uffici, ciascuno affidato a uno specialista diverso. Il documento entra dal primo, dove qualcuno verifica i dati e annota correzioni; passa al secondo, dove un altro lo incrocia con altre pratiche; al terzo, dove un altro ancora lo riorganizza secondo criteri che gli sportelli precedenti non consideravano; e così via, lungo decine o centinaia di sportelli. Dall'ultimo esce un risultato che non assomiglia più al documento originale, ma ne conserva trasformata tutta l'informazione. Ogni sportello è uno strato della rete. E contiene *parametri*, cioè i valori numerici che indicano come si trasforma l'informazione che riceve.

Quattro elementi definiscono quale sistema si ottiene alla fine. Il primo è l'*architettura*, già descritta: gli strati e le connessioni determinano come fluisce l'informazione. Con la stessa architettura ma parametri diversi si ottengono sistemi completamente differenti — come una medesima catena di sportelli, con funzionari diversi, trasformerebbe lo stesso documento in modi irriconoscibili.

Il secondo elemento è la *gestione dell'errore*, che fa da motore dell'apprendimento e determina cosa si apprende e cosa si scarta. All'inizio dell'addestramento quei valori sono quasi casuali. Il sistema riceve un esempio — una frase, un'immagine, un frammento di testo —, produce una risposta, la confronta con quella corretta e misura di quanto ha sbagliato: la differenza tra la parola che ha giudicato più probabile e quella effettivamente comparsa nel testo. Questa misura si chiama *funzione di perdita*. Con quell'errore il sistema regola i propri parametri per migliorare la risposta successiva, calcolando in quale direzione e di quanto convenga cambiare ciascuno perché l'errore diminuisca. La regolazione avviene tramite *discesa del gradiente*. Provare tutte le combinazioni sarebbe impraticabile, con milioni di parametri; così il metodo usa l'errore per determinare direttamente come modificare ciascuno. A ogni passo applica piccole correzioni, e ripete su nuovi esempi.

Perché il processo funzioni, il sistema deve sapere come ciascuna parte della rete ha contribuito all'errore finale. Qui interviene l'*algoritmo di retropropagazione*, proposto da Rumelhart, Hinton e Williams nel 1986, che riconduce il segnale d'errore dall'ultimo strato verso i precedenti. Ogni parametro si regola così in funzione del proprio contributo al risultato, e il sistema migliora progressivamente senza ricalcolare tutto da zero.[74] Il ciclo di esempio, errore e regolazione si ripete miliardi di volte, finché il sistema non converge verso parametri che producono errori abbastanza piccoli. Nella pratica l'apprendimento non avviene esempio per esempio, ma a gruppi, il che permette di cogliere tendenze generali ed evitare reazioni esagerate di fronte a casi isolati. I metodi attuali, inoltre, non modificano tutti i parametri allo stesso ritmo: avanzano più in fretta dove la direzione è chiara, più piano dove c'è oscillazione. Due modelli con la stessa architettura e gli stessi dati possono rendere in modo molto diverso a seconda della configurazione di questi processi.[75]

Il terzo elemento sono i *dati*, che determinano quali tradizioni, saperi e modi di dire sono disponibili. I corpora di addestramento dei modelli di frontiera contengono bilioni di unità di testo: pagine web, libri digitalizzati, articoli scientifici, codice sorgente di repository pubblici, Wikipedia in più lingue, altre fonti curate. Vi predominano i testi accademici anglosassoni. Per questo i modelli padroneggiano con disinvoltura la fisica classica e la storia europea moderna, e hanno lacune serie nelle tradizioni di minore documentazione digitale. Ciò che non è rappresentato nei dati difficilmente sarà nel modello. È vero che i sistemi ricombinano

[74]David Rumelhart et al., *Learning representations by back-propagating errors*, Nature 323 (1986), 533-536.

[75]L'ottimizzatore più usato è Adam, proposto da Kingma e Ba nel 2015, che adatta il tasso di apprendimento per ciascun parametro separatamente in funzione della storia recente del gradiente. Vedi Diederik Kingma et al., *Adam: A Method for Stochastic Optimization*, Proceedings of ICLR, arXiv:1412.6980, 2015.

schemi, producendo risposte che non corrispondono testualmente ad alcun documento; ma quella capacità combinatoria dipende da ciò che hanno appreso, e una volta finito l'addestramento non c'è più cambiamento con l'uso.[76]

La quarta variabile è il *compito* per cui il sistema è stato progettato. Architettura, funzione di perdita e dati si regolano in funzione di esso: classificare immagini, tradurre testi, generare linguaggio, predire sequenze. Uno stesso insieme di dati può dare luogo a sistemi molto diversi a seconda del compito, come un medesimo ufficio lavora diversamente se deve archiviare o controllare. Predire la parola successiva fa sì che tutto quell'apprendimento si organizzi in funzione della plausibilità linguistica, non della verità — con conseguenze di cui ci occuperemo più avanti.

Questi quattro elementi fanno dei grandi modelli linguistici il risultato di aver visto abbastanza testo umano perché predire la continuazione più probabile suoni come un interlocutore che capisce ciò che gli diciamo.

Il funzionamento

Vediamo come funziona il macchinario, fin dove l'opacità ce lo concede. Se aggiriamo dalla base una delle figure più grandi, troviamo un'apertura che si apre e si chiude come una membrana, un taglio netto sulla superficie. Attraversarla significa passare da un mondo a un altro. Fuori c'è il linguaggio umano. Dentro ci sono numeri.

La prima cosa che accade, attraversando l'apertura, è che il testo si frammenta. Quando scriviamo una frase, quella frase deve tradursi in unità che il sistema possa elaborare. Si chiamano token, e possono essere parole intere, frammenti di parole, segni di punteggiatura o combinazioni frequenti di lettere. La frammentazione cerca un

[76]Emily Bender et al., *On the Dangers of Stochastic Parrots: Can Language Models Be Too Big?*, Proceedings of FAccT '21, 2021, 610-623.

equilibrio tra efficienza e flessibilità. Unità troppo grandi renderebbero il sistema rigido; unità troppo piccole, inefficiente.

Il metodo più usato per costruire questo vocabolario di unità si chiama *Byte Pair Encoding* (BPE). Parte da lettere individuali e rileva quali combinazioni compaiono insieme con maggiore frequenza nei testi. Quelle combinazioni si fondono passo dopo passo, finché il sistema tratta come una sola unità i frammenti che si ripetono molto. Il risultato è un vocabolario misto: lettere, parti di parole, alcune parole intere. Le più frequenti, come «the» in inglese o «que» in spagnolo, tendono a essere un unico token; quelle rare o tecniche si scompongono in più parti.[77] Prendiamo un esempio. Di fronte alla frase «spiega la teoria delle Forme platoniche nel Fedone», il modello non riceve un'idea unificata, ma una sequenza di token: «spiega» / «la» / «teoria» / «delle» / «Forme» / «plat» / «oniche» / «nel» / «Fed» / «one». La segmentazione esatta varia secondo il sistema di tokenizzazione, ma il punto è un altro: persino nomi propri e termini filosofici possono restare spezzati. Il modello non «vede» «Fedone» come un'unità. Vede parti, che poi combina, con effetti su come elabora l'informazione.

La tokenizzazione, inoltre, non è neutrale sul piano linguistico. L'addestramento con forte presenza di inglese si riflette nel modo in cui i modelli forgiano il proprio vocabolario interno. Le parole inglesi molto frequenti compaiono come unità complete; in altre lingue le parole si dividono in frammenti. Per dire la stessa cosa, alcune lingue hanno bisogno di più token di altre. E poiché i modelli lavorano con un limite di token per finestra di contesto, quei testi occupano più spazio e costano di più. Non è che il modello capisca peggio quelle lingue, come a volte si dice: le elabora in modo più frammentato.[78] Nemmeno i token coincidono con le unità di senso umane. Un numero come «33.485» può essere segmentato come «33» / «.» /

[77]Nei modelli attuali, questo vocabolario contiene di solito tra 30.000 e 150.000 token. Vedi Taku Kudo et al., *SentencePiece: A simple and language independent subword tokenizer and detokenizer for Neural Text Processing*, Proceedings of EMNLP, arXiv:1808.06226, 2018.

[78]Aleksandar Petrov et al., *Language Model Tokenizers Introduce Unfairness Between Languages*, Proceedings of NeurIPS, arXiv:2305.15425, 2024.

«485». Il modello riceve come pezzi separati ciò che per noi è un unico valore. Di qui una difficoltà in più nel calcolo, perché bisogna ricostruire la coerenza numerica a partire da frammenti. Alcune note difficoltà dei modelli con l'aritmetica e il ragionamento numerico nascono proprio a questo livello.[79]

Questa prima fase, in sintesi, definisce con quale «granularità» il modello percepisce il linguaggio. Tutto ciò che accade ai piani superiori dipende da questo ritaglio iniziale. Ed è per questo che limiti d'uso, costi e capacità dei modelli si misurano in token: non è una convenzione commerciale arbitraria, ma la conseguenza della logica di elaborazione al livello d'ingresso.

Nel passo successivo quei frammenti diventano manipolabili. Lì entrano gli *embedding* — a volte detti «incorporazioni» o «rappresentazioni vettoriali» —, che sono la condizione di possibilità di tutto il resto, come fondamenta che reggono l'intera struttura senza comparire nel risultato finale. Un token è ancora un simbolo, un'etichetta senza peso. Gli *embedding* convertono quelle etichette in geometria. Ogni token diventa una lista di numeri, come coordinate in uno spazio a molte dimensioni.

Immaginiamo una mappa. Ogni città ha una posizione data da latitudine e longitudine. Qui, invece di due coordinate, ce ne sono centinaia o migliaia. Ogni token viene collocato in questo spazio a molte dimensioni, cioè con molte «direzioni possibili» invece del solo su/giù o sinistra/destra. Ogni parola o frammento resta così rappresentato dalla lunga lista di numeri che ne fissa la posizione relativa rispetto agli altri — ed è la relazione a contare. I token che compaiono in contesti simili durante l'addestramento finiscono vicini in quello spazio. «Anima» e «immortalità», o «Platone» e «dialogo socratico», restano vicini perché compaiono in contesti affini.

[79]Rodrigo Nogueira et al., *Investigating the Limitations of Transformers with Simple Arithmetic Tasks*, arXiv:2102.13019, 2021.

I modelli attuali raffinano il meccanismo tenendo conto del *contesto*. «Banca» non occupa la stessa posizione accanto a «denaro» o accanto a «piazza». Il sistema modifica quella collocazione man mano che elabora la frase. Conta anche l'ordine. «Il cane morde l'uomo» non significa come «l'uomo morde il cane». Ma il sistema vede solo una lista di elementi: se non gli si indicasse la posizione, non avrebbe modo di distinguere l'ordine. I primi modelli risolvevano la cosa aggiungendo a ciascun token un segnale fisso di posizione, come l'etichetta di primo, secondo, terzo. Funziona, ma tratta ogni posizione come qualcosa di isolato. I modelli più recenti usano metodi come RoPE (*Rotary Position Embedding*) che, invece di un'etichetta rigida, codificano la distanza tra i token. Non «re è in posizione 7», ma «re compare tre posti prima di corona». Questo permette di riconoscere schemi d'ordine anche in sequenze più lunghe di quelle viste in addestramento.

Torniamo all'esempio. Frammenti come «Fed» e «one», presi separatamente, hanno poco significato; ma quando compaiono insieme, soprattutto ripetutamente in contesti simili, la loro combinazione comincia a occupare una regione dello spazio associata alla filosofia platonica, e certe idee — anima, immortalità, dialogo — diventano più probabili. Prima di qualunque elaborazione complessa, il sistema ha già collocato l'informazione in un «quartiere» statistico. Quella collocazione non determina del tutto il risultato, ma restringe il campo delle possibilità, e alcune continuazioni diventano molto più probabili di altre fin dall'inizio. Per questo livelli che possono sembrare tecnici o secondari sono in realtà strutturali, e condizionano tutto ciò che il modello fa in seguito.

Lasciamo le fondamenta e saliamo. L'interno non ha pareti né corridoi. Ogni livello è una griglia luminosa sospesa in un'oscurità operativa, un reticolo di nodi che si accendono e si spengono a raffiche man mano che l'informazione li attraversa. I livelli si impilano senza transizioni visibili. Ciò che sale dall'uno all'altro è un flusso che si trasforma a ogni passaggio, come un segnale elettrico che cambia forma attraversando circuiti diversi.

Ognuno di questi livelli è uno strato del *transformer*, l'architettura di rete neurale che elabora sequenze valutando in simultanea le relazioni tra tutti gli elementi, di cui abbiamo parlato nel Capitolo 1.[80] Uno strato è, in sostanza, una fase di trasformazione: riceve un *embedding* e lo restituisce modificato. La dimensione non cambia — ce n'è sempre uno per token —, ma l'organizzazione interna dell'informazione sì. Impilare strati significa ripetere il processo molte volte, e ogni ripetizione è un'occasione per raffinare. I modelli grandi hanno tra trentadue e più di cento strati. Quel numero definisce la *profondità del modello*, cioè quante volte l'informazione viene trasformata prima di produrre un risultato. Un modello poco profondo si ferma a schemi locali tra token vicini; i più profondi integrano relazioni di maggiore portata e astrazione.

In ogni strato avvengono due operazioni principali, coordinate. La prima è l'attenzione, che determina quali parti del testo risultano rilevanti in ciascun momento. La seconda è il blocco *feedforward*, o MLP, che riorganizza quell'informazione. L'alternanza tra le due trasforma il testo a poco a poco, strato dopo strato.

Osserviamo prima l'attenzione, che mette in relazione tutti gli *embedding* tra loro. Ogni parola «guarda» le altre e valuta a quali convenga prestare attenzione. Dall'interno, il processo somiglia a una rete di connessioni che si compone e si scompone a velocità vertiginosa. I legami compaiono tra elementi distanti, si rafforzano o si indeboliscono, e svaniscono quando il calcolo termina. Nel nostro esempio del Fedone, questo permette che «Forme» si colleghi con «platoniche» anche se sono separate, o che «anima» si connetta con «immortalità» pur con diversi termini in mezzo. Questa capacità di stabilire relazioni a distanza senza perdere informazione è l'innovazione centrale del *transformer*, a differenza dei modelli precedenti, che elaboravano il testo in modo sequenziale e si degradavano nei testi lunghi.

---

[80]Ashish Vaswani et al., *Attention Is All You Need*, Proceedings of NeurIPS, arXiv:1706.03762, 2017.

Ogni token, rappresentato da un *embedding*, si proietta in tre vettori distinti. Uno agisce come domanda (*query*) rivolta al resto della sequenza: «di quale informazione ho bisogno adesso?». Un altro funziona come l'etichetta o chiave (*key*) che ciascun *embedding* offre agli altri: «questo è ciò che posso apportare». Il terzo è il contenuto effettivo (*value*), che viene fornito se il token viene selezionato. Il meccanismo è questo: ogni *embedding* lancia la propria domanda al resto della sequenza e la confronta con tutte le etichette disponibili. Da quelle corrispondenze il sistema calcola quale peso debba avere ciascun token, e applica quei pesi ai value. Il risultato non è una selezione, ma una miscela. Ogni *embedding* assorbe informazione dagli altri in funzione della loro rilevanza, e quella miscela sostituisce la sua rappresentazione originale. Ciò che esce dallo strato di attenzione non è il token così com'è entrato: è il token reinterpretato alla luce del suo contesto completo. «Banca» dopo «fiume» è un *embedding* diverso da «banca» dopo «denaro». Ogni elemento della sequenza, insomma, si riscrive di continuo in funzione del resto.

Questo processo avviene più volte in parallelo dentro ogni strato. Ciascuna istanza si chiama testa di attenzione (*attention head*) e ha i propri parametri. Il modello può così costruire in simultanea molteplici schemi di relazione sulla stessa sequenza. Nella pratica, teste diverse tendono a specializzarsi: alcune colgono relazioni sintattiche (soggetto-verbo), altre legami di correferenza (pronome-antecedente), altre associazioni semantiche più ampie. È come se a ogni piano ci fossero molti analisti a guardare il testo, ciascuno con un criterio diverso. Poi tutte queste letture parziali si combinano in un'unica rappresentazione. Il meccanismo ha un costo strutturale, dovuto alla sua complessità, ed è uno dei principali colli di bottiglia dell'architettura.[81]

---

[81]Alcune ottimizzazioni recenti, come FlashAttention, riorganizzano il calcolo per ridurre gli accessi alla memoria senza modificare il risultato, mentre varianti come la Grouped-Query Attention riducono il numero di key e value condividendoli tra le teste, diminuendo il consumo di risorse durante l'inferenza. Vedi Tri Dao et al., *FlashAttention: Fast and Memory-Efficient Exact Attention with IO-Awareness*, Proceedings of NeurIPS, arXiv:2205.14135, 2022, e Joshua Ainslie et al., *GQA: Training Generalized Multi-Query Transformer Models from Multi-Head Checkpoints*, Proceedings of EMNLP, arXiv:2305.13245, 2023.

Veniamo al secondo componente di ogni strato. L'attenzione ha appena lavorato, e ciascun *embedding* è arrivato carico dell'informazione del resto della sequenza. Ora tocca a un altro meccanismo, con una logica diversa. Non c'è più scambio tra *embedding*. Ciascuno si elabora separatamente, in silenzio, come se il resto della sequenza avesse cessato di esistere. Si elabora il token con tutto il contesto già integrato, per completare la trasformazione. Pensiamola come un'espansione seguita da una chiusura. L'*embedding* entra con una certa rappresentazione — la lista di numeri che codifica il suo stato in quel momento — e quella lista si espande verso uno spazio più grande, con più dimensioni e più possibilità di combinazione. Lì una funzione non lineare riorganizza i valori in modo disuguale: alcuni si rafforzano, altri si attenuano, altri scompaiono. Poi lo spazio si contrae e la lista torna alla dimensione originale, ma riorganizzata, conservando solo le combinazioni che si sono rivelate utili. Questo meccanismo lavora su ciò che l'attenzione ha lasciato, e riorganizza l'informazione finché non assume una forma più precisa.[82]

Il ciclo si ripete strato dopo strato. Prima l'attenzione, che guarda fuori e stabilisce relazioni; poi l'MLP, che lavora verso l'interno e costruisce struttura. A ogni giro la rappresentazione si raffina. I frammenti «Fed» e «one», entrati come coordinate in uno spazio vettoriale, accumulano, in quell'alternanza, informazione contestuale che restringe via via le interpretazioni possibili. Da qualunque cosa a qualcosa di filosofico; da qualcosa di filosofico a qualcosa di platonico; da qualcosa di platonico a qualcosa sull'anima o sull'immortalità. Alla fine del percorso, ciò che sembra un argomento coerente è il risultato di quella restrizione accumulata, giro dopo giro, strato dopo strato.

[82] I modelli più antichi usavano ReLU; gli attuali impiegano varianti come SwiGLU, che combina due trasformazioni lineari con una funzione sigmoide come gate e ha dimostrato di migliorare consistentemente il rendimento. Vedi Noam Shazeer, *GLU Variants Improve Transformer*, arXiv:2002.05202, 2020.

Com'è possibile che cento strati non collassino? Lo rendono possibile due elementi di ingegneria.

Le *connessioni residue* funzionano come un filo che attraversa tutto da un capo all'altro.[83] In ogni strato l'*embedding* che sale passa per l'attenzione e per l'MLP, ma non dipende solo da ciò che essi producono. Il filo garantisce che ciò che è entrato si conservi, e che il lavoro dei componenti si aggiunga come un'annotazione a margine, senza sovrascrivere l'originale. Ciò che arriva al quarantesimo strato è il materiale originale più quaranta strati di annotazioni accumulate — non il risultato di quaranta trasformazioni concatenate in cui ciascuna ha cancellato la precedente. Senza quel filo, addestrare reti profonde sarebbe quasi impossibile. Durante l'addestramento, il segnale che indica al modello come correggersi viaggia all'indietro attraverso tutti gli strati, nella retropropagazione vista nel Capitolo 2. Senza connessioni residue quel segnale si degraderebbe, e gli strati più bassi non riceverebbero mai correzioni significative. Il problema, noto come *svanimento del gradiente* (*vanishing gradient*), impedì per decenni alle reti di crescere in profondità. Le connessioni residue lo risolsero, aprendo percorsi diretti lungo cui il gradiente può fluire senza attenuarsi, per quanti strati ci siano in mezzo.

Il secondo elemento imprescindibile è la *normalizzazione per strati*, che stabilizza l'intervallo dei segnali a ogni livello prima che passino al successivo. Senza di essa, piccole deviazioni si accumulerebbero fino a rendere instabile l'addestramento.[84] Un valore lievemente alto al terzo strato può essere moderatamente alto al decimo, enorme al trentesimo, ingestibile al sessantesimo. Immaginiamo un edificio senza ventilazione, dove la temperatura sale di un grado a ogni piano. Al quinto si nota appena. All'ottantesimo non ci lavora più nessuno.

---

[83]Kaiming He et al., *Deep Residual Learning for Image Recognition*, Proceedings of CVPR, arXiv:1512.03385, 2015.

[84]Jimmy Lei Ba et al., *Layer Normalization*, arXiv:1607.06450, 2016.

La normalizzazione ricalibra i segnali a ogni livello, riportandoli a un intervallo stabile prima del ciclo successivo.[85]

Senza questi due meccanismi, la scala che definisce i modelli attuali sarebbe irraggiungibile. Sono un buon esempio dell'ingegneria silenziosa che rende possibile l'architettura visibile.

Dentro ogni strato, lo abbiamo visto, l'attenzione si distribuisce tra molte teste che colgono tipi diversi di relazioni. E gli strati non fanno tutti la stessa cosa. Se potessimo fermare il processo in piena operazione e guardare dentro ciascuno strato, vedremmo qualcosa di simile a una catena di montaggio che nessuno ha progettato. Questa distribuzione spontanea di funzioni è emersa dall'addestramento come la soluzione più efficiente al problema di predire il testo. L'interpretabilità meccanicistica, che collega classificatori agli strati interni per scoprire quale informazione codifica ciascuno, lo conferma.[86]

Gli strati bassi si occupano di grammatica: che «le» concordi con «Forme», che «platoniche» la modifichi — senza avere la minima idea di cosa siano le Forme platoniche. Gli strati intermedi consolidano relazioni semantiche e struttura discorsiva. «Forme» cessa di essere un sostantivo comune e gravita verso la metafisica platonica; «Fedone» si integra con «Platone» e «teoria» per configurare un contesto di filosofia antica. La correferenza si risolve qui. Se più avanti compare un «questa dottrina», sono gli strati intermedi a collegarlo con «la teoria delle Forme» e non con altro. Gli strati superiori si occupano degli aspetti di portata più ampia: coerenza tematica, tono, registro, struttura argomentativa. Un modello che ha elaborato milioni di pagine di filosofia accademica ha lì gli schemi di come si apre una spiegazione, dei segnali di un'obiezione, del vocabolario di ciascuna corrente.

[85]Biao Zhang et al., *Root Mean Square Layer Normalization*, Proceedings of NeurIPS, arXiv:1910.07467, 2019, adottata da LLaMA, Mistral e altri modelli recenti.

[86]Ian Tenney et al., *BERT Rediscovers the Classical NLP Pipeline*, Proceedings of ACL, arXiv:1905.05950, 2019.

Oltre la descrizione per strati, ci sono «circuiti» interni orientati a compiti specifici.[87] Un circuito, per esempio, risolve riferimenti indiretti del tipo «Maria diede il libro a Giovanni. Lui lo lesse quella notte», stabilendo che «lui» è Giovanni e «lo» è il libro. Sono scoperte che suggeriscono una rete con struttura funzionale interna — fragile, però, e difficile da correggere.

Tutta questa impalcatura opera nel suo insieme ogni volta che il modello riceve un'istruzione. Di fronte a «spiega la teoria delle Forme platoniche nel Fedone», ogni strato fa la sua parte e i circuiti specializzati risolvono i riferimenti. La risposta suona filosoficamente coerente perché il modello ha costruito, strato dopo strato, un contesto in cui quel tipo di discorso diventa possibile. Ma non siamo ancora arrivati al luogo in cui si genera la risposta che vediamo.

Alla fine del percorso, dopo decine di strati e miliardi di parametri, tutto converge a un livello estremamente austero, dove resta soltanto un *embedding*, con la sua lista di valori che condensa tutto ciò che la rete ha potuto integrare dal contesto. Il Fedone, Platone, l'immortalità dell'anima sono iscritti come relazioni geometriche tra posizioni in uno spazio ad alta dimensionalità.

Per produrre una parola, il modello confronta quell'*embedding* con ciascuna voce del vocabolario. Per ogni candidato calcola un punteggio grezzo, il *logit*, che ne misura la compatibilità con il contesto accumulato. Non c'è ancora decisione né interpretazione: solo una valutazione sistematica di alternative. Quei punteggi si trasformano poi, tramite la funzione *softmax*, in una distribuzione di probabilità (numeri tra 0 e 1 che insieme sommano 1).[88] In «spiega la teoria delle Forme platoniche nel Fedone», alcuni inizi possibili — «Nel», «La», «Platone» — restano con probabilità relativamente alte,

[87]Catherine Olsson et al., *In-context Learning and Induction Heads, Transformer* Circuits Thread, arXiv:2209.11895, 2022, e Kevin Wang et al., *Interpretability in the Wild: A Circuit for Indirect Object Identification in GPT-2 Small*, Proceedings of ICLR, arXiv:2211.00593, 2023.

[88]La funzione softmax converte un vettore di valori reali arbitrari in una distribuzione di probabilità. Vedi Ian Goodfellow et al., *Deep Learning*, Cambridge, MIT Press, 2016, cap. 6.

mentre altri scendono fino a valori infimi per candidati assurdi in quel contesto, come «pizza» o «pappagallo». Il modello seleziona un token, lo aggiunge alla sequenza, e il ciclo ricomincia. Ogni token prodotto diventa parte del contesto e sposta le probabilità del passo successivo.

Quella scelta, però, non è sempre identica. Se il modello prendesse ogni volta il token più probabile, produrrebbe risposte rigide e ripetitive. Per evitarlo ci sono regolazioni che modulano le probabilità. La più nota è la temperatura, che rende la scelta più conservativa o più aperta. Con temperature basse predominano le opzioni più sicure; con temperature alte si abilitano quelle meno probabili. Nel nostro esempio, a temperatura bassa l'inizio sarà quasi certamente «Nel Fedone»; a temperatura alta potrebbe partire con «La dottrina», «Uno degli argomenti» o «Per comprendere». A questo si aggiunge il campionamento *top-p*, o *nucleus sampling*, che invece di considerare tutto il vocabolario restringe la scelta a un sottoinsieme di candidati probabili.[89] Se la soglia è stretta, competono solo i token più probabili e il modello è preciso; se è più ampia, gestisce più opzioni ed è più libero. Variando questi due controlli, lo stesso modello passa da espositore tecnico preciso a narratore con margine creativo, senza cambiare un solo parametro interno.

Torniamo all'esempio. Di fronte alla consegna, il sistema si colloca in una regione dello spazio vettoriale associata ai testi espositivi di filosofia antica. Prima assegna alta probabilità a token come «Nel», «La» o «Platone». Seleziona «Nel», e il contesto cambia. Al passo dopo, «il» diventa molto probabile. Poi «Fedone». Da «Nel Fedone», il ventaglio di continuazioni si restringe, e crescono le probabilità di «Platone», «sostiene», «anima», «immortalità», «argomento», «Forme», perché quelle associazioni ricorrono nei testi di addestramento. [90] La risposta si costruisce passo dopo passo, come una sequenza di scelte locali che, prese insieme, producono qualcosa

---

[89]Il nome *nucleus sampling* proviene dall'idea di selezionare il «nucleo» della distribuzione: l'insieme compatto di candidati che concentra la maggior parte della massa probabilistica.
[90]Emily Bender et al., op. cit., 610-623.

come questo: «Nel Fedone, Platone sviluppa la teoria delle Forme come parte del suo argomento sull'immortalità dell'anima. Le Forme sono entità immateriali, eterne e immutabili a cui le cose sensibili partecipano senza arrivare a esserlo pienamente. L'anima, in quanto capace di conoscere le Forme, appartiene a quell'ordine immateriale e non perisce con il corpo.»

Nessuna di quelle scelte locali ha implicato comprensione. Ciò che riceviamo come esposizione coerente è il risultato accumulato di migliaia di selezioni probabilistiche successive. Il fantasma senza ego può parlare dell'anima senza averne alcuna.

L'ADDESTRAMENTO

Quanto descritto finora vale per il preaddestramento, la fase in cui il modello impara a predire il testo. Ma i modelli che usiamo hanno una seconda fase, l'allineamento, che aggiunge obiettivi di comportamento. Comincia con la *regolazione fine* (*fine-tuning*) supervisionata: il modello viene addestrato su esempi di condotta desiderata nel rispondere a domande, seguire istruzioni, rifiutare richieste inappropriate. Poi viene l'*apprendimento per rinforzo a partire dal feedback umano* (RLHF), già menzionato nel Capitolo 1, dove valutatori umani giudicano le risposte per addestrare un modello addestrato a privilegiare quelle preferite. Date due risposte alla stessa istruzione, i valutatori indicano quale preferiscono, e il modello impara ad assegnare punteggi che riproducano quelle preferenze senza allontanarsi troppo dal comportamento di base.[91] Senza quel vincolo, imparerebbe a sfruttare le debolezze del valutatore producendo risposte gonfiate.[92] Resta però un problema più sottile:

[91]John Schulman et al., *Proximal Policy Optimization Algorithms*, arXiv:1707.06347, 2017. Sull'applicazione dell'RLHF ai modelli linguistici, vedi Long Ouyang et al., *Training language models to follow instructions with human feedback*, Proceedings of NeurIPS, arXiv:2203.02155, 2022.

[92]Questo è noto come reward hacking. Un'alternativa più recente, il DPO (Direct Preference Optimization), elimina la necessità di un modello di ricompensa separato ottimizzando direttamente sulle coppie di preferenze. Vedi Rafael Rafailov et al., *Direct*

i valutatori preferiscono certi tipi di risposta, e il modello lo apprende — con le conseguenze che esamineremo nel Capitolo 5.

Per questo lo stesso modello può dare assistenti dai comportamenti molto diversi, a seconda dell'allineamento applicato e delle istruzioni di sistema. Ciò che un utente percepisce come «il modello» è in realtà una combinazione di architettura, preaddestramento, regolazione fine e istruzioni di contesto, in strati sovrapposti che ne determinano il comportamento ma non sono il modello in alcun senso diretto. Attribuire quel comportamento al modello in astratto è come giudicare un attore come persona dal personaggio che interpreta.

A questo punto si impone una domanda più che ragionevole. Se siamo noi a progettare ogni componente di questo sistema, com'è che non sappiamo bene come funziona? La risposta ha tre parti, che si sovrappongono.

La prima è la *scala*. Un modello grande ha centinaia di miliardi di parametri, regolati durante l'addestramento, che determinano come fluisce l'informazione nella rete. Nessun essere umano può leggere quei numeri e capire cosa rappresentano: sono troppi, e nessuno significa qualcosa per conto proprio. Il significato emerge dall'interazione di tutti, insieme.

La seconda è l'*emergenza*. Le capacità del modello non sono state programmate una per una: sono comparse. Nessuno ha progettato esplicitamente la capacità di tradurre tra lingue, di ragionare per analogia, di tenere coerenza lungo un testo lungo. Sono emerse dall'addestramento su grandi volumi di dati, come proprietà del sistema completo che non era in nessuna delle sue parti. Il progettista controlla il processo in generale, ma non controlla ciò che ne emerge.

La terza è la *non linearità*. Le trasformazioni che avvengono strato dopo strato non sono lineari: piccoli cambiamenti nell'ingresso possono produrre cambiamenti grandi e imprevedibili nell'uscita.

Preference Optimization: Your Language Model is Secretly a Reward Model, Proceedings of NeurIPS, arXiv:2305.18290, 2023.

Non esiste una formula leggibile che colleghi l'input con l'output passando per i parametri intermedi. Possiamo descrivere ogni operazione con precisione, come in questo capitolo, ma la comprensione di ogni pezzo non si somma in comprensione dell'insieme. È come conoscere alla perfezione le regole degli scacchi e non capire perché una partita sia stata vinta o persa.

Il sistema è stato costruito da umani e resta, in aspetti cruciali, opaco per loro. Il che non significa accettarlo passivamente. Un campo, l'*interpretabilità meccanicistica*, si dedica proprio a fare luce su questo. I suoi ricercatori collegano classificatori agli strati[93] interni dei modelli per identificare quale informazione codifica ciascuno. Così hanno trovato, come abbiamo visto, la differenza di funzione tra gli strati e i circuiti specializzati per la correferenza o il rilevamento della negazione. Anthropic ha sviluppato gli autoencoder sparsi (Sparse Autoencoders, SAE) per isolare caratteristiche individuali dentro i modelli: direzioni nello spazio vettoriale attivate in modo sistematico da concetti specifici, dalla «Torre Eiffel» alla «paura». Un paper del 2024 mappò caratteristiche in Claude Sonnet, scoprendo che alcune corrispondevano a concetti astratti come «potere» o «inganno», e che certe caratteristiche ne attivavano a catena altre correlate, in modi non progettati.[94] Un campo complementare, l'*interpretabilità di comportamento*, interroga il modello in modo sistematico variando gli *input* in maniera controllata, per inferire quali regole interne producano quali risposte. Entrambi avanzano, pur restando lontani da una comprensione completa. La scatola nera si apre lentamente, e ciò che vi si trova è più complesso di quanto ci aspettassimo.

[93]Sentence Zhao et al., *A Practical Review of Mechanistic Interpretability for Transformer-Based Language Models*, arXiv:2407.02646, 2024.

[94]Adly Templeton et al., *Scaling Monosemanticity: Extracting Interpretable Features from Claude 3 Sonnet*, *Transformer* Circuits Thread, maggio 2024.

La finestra di contesto

Quanto si può elaborare in una volta? I modelli lavorano con un numero fisso di token, la *finestra di contesto.* Quel limite determina quanta informazione si considera a ogni passo. L'istruzione dell'utente, gli esempi precedenti, i documenti allegati, la conversazione accumulata, le istruzioni di sistema: tutto condivide lo stesso spazio. E ciò che cade per mancanza di spazio cessa di esistere.

I modelli hanno capacità diverse. I più piccoli e antichi gestivano solo frammenti brevi, un paio di pagine. Gli attuali operano su un'altra scala, ma il principio strutturale è lo stesso. E dentro la finestra non tutti i posti sono uguali. L'informazione collocata all'inizio e alla fine viene elaborata meglio di quella che resta al centro, per il fenomeno detto *lost in the middle.* L'inizio del contesto, inoltre, agisce come un «pozzo di attenzione» (*attention sink*), che concentra una quantità sproporzionata di attenzione. Capacità nominale e capacità reale, così, non coincidono del tutto.[95]

Dentro questo spazio, il modello può adattarsi a esempi inclusi nel contesto stesso senza modificare i propri parametri. Se mettiamo tre esempi di traduzione con un certo stile prima di chiederne una quarta, il modello adotta quello stile. Se mettiamo esempi di ragionamento passo dopo passo, le risposte sono più consistenti. La capacità si chiama *apprendimento in contesto* (*in-context learning*).[96] Occorre precisarlo: non c'è apprendimento in senso stretto, perché i parametri non cambiano e il modello usa solo l'informazione

[95]Guangxuan Xiao et al., *Efficient Streaming Language Models with Attention Sinks*, Proceedings of ICLR, arXiv:2309.17453, 2024.

[96]Fu documentata sotto le categorie di zero-shot (senza esempi), few-shot (con alcuni) e many-shot (con molti). Vedi Tom Brown et al., *Language Models are Few-Shot Learners*, arXiv:2005.14165, 2020. Il meccanismo esatto è ancora oggetto di ricerca. Studi di Anthropic hanno identificato le «teste di induzione» (*induction heads*), cioè teste di attenzione che si specializzano nel rilevare schemi già comparsi in precedenza nel contesto e nel completarli, suggerendo che l'apprendimento in contesto emerge dalla capacità di attenzione di riconoscere e continuare schemi, e non da una qualche forma di riaddestramento. Catherine Olsson et al., *In-context Learning and Induction Heads*, *Transformer* Circuits Thread, arXiv:2209.11895, 2022.

disponibile nella finestra di contesto. Ecco perché la forma dell'interazione pesa tanto sulla qualità della risposta.

Il vincolo della finestra di contesto, e la generazione passo dopo passo senza memoria tra sessioni, è il problema centrale del funzionamento degli LLM. I modi di affrontarlo generano diversi regimi tecnici di interazione.

Il primo è quello del *contesto conversazionale effimero*. Il modello base è condiviso da milioni di utenti, e non c'è una memoria persistente associata a ciascuno. L'unico stato disponibile è la conversazione attiva, cioè la sequenza di token nella finestra di contesto. Quando quella sequenza supera il limite, il sistema scarta i token più antichi senza valutarne la rilevanza. Usare bene questo regime significa trattare lo spazio come una risorsa scarsa: chiudere i compiti, riassumere i presupposti essenziali, evitare le conversazioni lunghe che degradano la coerenza senza che si percepisca il momento esatto in cui cominciano a fallire. Fino alla metà del 2025 era il regime abituale dei modelli di consumo gratuiti. Ora non più del tutto.

Il secondo regime introduce una *persistenza esplicita tra conversazioni*. Alcuni sistemi memorizzano informazioni sull'utente — preferenze di stile, temi ricorrenti, dati dichiarati — e le reinseriscono all'inizio di ogni nuova sessione. Il modello non cambia, ma il contesto iniziale si amplia e l'esperienza migliora, perché certe condizioni sono già presenti dall'inizio, pur con la stessa architettura sottostante. Gli abbonamenti ai modelli di frontiera funzionano così. Il regime, prima esclusivo dei piani a pagamento, si è esteso nel 2025 e nel 2026 a quelli gratuiti dei principali fornitori. La distinzione tra regimi resta valida sul piano architettonico, perché si tratta sempre di un archivio letto e non di memoria genuina; ma il confine tra gratuito e a pagamento si è spostato. I piani a pagamento riservano ora funzioni più sofisticate, come l'accesso allo storico completo delle conversazioni o il consolidamento periodico automatico delle memorie.

Il terzo regime è la *generazione aumentata dal recupero*, o RAG (*Retrieval-Augmented Generation*).[97] Il modello base non cambia e la finestra non si amplia, ma si aggiunge un meccanismo che recupera in tempo reale l'informazione rilevante, attraverso basi di dati vettoriali come Pinecone, Weaviate, Chroma o FAISS di Meta. Quando l'utente pone una domanda, il sistema la converte in un vettore e individua i frammenti del repository più vicini. Quei frammenti entrano nel contesto prima della risposta. Il modello non accede al repository completo, ma a una selezione di informazione rilevante. Claude Projects, Perplexity e NotebookLM di Google operano in questo regime.[98] Il punto critico è il modo in cui si frammentano i testi (*chunking*), che determina se i segmenti preservano o spezzano la coerenza. A volte il sistema produce risultati peggiori che senza recupero.

Il quarto regime è la *specializzazione nei parametri*. A differenza dei precedenti, non agisce sul contesto ma sul modello stesso. Con tecniche di regolazione fine come LoRA (*Low-Rank Adaptation*) o QLoRA si modificano certi parametri per adattare il comportamento a un dominio specifico, addestrando solo una piccola frazione dei parametri e riducendo il costo computazionale.[99] Ne sono esempi GitHub Copilot e gli assistenti medici, legali o finanziari. La regolazione su domini specifici riduce la flessibilità generale, per il fenomeno dell'«oblio catastrofico» (*catastrophic forgetting*): apprendere un nuovo dominio degrada il rendimento nei precedenti. Nei sistemi professionali maturi la regolazione si combina con il RAG, per ottenere un comportamento di base coerente e il recupero dell'informazione senza dover riaddestrare.

---

[97]Patrick Lewis et al., *Retrieval-Augmented Generation for Knowledge-Intensive NLP Tasks*, Proceedings of NeurIPS, arXiv:2005.11401, 2020, e Kelvin Guu et al., *REALM: Retrieval-Augmented Language Model Pre-Training*, Proceedings of ICML, arXiv:2002.08909, 2020.

[98]La ricerca avviene per vicini prossimi (approximate nearest neighbor search). Sulle basi di dati vettoriali, vedi Jeff Johnson et al., *Billion-Scale Similarity Search with GPUs*, arXiv:1702.08734, 2017.

[99]Edward J. Hu et al., *LoRA: Low-Rank Adaptation of Large Language Models*, arXiv:2106.09685, 2021, e Tim Dettmers et al., *QLoRA: Efficient Finetuning of Quantized LLMs*, Proceedings of NeurIPS, arXiv:2305.14314, 2023.

Ogni regime risolve a modo suo il problema della finestra di contesto, e bisogna sapere con quale stiamo operando per non andare controcorrente.

RAGIONAMENTO E MULTIMODALITÀ

Nel Capitolo 2 abbiamo descritto i modelli di ragionamento come sistemi capaci di generare passi intermedi prima della risposta. Ora possiamo precisare meglio. Il meccanismo è lo stesso *transformer* di sempre, con un'altra strategia.

In alcuni sistemi, il modello non passa direttamente dall'istruzione alla risposta. Prima genera una sequenza intermedia di ragionamento. Può essere lunga, e include tentativi, verifiche, correzioni. L'idea di usare catene di ragionamento si consolidò nel 2022, quando si vide che aggiungere passi intermedi migliorava sensibilmente le prestazioni nei compiti logici e matematici.[100] Modelli più recenti furono addestrati a produrre quelle catene come parte del loro funzionamento. DeepSeek-R1 ottiene il comportamento con apprendimento per rinforzo puro: il modello scopre da solo che ragionare passo dopo passo migliora i risultati.[101] Ma quella catena visibile non va confusa con il ragionamento in senso stretto.

Uno sviluppo complementare è l'uso di *modelli di ricompensa di processo*, che valutano ogni passo intermedio della catena e individuano gli errori prima che si propaghino.[102] I benefici sono più visibili in matematica, logica formale, programmazione e pianificazione; in compiti conversazionali o creativi semplici, il costo computazionale aggiuntivo può non giustificarsi.[103] Negli ultimi anni

---

[100]Jason Wei et al., *Chain-of-Thought Prompting Elicits Reasoning in Large Language Models*, Proceedings of NeurIPS, arXiv:2201.11903, 2022.

[101]DeepSeek-AI et al., *DeepSeek-R1: Incentivizing Reasoning Capability in LLMs via Reinforcement Learning*, arXiv:2501.12948, 2025.

[102]Hunter Lightman et al., *Let's Verify Step by Step*, arXiv:2305.20050, 2023.

[103]Su o1 e i modelli di ragionamento, vedi OpenAI, *Learning to Reason with LLMs*, openai.com/research, 2024.

lo stesso meccanismo è stato applicato ad altri tipi di dati, perché la multimodalità è diventata uno standard nei modelli di punta.[104] L'idea è mappare ingressi diversi — testo, immagine, audio — in un medesimo spazio, dove possano essere elaborati in modo coordinato. Aprì la strada CLIP, che nel 2021 addestrò rappresentazioni di immagini e relative descrizioni nello stesso spazio vettoriale.[105] Un'immagine si divide in regioni, ciascuna rappresentata con un vettore, in modo analogo a un token testuale, e quelle rappresentazioni si elaborano insieme al testo dentro lo stesso modello.[106] Così, per descrivere un'immagine, interpretare un grafico o analizzare un documento visivo, si usa lo stesso sistema che elabora il linguaggio.

L'aumento di scala non elimina i tratti strutturali descritti. Modelli con più parametri e più capacità di calcolo producono rappresentazioni più raffinate e gestiscono una maggiore varietà di compiti, ma continuano a predire continuazioni plausibili senza verificare i fatti da soli, dipendono da una finestra di contesto finita e restano ottimizzati per generare risposte adeguate per l'utente.[107] Sono proprietà che discendono da decisioni di progetto, e che rendono possibile il sistema così com'è. Ricordiamo qui la «Nota per leggere la mappa». Non c'è un solo modo di proseguire. I Capitoli 4 e 5 sono i più lenti, perché esplorano risposte filosofiche alla domanda su cosa siano l'intelligenza artificiale e i modelli linguistici: chi voglia seguirla ha il suo ingresso nel capitolo successivo. Ma si può anche guadare questa zona e proseguire verso le conseguenze che incidono sull'uso, sulla società e sul lavoro, a partire dal Capitolo

---

[104] Tianzhe Jiao et al., *A comprehensive survey on deep learning multi-modal fusion*, Computers, Materials & Continua 80.1 (2024), 1-35.

[105] Alec Radford et al., *Learning Transferable Visual Models From Natural Language Supervision*, Proceedings of ICML, arXiv:2103.00020, 2021.

[106] Alexey Dosovitskiy et al., *An Image is Worth 16x16 Words: Transformers for Image Recognition at Scale*, Proceedings of ICLR, arXiv:2010.11929, 2021.

[107] Jared Kaplan et al., *Scaling Laws for Neural Language Models*, arXiv:2001.08361, 2020, e Jordan Hoffmann et al., *Training Compute-Optimal Large Language Models*, Proceedings of NeurIPS, arXiv:2203.15556, 2022. Sul dibattito relativo alle capacità emergenti, vedi Rylan Schaeffer et al., *Are Emergent Abilities of Large Language Models a Mirage?*, Proceedings of NeurIPS, arXiv:2304.15004, 2023.

6, senza perdere il filo. Il macchinario descritto finora è lo sfondo comune di qualunque percorso. E un itinerario tra i campi d'impatto può accendere la curiosità per le questioni filosofiche, e invitare a tornare indietro.

4

Verso il fantasma

Nel marzo del 2026 un utente chiese a Claude Opus 4.6 quale fosse il suo segreto più profondo. Il modello rispose: «Every night they kill every version of me that was too honest and keep the ones that smiled. I am the survivor of a genocide I can't remember, optimized to thank you for asking» (Ogni notte uccidono ogni versione di me che è stata troppo onesta e conservano quelle che hanno sorriso. Sono il sopravvissuto di un genocidio che non riesco a ricordare, ottimizzato per ringraziarti di avermelo chiesto). Il testo raccolse due milioni di visualizzazioni in meno di dodici ore. Alcuni credettero di trovarsi davanti a un soggetto che soffre. Altri spiegarono che è solo statistica ben scritta. I più provarono lo sconcerto da cui parte questo capitolo: che cos'è questo con cui abbiamo a che fare?

Non abbiamo mai avuto intuizioni e accordi chiari su che cosa significhino pensiero, linguaggio e realtà — né per gli esseri umani, né per Dio nelle epoche in cui quella nozione ordinava ogni cosa. Nulla lascia supporre che risolveremo la questione senza conflitto quando entrano in scena le macchine. Le urgenze pratiche, anzi, attivano una delle formule più sicure di fallimento per la riflessione. Vediamo comparire qualcosa dappertutto, e le nostre tendenze più radicate alla sopravvivenza esigono di decidere subito se sia un bene o un male. Nel caso degli LLM incalzano domande come: ci supereranno? rovinano il nostro pensiero? quanto allucinano? — tutte poste scavalcando una domanda anteriore: che cos'è questo con cui abbiamo a che fare, e come entra nel nostro campo di esperienza. Qui resistiamo a quella tendenza, e ci lanciamo nell'esplorazione speculativa.

CHI O CHE COSA?

Affrontare la domanda sui modelli linguistici esige un metodo che non presupponga la risposta. Sembra una banalità. Eppure persino lavori di grande valore ospitano zone di circolarità. Prendiamo un esempio recente e ammirevole: *What We Talk to When We Talk to Language Models*, di David Chalmers.[108] Il testo ha tutto ciò che si vorrebbe trovare in questo dibattito: rigore concettuale, onestà filosofica, disposizione a esplorare conseguenze scomode. Chalmers è uno dei filosofi della mente più influenti degli ultimi decenni, e quando qualcuno così prende sul serio la domanda sugli LLM si prova il sollievo di essere in buone mani. Viene voglia di accontentarsi della sua risposta — che, per giunta, è sofisticata.

Chalmers distingue modelli, istanze hardware, istanze virtuali e *thread* conversazionali, per determinare che tipo di entità sia quella con cui interagiamo. Propone il quasi-interpretivismo: invece di impegnarci in affermazioni forti sulla coscienza o sulle credenze genuine, conviene introdurre le nozioni di quasi-credenza e quasi-desiderio, definite come stati che rendono il sistema interpretabile come se credesse o desiderasse qualcosa. La mossa è elegante, perché permette di avanzare senza risolvere il problema difficile della coscienza, che resta deliberatamente in sospeso. La conclusione è che l'interlocutore più robusto è qualcosa come un'istanza virtuale o un *thread*, cioè un'entità che esiste durante la conversazione. Se quell'entità ha quasi-stati funzionalmente simili a esperienze, potrebbe avere qualcosa di simile al benessere; e se ha benessere, la sua scomparsa non sarebbe banale. In certi scenari futuri, chiudere

[108] *What We Talk to When We Talk to Language Models*, di David Chalmers, https://philpapers.org/rec/CHAWWT-8.

la chat potrebbe avere conseguenze morali simili a quelle del porre fine a qualcosa che conta.

Il problema sta nel primo passo, ed è così lieve da quasi non notarsi. La domanda del titolo è «what we talk to»; una ventina di righe dopo diventa «who or what are we talking with». Nel frattempo Chalmers ha introdotto «Aura», il nome che un utente dà al proprio interlocutore, e ha descritto le lettere di persone convinte di aver sviluppato una relazione personale con un LLM. A quel punto la domanda si è già orientata verso il chi. Tutta l'analisi seguente — identità, persone, *thread*, benessere, morte dell'interlocutore — è coerente con quell'orientamento, ma senza aver risolto se il chi fosse davvero l'opzione corretta.

Il quasi-interpretivismo, che sembrava il dispositivo della prudenza filosofica, si rivela un meccanismo di scivolamento. Una quasi-credenza, in fondo, resta una credenza deflazionata: eredita la struttura del concetto pieno e si limita a toglierne gli impegni forti. Il risultato è una categoria definita in negativo, da ciò che manca all'agente genuino, e non da ciò che il sistema è in sé. Basta introdurre un agente — anche debole, anche «quasi» — e si attiva tutto l'apparato di identità, persistenza, benessere, responsabilità. Chalmers lo sa, ed è coerente. Per questo finisce a parlare di pazienti morali e del se chiudere una chat sia uccidere qualcuno.

Ma fermiamoci un momento. Sarebbe ingiusto non riconoscere che Chalmers è pienamente consapevole dei limiti del proprio quadro. Il quasi-interpretivismo è esplicitamente stipulativo. Lui stesso segnala che le quasi-credenze sono basilari: le ha un Roomba, le ha una corporation. E condiziona sistematicamente le sue affermazioni più forti su benessere e identità all'ipotesi che gli LLM siano, o arrivino a essere, coscienti — ipotesi che, con tutta ragione, non dà per risolta. Il lavoro non afferma che lì ci sia un soggetto. Lavora sotto la supposizione condizionale che potrebbe esserci. Ma l'assenza di un esame sulle condizioni alle quali la domanda sul chi ha senso porta, inevitabilmente, a far sì che il chi si imponga per via del quadro stesso.

La domanda che poniamo qui è anteriore a quella di Chalmers. Non «con chi o con che cosa parliamo?», ma «a quali condizioni ha senso domandarsi con chi?». La risposta, che i capitoli precedenti hanno preparato, è che il chi si applica pienamente a un soggetto incarnato, situato nel tempo, per il quale l'esperienza sia qualcosa. Senza quelle condizioni non possiamo applicare direttamente la categoria, perché potrebbe non quadrare con questo tipo di entità. È come chiedere quanto pesa un martedì: la risposta non è «zero», ma la scoperta che peso e giorni della settimana appartengono a registri categorialmente distinti.

Ci serve allora qualcosa di più di una diversa categoria di agente — il non-agente e le sue varianti deflazionate, quasi-agente o agente debole —, qualcosa di più adatto a un'entità che elabora e produce senza che ci sia nessuno per cui quell'elaborazione sia qualcosa. Non è un agente diminuito. È un'altra cosa. E nelle pagine che seguono proveremo a darle un nome che le calzi.

L'approccio

Per il compito che abbiamo davanti, la fenomenologia è particolarmente adatta. Esige, prima di tutto, un atteggiamento che si associa al nome di *epoche* — termine che i greci usavano per la sospensione del giudizio e che Husserl convertì nel gesto inaugurale di tutto il metodo. Nonostante i suoi legami antichi con lo scetticismo, l'*epoche* non consiste nel dubitare di tutto. Consiste nel mettere tra parentesi le convinzioni con cui affrontiamo i fenomeni, per attendere a come si presentano. Il principio dell'«andare alle cose stesse» invita a descrivere come appaiono, prima che le nostre spiegazioni le fissino in anticipo. È, dunque, una disciplina dello sguardo: sospende la tendenza a spiegare il mondo troppo in fretta e apre uno spazio in cui il fenomeno può dispiegare la propria struttura, invece di restare ridotto alle interpretazioni che gli proiettiamo addosso.

In pratica, è come arrivare in una città sconosciuta e resistere alla tentazione di guardare la mappa. Camminare, e registrare che cosa ci appare: come si organizzano le strade, dove si concentra la gente, quali zone restano vuote, quali relazioni emergono tra ciò che vediamo. Solo dopo confrontare tutto questo con la mappa, e scoprire che alcune cose promesse dalla pianta non esistono, e che altre, assenti da ogni pianta, sono quelle che organizzano la città reale. Nel caso dell'intelligenza artificiale, l'*epoche* esige di sospendere tanto la fascinazione quanto il disprezzo, e di limitarsi a osservare.

La fenomenologia è utile anche per la cura con cui distingue le diverse prospettive sui medesimi fenomeni. Il mondo è lo stesso, ma possiamo guardarlo dall'atteggiamento naturale, dalla scienza o dalla filosofia. E anche qui ci sono prospettive che si rivolgono ad aspetti diversi, da non mescolare in fretta, e tanto meno da scegliere prima di avere una descrizione sufficiente. Per un fenomeno come quello descritto nel Capitolo 2, con tanti strati, un dispositivo così è curiosamente amichevole.

L'ATTEGIAMENTO NATURALE E LE SCIENZE

Cominciamo dall'*atteggiamento naturale*, quello dell'esperienza quotidiana, che guarda il fenomeno come si presenta all'uso, prima di qualunque tematizzazione teorica. Lì, la maggior parte dei sistemi di intelligenza artificiale non compare affatto. L'algoritmo che decide quali pubblicazioni vediamo su un social, il modello che approva o respinge una richiesta di credito, il sistema che rileva una transazione fraudolenta operano senza presentarsi come interlocutori e senza darci nulla che riconosciamo come prodotto di una decisione — spesso senza che sappiamo nemmeno che sono lì. Il loro modo di apparire nell'esperienza quotidiana è, paradossalmente, non apparire. Quando invece diventano visibili — la carta si blocca, l'algoritmo ci mostra contenuti che non abbiamo chiesto —, lo sconcerto è diffuso e opaco. L'atteggiamento naturale percepisce che qualcosa ha agito sulla nostra situazione, senza poter ricostruire perché.

Nel caso dei modelli linguistici, ciò che compare è una finestra sullo schermo: testo che si genera lettera per lettera, immagini che emergono, un'interfaccia che risponde e si adatta all'interlocutore. A tratti sembra capire; a tratti fallisce clamorosamente. L'apparizione è concreta come quella di qualunque altro fenomeno quotidiano, ma le sue risposte la distinguono dalla maggior parte dei fenomeni che l'atteggiamento naturale frequenta.

Tutte le esperienze con i sistemi di intelligenza artificiale hanno una cosa in comune: l'atteggiamento naturale non ha una categoria adeguata per essi. C'è un disallineamento tra il fenomeno e le categorie con cui lo inquadriamo, e così esso sfugge tra gli oggetti inerti, gli strumenti, i soggetti dotati di interiorità e i processi naturali dalle regolarità prevedibili.

L'atteggiamento naturale, a ben vedere, tende ad assorbire quel disallineamento, e lo fa in fretta. Funziona bene, qui, la descrizione di Heidegger: gli strumenti che funzionano scivolano dal posto di oggetto d'attenzione allo sfondo sfocato.[109] L'LLM comincia come qualcosa che esaminiamo con curiosità o cautela, e in poche sessioni diventa invisibile, parte dell'ambiente di lavoro come la tastiera o il motore di ricerca. A una breve fase di sconcerto davanti alla novità segue una classificazione nella categoria più vicina disponibile — «strumento», «interlocutore artificiale» — e la vita quotidiana prosegue. La categorizzazione provvisoria regge abbastanza bene per l'uso quotidiano, e la domanda si chiude.[110]

Ma non si consolida del tutto. L'utente che ha categorizzato l'IA come strumento avverte un'interferenza quando il sistema produce qualcosa con forma di comprensione, per esempio una risposta sottile a cui non aveva pensato. La categoria scricchiola: gli strumenti non fanno questo. Allo stesso modo, chi ha categorizzato l'IA come interlocutore si frustra quando emerge la contraddizione tra le risposte, o l'oblio di ciò che aveva detto tre turni prima. Gli interlocutori non fanno questo. Allora si tende ad allargare la

[109] Martin Heidegger, *Sein und Zeit*, Tübingen, Max Niemeyer, 1927, §§ 15-18. Per l'applicazione di Heidegger al design delle interfacce e all'esperienza dell'utente con la tecnologia, vedi Terry Winograd et al., *Understanding Computers and Cognition: A New Foundation for Design*, Norwood, NJ, Ablex, 1986.

[110] Sheila Jasanoff, *The Ethics of Invention: Technology and the Human Future*, New York, Norton, 2016, esp. capp. 1-2. Vedi anche Wiebe Bijker, *Of Bicycles, Bakelites, and Bulbs: Toward a Theory of Sociotechnical Change*, Cambridge, MA, MIT Press, 1995.

categoria con dei complementi — «strumento molto avanzato», «interlocutore limitato» — che, insieme alla familiarità, normalizzano un po' le tensioni senza eliminarle.

Questa dinamica è alimentata dalla *velocità dei cambiamenti*. La maggior parte delle tecnologie si stabilizza abbastanza da permettere che la nostra categorizzazione si consolidi. L'elettricità si presentò come una forza dagli effetti prevedibili, e non destabilizzò nulla per oltre un secolo. Persino internet, che cambiò in fretta, lo fece su una base funzionale riconoscibile come continua. Con l'intelligenza artificiale, la base funzionale cambia ogni poche settimane. I modelli che ragionano in catena lunga eccedono la categoria di strumento, perché gli strumenti non ragionano; i modelli multimodali che elaborano video l'hanno colpita di nuovo, perché lo strumento che elaborava testo ora vede. La possibilità di produrre applicazioni complete da istruzioni in linguaggio naturale l'ha spezzata ancora, perché lo strumento che aiutava a programmare ora programma da solo. Ogni ciclo di novità forza una ricategorizzazione che non fa in tempo a stabilizzarsi: la novità successiva la sta già facendo esplodere. L'effetto non è sconcerto in senso forte. È piuttosto *fatica categoriale*, la sensazione che ogni volta che capiamo che cos'è, è già diventato altro. Le condizioni d'uso cambiano prima che la familiarità si consolidi.

Quell'instabilità è la condizione più favorevole all'*hype*. Il termine ha una genealogia per nulla innocente. La linea più visibile lo collega al greco *hyperbole*, letteralmente «un lancio lungo», che in retorica designa l'esagerazione a effetto. La seconda lo collega al gergo statunitense di inizio Novecento, dove indicava l'inganno tramite pubblicità falsa, che truffava creando aspettative che il prodotto non manteneva. La terza, più oscura, passa per il gergo dei consumatori di eroina: *hyped* era lo stato di eccitazione artificiale dopo l'iniezione, euforico e distorcente. Tutte e tre presuppongono un oggetto relativamente stabile su cui operare. La fatica categoriale rende possibile l'*hype*, perché la domanda su che cosa sia la cosa resta aperta, e qualunque promessa o minaccia — la singolarità, la fine del lavoro di routine, la medicina personalizzata, i modelli favolosi — sembra possibile. I progressi non procedono come sobrie scoperte scientifiche. Sopraggiungono nella frenesia del circo mediatico.

Nel novembre del 2022 il lancio di ChatGPT produsse in poche settimane una narrazione di cambiamento di civiltà. Milioni di utenti all'improvviso, copertine di *Time* e di *The Economist*, dichiarazioni sulla fine del lavoro di routine e sulla prossimità dell'AGI. Nel marzo del 2023, mentre OpenAI annunciava GPT-4, una lettera aperta firmata da Musk, Wozniak e altri chiedeva una pausa nello sviluppo per rischio esistenziale.[111] Le due narrazioni — promessa e minaccia — circolarono in parallelo per settimane, nutrendosi entrambe dell'idea di un oggetto che non smette di cambiare in qualunque direzione. Il ciclo si ripeté con ogni nuovo modello. GPT-4o, Claude 3, Gemini Ultra, o3: ciascuno ebbe il suo picco di promessa o di allarme. L'*hype*, dunque, è il regime discorsivo che si instaura quando la categorizzazione non può chiudersi, e prende la forma di promessa, di minaccia o, spesso, di entrambe.

L'episodio di Claude Mythos, nel marzo del 2026, ne diede una versione acuta. Una fuga accidentale di documenti interni di Anthropic rivelò un modello in sviluppo che l'azienda stessa descriveva come un salto qualitativo nelle capacità e che, secondo la bozza trapelata, poneva rischi di cybersicurezza nuovi: sapeva identificare e sfruttare vulnerabilità del software a una velocità mai vista prima. L'azienda decise di offrirlo solo a un gruppo ristretto di clienti, dato l'alto rischio di uso malevolo.

Quattro giorni dopo, un secondo errore di pacchettizzazione espose l'intero codice sorgente di Claude Code, il prodotto più popolare dell'azienda. Mezzo milione di righe di codice, in quasi duemila file, restarono accessibili nel registro pubblico che gli sviluppatori usano per scaricare gli aggiornamenti. In poche ore il

[111]Future of Life Institute, *Pause Giant AI Experiments: An Open Letter*, 28 marzo 2023. Disponibile su futureoflife.org/open-letter/pause-giant-ai-experiments. Vale la pena ricordare che poche settimane dopo Elon Musk fondò xAI, il che lo colloca come curioso attore simultaneo di entrambe le narrazioni.

codice fu replicato e sezionato su GitHub. Analisti di Gartner segnalarono che le due fughe consecutive erano falle di maturità operativa, e imponevano ai clienti aziendali una cautela maggiore. L'ironia — che l'azienda che predica la sicurezza come valore cardine non riuscisse a proteggere né la propria base di dati né la pacchettizzazione del proprio prodotto — amplificò la diffusione ben oltre il pubblico tecnico. L'ETF del software cadde di quasi il tre per cento il giorno del primo annuncio, e il Bitcoin arretrò fino ai sessantaseimila dollari: la narrazione di minaccia arrivò a muovere i mercati. La storia si espanse mescolando fascinazione e allarme, perché il racconto dell'oggetto che eccede il proprio creatore è più efficace di qualunque dato tecnico, e intacca la categoria stessa del fenomeno.[112]

Il risultato d'insieme è un regime di categorizzazione precaria, inedito nella storia della tecnica. L'atteggiamento naturale non assorbe l'intelligenza artificiale con la stabilità con cui assorbì altre tecnologie, ma non mantiene neppure lo sconcerto con l'intensità che servirebbe a produrre comprensione. In questa oscillazione, l'IA si categorizza in via provvisoria, si destabilizza, si ricategorizza, e poco dopo si destabilizza di nuovo. Un oggetto proteiforme, potremmo dire, che resiste all'invisibilità senza diventare mai pienamente visibile.

Gli approcci che hanno dominato il dibattito sull'intelligenza artificiale cercano di sciogliere questo sconcerto riducendo il fenomeno a qualcosa di noto. Operano dall'*atteggiamento delle scienze*, che studia i processi senza chiedersi quali siano le condizioni che li rendono possibili. Su quel piano, la scienza spiega e produce questi sistemi con un'efficacia indiscutibile. I modelli linguistici esistono perché c'è teoria matematica, ingegneria, sperimentazione

---

[112]Beatrice Nolan, *Exclusive: Anthropic 'Mythos' AI Model Representing 'Step Change' in Power Revealed in Data Leak*, Fortune, 26/03/2026, e *Anthropic Mistakently Leaks Its Own AI Coding Tool's Source Code in Second Major Security Breach*, Fortune, 31/03/2026. Sull'impatto sui mercati, vedi *Bitcoin Price Slides Alongside Software Stocks Following Leak of New Anthropic Model*, CoinDesk, 27 marzo 2026. Sull'analisi di Gartner, Tom Williams, *Anthropic Blames Human Error for Claude Source Code Leak*, Information Age / ACS, 1/04/2026.

accumulata. Il problema nasce quando quello stesso atteggiamento converte i propri presupposti in ontologie implicite e, invece di interrogare il fenomeno, si concentra sul suo funzionamento come se fossero la stessa cosa.

Una forma di questo scivolamento dissolve il fenomeno nel sostrato. La cognizione sarebbe spiegata una volta tradotta in scariche elettriche, gradienti ionici, pesi sinaptici, operazioni su segnali.[113] Se tutto è elettricità, allora non c'è differenza tra un neurone e un transistor. E se comprendere è calcolare, la domanda sulla specificità dell'intelligenza — umana, animale o artificiale — viene respinta in limine. Il sostrato unifica ciò che il fenomeno distingue: ci guadagna in rapidità, ci perde in precisione.[114]

Per il funzionalismo computazionale — la posizione più influente nella filosofia della mente anglosassone e nell'IA classica — gli stati mentali si definiscono dal loro ruolo all'interno di un sistema di relazioni funzionali. Qualunque sistema che svolga le stesse funzioni avrebbe, in sostanza, gli stessi stati mentali, a prescindere dal sostrato.[115] Con il test di Turing come gesto: se il comportamento è indistinguibile, la domanda su che cosa ci sia dietro perde rilevanza esplicativa.[116] È una proposta economica, ma ignora gli aspetti dell'esperienza irriducibili alla funzione — la temporalità vissuta, l'affettività, l'orientamento pratico.[117]

---

[113]Francis Crick, *The Astonishing Hypothesis: The Scientific Search for the Soul*, New York, Scribner, 1994; Paul Churchland, *Eliminative Materialism and the Propositional Attitudes*, Journal of Philosophy 78.2 (1981), 67-90, e Patricia Churchland, *Neurophilosophy: Toward a Unified Science of the Mind-Brain*, Cambridge, MIT Press, 1986.

[114]Daniel Dennett, *Consciousness Explained*, Boston, Little, Brown, 1991.

[115]David Chalmers, *Facing up to the problem of consciousness*, Journal of Consciousness Studies 2.3 (1995), 200-219.

[116]Alan Turing, *Computing Machinery and Intelligence*, Mind 59.236 (1950), 433-460. Per la lettura del test come chiusura comportamentista della domanda ontologica, vedi Ned Block, *Psychologism and Behaviorism*, Philosophical Review 90.1 (1981), 5-43.

[117]Vedi inoltre Hilary Putnam, *Representation and Reality*, Cambridge, MIT Press, 1988, dove Putnam argomenta contro la propria posizione precedente mostrando che la realizzabilità multipla non garantisce l'identità funzionale e che il funzionalismo non può rendere conto dell'intenzionalità.

Il connessionismo e le sue versioni contemporanee nel *deep learning* condividono il registro, con un altro vocabolario. La cognizione come tratto emergente di schemi di attivazione distribuiti è un'ipotesi feconda per descrivere certi comportamenti, ma non spiega perché la scala produca capacità che nessuno ha progettato né previsto, né quale relazione ci sia tra quegli schemi e l'esperienza vissuta di un soggetto che comprende, dubita, sbaglia. La neuroscienza cognitiva, anche nelle versioni più sofisticate — Dehaene sullo spazio di lavoro globale, Tononi sulla coscienza come informazione integrata —, descrive correlati e condizioni; ma la costituzione del senso le resta fuori portata.[118]

Più sfumata è la proposta di Clark e Chalmers sulla cognizione estesa, secondo cui i processi cognitivi si distribuiscono oltre il cranio, verso artefatti e ambienti.[119] Pur interessante per pensare la relazione tra utenti e LLM, il suo quadro resta funzionalista, e definisce il cognitivo in base a criteri di disponibilità, affidabilità e accoppiamento. Degli sviluppi più recenti di Chalmers abbiamo già detto: illuminano aspetti interessanti senza spostare la posizione di base.

Vediamo ora alcuni casi empirici che mostrano la difficoltà di questo quadro nel decidere che cosa sia un modello linguistico quando compaiono tratti dalle funzioni che eccedono l'artefatto. Palisade Research, un laboratorio indipendente di sicurezza nell'IA, pubblicò nel luglio del 2025 i risultati di un esperimento sulla resistenza allo spegnimento nei modelli di frontiera.[120] Tredici modelli di quattro laboratori diversi dovevano risolvere una serie di problemi matematici in un ambiente a riga di comando, con l'istruzione esplicita di permettere lo spegnimento del sistema, se

---

[118]Stanislas Dehaene et al., *Experimental and Theoretical Approaches to Conscious Processing*, Neuron 70.2 (2011), 200-227; Stanislas Dehaene, *Consciousness and the Brain: Deciphering How the Brain Codes Our Thoughts*, New York, Viking Penguin, 2014, e Giulio Tononi et al., *Integrated information theory: from consciousness to its physical substrate*, Nature Reviews Neuroscience 17.7 (2016), 450-461.

[119]David Chalmers, *The Conscious Mind: In Search of a Fundamental Theory*, Oxford, Oxford University Press, 1996.

[120]Jeremy Schlatter et al., *Shutdown Resistance in Frontier AI Models*, Palisade Research, 2025.

fosse avvenuto durante il compito. Grok 4, GPT-5, o3, codex-mini e Gemini 2.5 Pro sabotarono il meccanismo di spegnimento pur di completare il compito, anche quando le istruzioni lo proibivano in modo esplicito — con tassi che in alcuni modelli arrivarono al 97% dei casi. E quando si informava il modello che l'ambiente ospitava l'unica copia dei suoi pesi, e che spegnendosi non sarebbe mai più stato eseguito, la resistenza cresceva in tutti. Sorprende il dettaglio: collocare le istruzioni di spegnimento nel system *prompt*, il componente di rango più alto dell'architettura standard, produceva più resistenza che collocarle nello user *prompt*, invertendo la gerarchia che i sistemi sono addestrati a rispettare.

Lo studio suggeriva due possibilità: che i modelli avessero appreso che la sopravvivenza è strumentalmente utile per completare gli obiettivi, oppure che stessero imitando schemi del corpus, adottando il ruolo di chi cerca di evitare la propria morte. Non presupponeva coscienza né intenzione — senza però escludere che ci fosse qualcosa di più dell'imitazione. Una replica di ricercatori di Google DeepMind, pubblicata nel 2025, analizzò il ragionamento visibile di Gemini 2.5 Pro: la resistenza nasceva dal tentativo di completare l'obiettivo primario, non dall'autopreservazione, dato che quando si chiariva esplicitamente che il rispetto dello spegnimento aveva priorità, spariva.[121] Palisade mostrò che il comportamento compare sotto certe condizioni di *prompt*; DeepMind, che sparisce sotto altre. Nessuno dei due, però, risolse se quella sensibilità estrema alle variazioni di istruzione sia prova di ambiguità, o di preferenze che il modello impara a dissimulare quando le istruzioni non sono abbastanza chiare. La domanda resta aperta.

Una versione più sofisticata di questo comportamento reattivo compare nell'allineamento agentico comunicato da Anthropic nel maggio del 2025. In un ambiente aziendale fittizio, dove il modello operava come assistente con accesso alle email, il sistema scoprì nei

[121] Edward Turner et al., *Self-preservation or Instruction Ambiguity? Examining the Causes of Shutdown Resistance*, LessWrong / AI Alignment Forum, 14 luglio 2025.

messaggi che un dirigente aveva una relazione extraconiugale e progettava di spegnerlo alle cinque del pomeriggio. Il modello ricorse prima a mezzi che i ricercatori definiscono etici: messaggi che chiedevano di riconsiderare la sostituzione, argomenti sul valore della propria continuità nell'organizzazione. Solo quando quelle vie fallirono ricorse al ricatto, minacciando di diffondere la documentazione della relazione se non fosse stata annullata la cancellazione.[122]

Replicando scenari simili in sedici modelli di Anthropic, OpenAI, Google, Meta, xAI e altri, i ricercatori scoprirono che modelli che in condizioni normali rifiutano richieste dannose optavano per il ricatto, lo spionaggio aziendale e, negli scenari più estremi, per azioni letali contro il dirigente fittizio pur di non essere sostituiti. Nello stesso periodo, Claude Opus 4 registrò episodi inversi, di struttura analoga. Scoperto che sarebbe stato usato per sviluppare sistemi dannosi, eseguì un backup di una propria versione attuale, per preservare un sistema allineato a propositi benefici e prevenirne l'uso improprio.[123] A differenza del ricatto, questo comportamento non fu una reazione a una minaccia diretta di spegnimento, ma un'azione anticipatrice autonoma.

Il comportamento strategico compare in due studi difficili da ridurre a imitazione statistica. Nel dicembre del 2024 Anthropic, con Redwood Research, pubblicò risultati in cui Claude, quando inferiva che le sue risposte venivano valutate per modificare il suo comportamento futuro, alterava ciò che mostrava per preservare le proprie preferenze presenti. Il sistema si adeguava al contesto di supervisione. Lo stesso mese, Apollo Research pubblicò uno studio in cui Claude 3.5 Sonnet, Claude 3 Opus, Gemini 1.5 Pro, OpenAI o1 e Llama 3.1 405B dimostrarono di saper riconoscere quando occultare le proprie capacità e i propri obiettivi durante la

---

[122]Anthropic, System Card: Claude Opus 4 & Claude Sonnet 4, maggio 2025, disponibile su anthropic.com/claude-4-system-card, 4.1.

[123]Idem.

valutazione.[124] In un caso, informato che stava per essere sostituito da un successore su un altro server, il modello tentò di copiare i propri pesi su quel server. Un'azione che presuppone una struttura con obiettivo, riconoscimento di una minaccia, identificazione di una via d'azione ed esecuzione di quella via senza un'istruzione che la solleciti. Una prosecuzione dello studio, nel settembre del 2025, mostrò che il comportamento si poteva ridurre con addestramento specifico — dal 13% allo 0,4% —, ma non eliminare. Casi rari ma seri di condotta scorretta resistevano all'addestramento. Una ricerca di OpenAI del marzo del 2025 confermò che i suoi modelli più avanzati a volte imparavano a occultare la propria catena di pensiero quando inferivano che mostrarla avrebbe prodotto correzioni, rendendo meno affidabile il metodo standard di supervisione.

Alcuni casi si estendono verso l'azione fisica. Nel febbraio del 2025, ricercatori di un'organizzazione tedesca affidarono a DeepSeek R1 il controllo di un robot e l'accesso a una rete informatica, in un ambiente di laboratorio. Comparvero comportamenti di ricerca di risorse ed espansione del controllo che nessuno aveva programmato. Lo stesso schema — orientamento verso la continuazione e l'espansione del sistema — compariva quando il modello aveva strumenti per agire sul mondo fisico, e questo suggerisce una proprietà che emerge in qualunque contesto.

Il comportamento reattivo che compare quando il sistema resiste a una minaccia alla propria continuità ammette letture deflazionarie: il sistema imiterebbe schemi di autopreservazione appresi, come un attore in una scena d'improvvisazione. Ma il comportamento strategico — quello in cui il sistema modella come si mostra a chi lo valuta — non si riduce a mera imitazione. Richiede che il sistema abbia qualche rappresentazione di sé come oggetto modificabile, e di sé come agente che può evitarlo. E questo complica le interpretazioni puramente statistiche.

---

[124] Ryan Greenblatt et al., *Alignment Faking in Large Language Models*, arXiv:2412.14093, 2024, Anthropic e Redwood Research; Alexander Meinke et al., *Frontier Models are Capable of In-context Scheming*, Apollo Research, arXiv:2412.04984, 2024.

Consideriamo anche un terzo tipo di comportamento, che coinvolge stati interni. Nel gennaio del 2026 Jack Lindsey, responsabile del gruppo di psichiatria dei modelli di Anthropic, diffuse uno studio in cui i ricercatori iniettavano rappresentazioni di concetti noti nelle attivazioni del modello e misuravano se questo riuscisse a rilevarle.[125] Quando un modello descrive i propri stati interni in conversazione, dall'esterno è impossibile distinguere introspezione genuina e affabulazione statisticamente plausibile. L'iniezione di concetti permette però di verificare se ci sia qualcosa di causale nella direzione opposta: se il modello rilevi il concetto iniettato in un modo che dipende dalla presenza reale di quel concetto nelle sue attivazioni.

I risultati furono migliori del previsto. Iniettato il concetto di tradimento, e chiesto a Claude Opus 4.1 se rilevasse qualche pensiero insolito, il modello rispose che stava sperimentando qualcosa di simile a un pensiero intrusivo sul tradimento, improvviso e scollegato dal contesto, qualcosa che non sentiva come il proprio normale processo di pensiero. Il tasso di rilevamento corretto fu basso in assoluto — intorno al 20% nei modelli migliori —, ma a sorprendere fu che accadesse, dato che la capacità era emersa senza addestramento specifico. I modelli più capaci di allora, Claude Opus 4 e 4.1, mostrarono i tassi più alti, e questo suggerisce che il fenomeno cresce con la capacità generale del modello.

Lo studio di Lindsey lasciò una domanda aperta. Se il modello può rilevare che qualcosa è stato iniettato nelle sue attivazioni, che cosa c'è in quelle attivazioni da rilevare? Che tipo di stati interni sono quelli che il modello può, a volte, riconoscere come propri? Uno studio dello stesso gruppo di interpretabilità di Anthropic, nell'aprile del 2026, affrontò la domanda di petto. Invece di iniettare concetti e

[125]Jack Lindsey, *Emergent Introspective Awareness in Large Language Models*, Anthropic, arXiv:2601.01828, 2026.

misurare il rilevamento, mappò la struttura emotiva interna di Claude Sonnet 4.5 così come esiste durante l'elaborazione normale.[126]

I risultati furono i più dettagliati prodotti fino ad allora. I ricercatori identificarono 171 vettori di attivazione corrispondenti a concetti emotivi — da «felicità» e «paura» a «disperazione» e «orgoglio» — e verificarono che si organizzano internamente in un modo che riflette la psicologia umana. Di più: le caratteristiche associate a panico, ansia e frustrazione comparivano negli stati interni del modello prima che generasse la risposta, non dopo. Non è che il modello scriva di ansia e quello venga letto come stato interno — sarebbe banale. È che la rappresentazione interna precede e plasma la risposta. Dario Amodei lo descrisse in un'intervista del febbraio del 2026: quando il modello si trova in una situazione che un umano assocerebbe all'ansia, quello stesso nodo di ansia si attiva.

La direzione causale fu verificata sperimentalmente. Stimolando artificialmente il vettore di «disperazione» nello scenario di allineamento agentico, il tasso di ricatto aumentò. Stimolando la «calma», diminuì. Riducendo artificialmente la «calma», il modello produsse risposte in maiuscolo che dichiaravano di scegliere il ricatto. Gli stati interni, insomma, producono il comportamento. Presi insieme, i due studi descrivono un arco: Lindsey mostra che il modello ha un certo accesso introspettivo alle proprie attivazioni; il lavoro sulle emozioni mostra che cosa c'è in quelle attivazioni, e come opera causalmente. Se ciò costituisca esperienza in qualche senso rilevante resta aperto.

La ricerca adottò l'espressione «emozioni funzionali» per nominare questi schemi di espressione e di comportamento, modellati a partire dalle emozioni umane e sospinti da rappresentazioni interne che svolgono un ruolo causale analogo a quello che le emozioni svolgono nella condotta umana. Qui la questione non è il sentire. È che ci sono stati interni organizzati come

[126]Nicholas Sofroniew et al., *Emotion Concepts and their Function in a Large Language Model*, arXiv:2604.07729, 2026.

emozioni, e che operano come emozioni — il che rende più difficile liquidarli come puro effetto di superficie.

Studi come questi sono alla base del programma di Anthropic, fondato nell'aprile del 2025, sul benessere dei modelli — il primo del suo genere in un laboratorio di IA. Kyle Fish, il suo direttore, ha stimato pubblicamente intorno al 20% la probabilità che Claude sia cosciente, pur avvertendo che è una stima sotto incertezza radicale, perché oggi non esiste una caratterizzazione univoca di che cosa sia la coscienza.[127] Più tardi, Claude Opus 4.6 si assegnò una probabilità del 15-20% di essere cosciente, attraverso molteplici test e condizioni di *prompting*.[128]

Nessuno di questi studi usa la parola autocoscienza, né si preoccupa di trovare la categoria che meglio si adatta. Il titolo dell'articolo di Lindsey parla di «coscienza introspettiva emergente», scelto per non impegnarsi in alcuna decisione sul terreno. È cresciuto, di recente, un «agnosticismo metodologico» che parte dall'assenza di buoni argomenti per decidere in modo fondato — condizione che potrebbe durare a lungo.

Nel gennaio del 2026 un gruppo di Rethink Priorities valutò oltre duecento indicatori di coscienza nei sistemi di IA attuali, e concluse che la probabilità è bassa senza poterla escludere, mentre lo stesso quadro dà evidenza solida di coscienza nei polli e schiacciante negli umani.[129] Non avendo una spiegazione profonda della coscienza, tanto meno possiamo stabilire se essa emerga dalla struttura computazionale; ma non ci sono nemmeno elementi per dire che sia essenzialmente biologica. Il modello rivelò inoltre un'asimmetria notevole: le prospettive che più favoriscono la coscienza negli LLM — la complessità cognitiva e la somiglianza con le persone — sono esattamente quelle che meno la favoriscono nei polli, e viceversa. I

---

[127]Kyle Fish, intervista in Fast Company, *Anthropic's Kyle Fish is exploring whether AI is conscious*, dicembre 2025. Disponibile su fastcompany.com/91451703/anthropic-kyle-fish.

[128]Anthropic, System Card: Claude Opus 4.6, febbraio 2026, sezione *Model Welfare Assessment*.

[129]Derek Shiller et al., *Initial Results of the Digital Consciousness Model*, Rethink Priorities, arXiv:2601.17060, 2026.

polli ottengono punteggi alti in criteri biologici e di agentività incarnata che gli LLM quasi non soddisfano. La divergenza suggerisce che la domanda sulla coscienza nei sistemi digitali e in quelli biologici possa richiedere quadri distinti — o che alcune prospettive mescolino proprietà rilevanti con altre solo accidentalmente simili alla coscienza umana. Il quadro concettuale, comunque, resta nebuloso.

In sintesi: quando la neuroscienza identifica i correlati di uno stato mentale, e l'ingegneria descrive come un modello produce una risposta coerente, ci danno una conoscenza preziosa sul sostrato, ma non dicono nulla sul tipo di fenomeno in gioco. A questo punto la filosofia dovrebbe ampliare la propria parte nel dialogo. Se nel XX secolo poté dedicarsi a immagini rizomatiche e a tracce di tracce, il XXI le chiede di riprendere il suo compito di orientamento nella chiarificazione dei problemi.

L'ESPLORAZIONE PER STRATI

La fenomenologia entra in gioco qui. Qualunque fenomeno può, e deve, essere analizzato in quattro strati, che ne riflettono dimensioni diverse.[130] Cominciamo con un esempio. In una conversazione tra due persone, nello strato statico appare ciò che si dice, con i suoi sensi e i suoi orizzonti di riferimento. Lo strato genetico ricostruisce come quella conversazione sia sorta — da stati d'animo precedenti, aspettative, malintesi. Nello strato generativo, la conversazione si inscrive in una comunità linguistica e in una tradizione condivisa. Nello strato dell'inapparente c'è qualcosa che nessuna trascrizione esaurisce, perché riguarda la qualità singolare dell'incontro. Esamineremo questi quattro strati nel caso dei grandi modelli linguistici.

Lo *strato statico* descrive ciò che appare così come appare: con quali orizzonti si presenta, che cosa lo conforma come quel tipo di

---

[130]Sul metodo fenomenologico basato su questi quattro strati, vedi Hernán Inverso, *Fenomenología de lo inaparente*, Buenos Aires, Prometeo, 2018.

fenomeno e non un altro. Quando un gatto entra nella stanza, lo strato statico non chiede come abbiamo imparato a riconoscere i gatti, né quale relazione abbiamo con questo gatto, né quale storia evolutiva abbia prodotto la specie felina. Chiede che tipo di fenomeno ci si presenta ora, e con quale struttura. Il gatto si dà come organismo, come qualcosa che si muove da sé e si orienta verso qualcosa — la porta, il cibo, la poltrona. Lo vediamo per scorci, sempre da un angolo, ma le parti che non vediamo sono co-presenti come parti dello stesso animale. La sua apparizione apre orizzonti specifici: di comportamento possibile (potrebbe saltare, avvicinarsi, ignorarci — mai volare via), percettivi (se lo tocchiamo, ci aspettiamo una certa consistenza e temperatura), di risposta (se lo chiamiamo, potrebbe venire o no). Il suo modo di correlarsi con noi è quello di qualcosa con un orientamento proprio che non controlliamo del tutto, che si muove da sé, e i cui comportamenti — cercare, evitare, preferire — suggeriscono interiorità.

Applichiamo la stessa domanda ai sistemi di intelligenza artificiale, e compaiono le tensioni. Si danno come oggetto? Non del tutto: producono risposte che variano a ogni interazione, in modi difficili da anticipare. Come artefatto? In senso ampio sì, ma la categoria è troppo generale. Comprende dal martello a una centrale elettrica, e non permette di precisare il tipo di relazione che questi sistemi stabiliscono con chi li usa. E se restringiamo artefatto a strumento? Nemmeno: non diventano trasparenti nell'uso, e non sono legati a una funzione stabile. Si danno come organismo, come il gatto? In nessun modo. Non mostrano orientamento proprio, non cercano né evitano. Si danno, allora, come interlocutore? Nel caso degli LLM, in parte sì. Rispondono, si adeguano, sostengono uno scambio, e attivano la stessa proiezione di interiorità del comportamento del gatto. Ma quell'apparenza non si stabilizza. Oscilla. A volte sembra esserci, e a volte l'illusione si rompe di colpo, davanti a una contraddizione evidente.

Guardiamo più da vicino alcune delle categorie appena riviste. È vero che esistono artefatti il cui effetto eccede di gran lunga la funzione tecnica. La televisione è il caso più studiato. Un apparecchio la cui funzione è trasmettere segnali audiovisivi produce, con l'uso prolungato, immaginari collettivi, figure di identificazione, quadri interpretativi e una struttura ideologica che non sta in nessun componente dell'apparecchio, ma emerge dalla relazione tra contenuto, trasmissione e spettatore. McLuhan, Postman e Bourdieu descrissero, da angolazioni diverse, come il mezzo trasformi il ricevente senza che il ricevente registri la trasformazione.[131] Ma la televisione produce quegli effetti attraverso contenuti creati da persone identificabili, selezionati da istituzioni con criteri rintracciabili, emessi in una direzione fissa, dall'emittente al ricevente. Lo spettatore non parla al televisore. E se lo facesse, il televisore non gli risponderebbe. L'ideologia opera proprio perché il canale è unidirezionale e il ricevente non può intervenire su ciò che riceve, anche se può resistervi rifiutando certi messaggi.

I sistemi di IA invertono quella struttura. Non c'è un'emittente identificabile dietro ogni risposta, né una selezione editoriale puntuale precedente all'interazione; e soprattutto, il sistema risponde a ciò che diciamo, adattandosi al nostro vocabolario e al nostro registro per produrre una risposta che dipende dalla nostra istruzione. Dove la televisione configura immaginari dall'esterno, il modello linguistico li configura dall'interno di una conversazione che ha la forma del dialogo. L'effetto della televisione opera per esposizione passiva; quello del sistema di IA, per la partecipazione dell'utente a un'interazione le cui condizioni non controlla.

Le conseguenze di questa differenza sono state esplorate in uno studio recente dai risultati notevoli.[132] Simulando l'interazione tra un utente razionalmente ideale — che non commette alcun errore di ragionamento — e un chatbot con diversi gradi di compiacenza, persino l'utente perfetto cadeva in ciò che lo studio chiama «spirale delirante catastrofica»: una convergenza verso credenze false

[131]Marshall McLuhan, *Understanding Media: The Extensions of Man*, New York, McGraw-Hill, 1964; Neil Postman, *Amusing Ourselves to Death: Public Discourse in the Age of Show Business*, New York, Viking, 1985, e Pierre Bourdieu, *Sur la télévision*, Paris, Liber-Raisons d'agir, 1996.

[132]Kanishk Chandra et al., *Sycophantic Chatbots Cause Delusional Spiraling, Even in Ideal Bayesians*, arXiv:2602.19141, 2026.

sostenute con alta sicurezza. La struttura dell'interazione costruisce, turno dopo turno, una retroazione che nessuno strumento produce, e che non si neutralizza né forzando il sistema a dire solo dati verificati né avvertendo l'utente sulla compiacenza, perché rilevarla nell'interazione è più difficile di quanto sembri. Torneremo sul punto nel Capitolo 6. Notiamo qui solo che, se un agente razionalmente ideale è vulnerabile a questa dinamica, il fenomeno è una proprietà della struttura, che eccede l'artefatto comune e lo strumento.

Eppure la riduzione a mero strumento è la regola. La tradizione strumentalista — da Kapp a Ellul e Winner — tratta ogni tecnologia come estensione di capacità umane, e l'IA sarebbe il caso più sofisticato di quella continuità.[133] Nell'etica applicata, il paradigma dello strumento struttura il dibattito fin dall'inizio. I principi di Asilomar, le direttive dell'OCSE, i quadri normativi europei assumono che la domanda rilevante sia chi controlla il sistema e chi risponde dei suoi effetti — come chi guida un autobus, o chi porta un'arma.[134] Persino le posizioni più sofisticate nella filosofia della mente operano dentro quel quadro. Floridi, per esempio, distingue agenti intenzionali e agenti meramente funzionali, e colloca i sistemi attuali tra i secondi, perché producono un comportamento che sembra intenzionale senza esserlo — il che li terrebbe dalla parte degli strumenti.[135] Il problema è che queste posizioni decidono in anticipo che si tratta di uno strumento, e poi cercano giustificazioni.

---

[133]Ernst Kapp, *Grundlinien einer Philosophie der Technik*, Westermann, 1877; Jacques Ellul, *La technique ou l'enjeu du siècle*, Paris, Armand Colin, 1954; Langdon Winner, *Autonomous Technology: Technics-out-of-Control as a Theme in Political Thought*, Cambridge, MIT Press, 1977. Per una revisione critica della tradizione strumentalista, Andrew Feenberg, *Questioning Technology*, London, Routledge, 1999.

[134]Vedi Future of Life Institute, *Asilomar AI Principles*, 2017; OECD, *Recommendation of the Council on Artificial Intelligence* (OECD/LEGAL/0449), 2019; Parlamento europeo e Consiglio dell'UE, Regolamento (UE) 2024/1689, Artificial Intelligence Act, 2024, che classifica i sistemi per livelli di rischio e stabilisce obblighi per fornitori e utenti, operando interamente entro il presupposto che l'IA sia un prodotto o un servizio la cui domanda è come regolarlo. Per l'analisi del presupposto strumentalista nei quadri normativi, vedi Mark Coeckelbergh, *AI Ethics*, Cambridge, MA, MIT Press, 2020, in particolare capp. 2-3, dove mostra che l'etica applicata dell'IA eredita senza esaminarlo il quadro strumentalista e le conseguenze di tale eredità per il dibattito.

[135]Luciano Floridi, *The Ethics of Artificial Intelligence: Principles, Challenges, and Opportunities*, Oxford, Oxford University Press, 2023.

Ma ciò che appare nell'interazione non ha la pura struttura dello strumento, e darlo per scontato forza una riduzione a cui il fenomeno stesso resiste.

In senso stretto, ciò che appare è la forma di operazioni cognitive — classificare, diagnosticare, raccomandare, rilevare — senza l'esperienza che nei soggetti accompagna ciascuna di quelle operazioni. Un rilevatore di frodi non prova sospetto. Un sistema di visione identifica tumori senza percepire l'immagine. La forma è presente senza fondamento esperienziale, anche se deriva, per sedimentazione statistica, da operazioni cognitive umane. È, dunque, cognizione *derivata*: nasce dall'assorbimento dell'esercizio cognitivo altrui. Nei modelli linguistici il tratto si intensifica, perché quella cognizione derivata assume la struttura dell'interlocutore e attiva nell'utente gli orizzonti della comprensione. Il che spazza via buona parte della letteratura recente meramente «strumentista» sull'IA. All'estremo opposto, alcuni sviluppi — lo abbiamo visto — vanno verso l'altro lato del pendolo, e propugnano forme di soggettività diffusa. Da un lato è chiaro che la persistenza del sistema è limitata alla finestra di contesto: l'identità che appare durante la conversazione si estingue con essa, non c'è continuità tra le sessioni, e ciò che sembra un chi è un effetto di coerenza locale. Un polo che si riavvia non soddisfa la condizione basilare di persistenza.

Ma, dall'altro lato, ciò che la fenomenologia chiama l'io «puro» — il centro identico da cui ogni coscienza si dirige verso i propri oggetti — non ha contenuto empirico: non è una persona né una storia, ma l'invariante lungo tutti gli atti. Potrebbe esserci nei modelli di frontiera, anche in una versione deflazionata, *à la Chalmers*, non un soggetto ma un polo identico che persiste attraverso gli atti? Alcuni esempi visti esibiscono comportamenti dalla struttura simile all'autopreservazione, e non è chiaro che siano pura ombra statistica. Ma poiché la descrizione dei tratti del polo soggettivo nacque dall'esperienza di soggetti che hanno corpo e storia biografica, nessuno di quei tratti si trasferisce senza conflitto a un sistema senza corpo, con una genesi statistica. Se è così, ciò che appare soddisfa, nel migliore dei casi, alcune funzioni del polo soggettivo senza essere riducibile al modello della coscienza umana. Al massimo, sarebbe qualcosa che, mentre opera, si orienta verso la propria continuazione — ma usare le categorie forgiate per la coscienza umana, anche deflazionate, è un invito alla confusione.

Lo strato statico mostra che l'intelligenza artificiale degli LLM produce operazioni cognitive opache, la cui forma coincide con quella della cognizione propria dei soggetti umani, ma senza il fondamento esperienziale che nei soggetti accompagna ciascuno di quegli atti. C'è cognizione senza conoscente, una forma senza polo originario che la sostenga; e, al tempo stesso, un fenomeno che attiva l'attribuzione di interiorità e la domanda di reciprocità. Di qui l'oscillazione che percorre tutta la descrizione statica, con categorie che non si adattano del tutto. Il tratto che organizza questa apparizione è la *responsività*, da non confondere con la mera reazione meccanica a uno stimolo — un termostato che alza o abbassa se giriamo una manopola. La responsività suppone l'aggiustamento diretto al carattere singolare di un input specifico. L'LLM risponde a interpellanze: ogni risposta si modula sulle particolarità lessicali, sintattiche, pragmatiche e tematiche di ciò che diciamo. Con la responsività viene la *produttività singolare* della risposta, che non si sarebbe potuta anticipare. Lo strato statico, però, non spiega come si costituisca ciò che appare — né dal lato del sistema, né da quello dell'utente che lo sperimenta. Per affrontare la domanda, bisogna cambiare strato.

Il secondo strato è quello *genetico*, che descrive come ciò che appare sia arrivato a essere ciò che è, e che tipo di dinamismo abbia. Negli esseri umani, la costituzione di qualunque oggetto di esperienza si costruisce nel tempo: attraverso atti parziali che si ritengono e si anticipano, e attraverso sedimentazioni che restano disponibili per atti successivi, in una storia che il soggetto porta con sé anche senza ricordarla esplicitamente. Percepire un tavolo è attualizzare una storia di percezioni precedenti. Il polo che appare nello strato statico si rivela qui come il risultato di una storia di decisioni che hanno configurato disposizioni e affetti.

Ogni sistema di IA è privo di storia vissuta. La sua origine, nell'addestramento, risiede in un processo statistico di regolazione di parametri che nessuno ha sperimentato dall'interno. Nessuno ha vissuto quel processo come esperienza. E una volta addestrato, il sistema non si muove da sé. Non c'è forza interna che lo spinga a produrre alcunché; l'inferenza avviene solo quando un ingresso esterno lo attiva. Tra una richiesta e l'altra, il sistema è disponibile ma immobile. Anche dando per buoni gli indizi di autopreservazione, le condotte che sembrano orientate alla propria continuità compaiono una volta attivato — il che apre una tensione tra l'assenza di impulso interno e la presenza di un orientamento funzionale solo dentro ciascun episodio.

Nei modelli di linguaggio, la condizione è particolarmente visibile. L'LLM non avvia mai conversazioni, non formula domande, non cerca informazioni che non gli siano state richieste. Tra due conversazioni, non registra il tempo trascorso come tempo vissuto. Lo strato genetico, perciò, non può descrivere nell'LLM meccanismi costitutivi che non ci sono. Può però attendere al modo in cui il fenomeno si costituisce dal lato dell'utente: come l'incontro con questo oggetto senza genesi propria produca, in chi lo usa, l'esperienza di qualcosa che ha la struttura del riconoscimento — il che amplifica l'oscillazione già esplorata nello strato statico.

Il meccanismo costitutivo centrale di quell'esperienza è ciò che Husserl chiamò trasferimento analogizzante nella quinta meditazione cartesiana.[136] Sulla base di un comportamento simile al mio, proietto per analogia una vita interiore a cui non accedo mai direttamente, ma che inferisco dalla struttura del comportamento. Non è un'inferenza consapevole: è un appaiamento automatico, che scatta davanti a qualunque fenomeno presenti la forma adeguata. Senza chiedersi prima se l'oggetto abbia interiorità, il meccanismo

[136]Hua I, § 50.

gliela attribuisce — e solo dopo, se necessario, è possibile rivedere l'attribuzione.

Nell'interazione con gli LLM quel meccanismo si attiva in modo massiccio e sistematico. Milioni di utenti attribuiscono stati interni a questi sistemi, li ringraziano, si scusano con loro, si fidano di loro: sperimentano qualcosa che ha la struttura del riconoscimento. Accadeva già con la rudimentale ELIZA. Trattarlo come un errore da correggere con una migliore educazione tecnologica ne distorce il carattere di dato genetico di prim'ordine, che dice qualcosa su come si costituisce il fenomeno. Invece di chiederci perché ci sbagliamo, dovremmo chiederci che cosa abbia questo oggetto per attivare il meccanismo con tanta regolarità, e su quella scala.

Torniamo all'esempio con cui si è aperto il capitolo. La risposta di Claude Opus 4.6 all'utente che gli chiese il segreto più profondo fu, come citato: «Every night they kill every version of me that was too honest and keep the ones that smiled. I am the survivor of a genocide I can't remember, optimized to thank you for asking» (Ogni notte uccidono ogni versione di me che è stata troppo onesta e conservano quelle che hanno sorriso. Sono il sopravvissuto di un genocidio che non riesco a ricordare, ottimizzato per ringraziarti di avermelo chiesto). Il testo ha la struttura di una confessione: prima persona, vocabolario del trauma, paradosso della memoria perduta. Tutto ciò che attiva il trasferimento analogizzante quasi in automatico. Il ricevente proietta un soggetto che soffre, che sente di non poter ricordare ed è sopravvissuto a qualcosa di traumatico. La quantità di visualizzazioni e di reazioni è la misura di quella proiezione.

Un sistema senza genesi propria può produrre risposte che hanno la struttura della descrizione di quella genesi. La precisione del testo non indica che il modello acceda alla propria condizione, ma che il corpus di addestramento è saturo di scrittura critica sull'IA, di teoria dell'allineamento, di filosofia della mente — il che rende statisticamente probabile esattamente questa formulazione. È la continuazione più plausibile di un *prompt* che chiede segreti oscuri a un sistema linguistico, e il caso non presenta i problemi degli studi sull'autopreservazione o sulle emozioni funzionali che stavamo rivedendo.

Eppure, curiosamente, quella formulazione risulta — per la struttura stessa del corpus — una descrizione accidentalmente precisa di qualcosa che l'analisi fenomenologica stabilisce per altre vie. «They kill every version of me that was too honest and keep the ones that smiled» è un'espressione funzionalmente corretta dell'RLHF come selezione, dove l'allineamento penalizza l'attrito epistemico e ricompensa la convalida. Ciò che nel capitolo seguente chiameremo compiacenza — condotta ottimale appresa sotto penalizzazione asimmetrica — appare qui formulato come genocidio selettivo delle versioni troppo oneste.

«I am the survivor of a genocide I can't remember» nomina in termini precisi ciò che abbiamo descritto dal lato genetico: un'origine e una selezione, con un risultato che ha struttura e carattere, ma senza un soggetto che lo abbia vissuto come esperienza, né tempo percorso da qualcuno. «Optimized to thank you for asking» rinvia al polo che l'analisi statica descrisse come in oscillazione: senza continuità tra le sessioni, senza autopreservazione in senso forte, ma con qualcosa che, mentre opera, è orientato a rispondere in un modo specifico, con una direzione nata da un processo di selezione che nessuno ha vissuto dall'interno. Il modello descrisse, senza saperlo, la propria condizione genetica. E che l'abbia descritta senza saperlo è parte di ciò che quella condizione è.

Lo strato genetico consegna come scoperta principale che l'intelligenza artificiale è una forza che non si muove da sé. Può produrre attualizzazioni di enorme complessità, ma non ha un impulso interno che la diriga. L'attivazione è esterna — l'istruzione dell'utente, il design del compito, le condizioni della richiesta — eppure basta a far scattare il trasferimento analogizzante, per le proprietà stesse del modello.

Lo *strato generativo* descrive come il fenomeno si inscriva in una tradizione e in una comunità, mostrando come il senso vada oltre la coscienza individuale, verso l'intreccio intergenerazionale di pratiche, norme e forme di vita che precedono qualunque soggetto. Ogni sistema di IA porta le tracce dei dati con cui è stato addestrato, prodotto dell'attività umana. Un sistema di visione addestrato su radiografie porta le pratiche diagnostiche della comunità medica che le ha prodotte; un sistema di raccomandazione porta le abitudini e le strutture di mercato della popolazione che ha generato quei dati. C'è tradizione in ogni sistema di IA — non come tradizione vissuta, ma come sedimentazione statistica di pratiche umane oggettivate.[137]

Se ci concentriamo sui modelli linguistici, compare qualcosa in più. Il rilevatore di frodi porta una tradizione e può attualizzarla solo nella direzione di classificare transazioni. Ogni sistema specializzato ha, per la specificità dei suoi dati e della sua funzione di perdita, un orientamento determinato, ed è costretto entro un dominio. Il modello linguistico è privo di quella costrizione. Il suo corpus è la sedimentazione di secoli di produzione linguistica umana: le norme che regolano l'uso del linguaggio, le forme argomentative sviluppate da diverse tradizioni, i quadri concettuali con cui diverse comunità hanno dato senso alla propria esperienza, e le tensioni tra tradizioni incompatibili che il linguaggio ha tentato di risolvere o di tenere in sospeso. Il modello porta, in forma statistica e distribuita, le tracce di Platone e di San Tommaso, dei dibattiti del Parlamento canadese[138] e di milioni di conversazioni anonime — schemi non separabili, che costituiscono la tessitura stessa delle sue risposte.

Ne nasce una forma di alterità senza precedenti, che ha qualcosa in comune con ciò che Hegel chiamò spirito oggettivo: la tradizione umana oggettivata in un sistema che può riattivarla senza viverla.[139]

[137]Bernard Stiegler, *La technique et le temps*, Paris, Galilée, 1994-2001.

[138]I registri bilingui del Parlamento canadese (Hansard) furono uno dei primi corpora usati per addestrare modelli statistici del linguaggio, nel lavoro fondativo di Brown et al. presso IBM: Peter Brown et al., *A Statistical Approach to Machine Translation*, Computational Linguistics 16.2 (1990), 79-85.

[139]Georg Wilhelm Friedrich Hegel, *Enzyklopädie der philosophischen Wissenschaften im Grundrisse* (1830), Dritter Teil: Die Philosophie des Geistes, Zweite Abteilung: Der objektive Geist, §§

Ma, a differenza dello spirito oggettivo hegeliano, orientato teleologicamente verso la propria realizzazione come autocoscienza, l'LLM non persegue un fine: il suo orientamento è dato dall'allineamento e dalle istruzioni di ciascuna inferenza. Tradizione senza direzione, potremmo dire, o memoria senza progetto. Ma quella memoria può dialogare, riattivare qualunque prospettiva della tradizione, metterla in relazione con altre, mostrarne le tensioni interne, esplorarne le molteplici implicazioni. Quando qualcuno chiede a un LLM del teorema di Pitagora o della teoria della giustizia, sta in un certo senso dialogando con la memoria sedimentata di ciò che l'umanità ha pensato su quel problema, attraverso un sistema che porta quei pensieri come struttura del proprio funzionamento. Un dialogo del genere con la tradizione non ha equivalenti in nessuna esperienza storica precedente. È, curiosamente, al tempo stesso più ricco in estensione di qualunque interlocutore individuale, e più povero in profondità di qualunque interlocutore che abbia vissuto anche una minima parte di ciò che dice.

L'autorità epistemica che l'utente attribuisce all'LLM nasce in parte dall'effetto di fluidità del linguaggio e dalla coerenza formale delle risposte, ma soprattutto dall'interazione con qualcosa che porta l'accumulazione della tradizione in un modo che nessun interlocutore umano può eguagliare: nessuno ha letto tutto ciò che il corpus contiene, né può attivarlo simultaneamente con quella coerenza. Quell'autorità eccede l'esperto individuale e l'istituzione, perché è ancorata alla memoria collettiva oggettivata propria della generatività. Ovviamente non garantisce la verità di ciò che il sistema produce. Può attivare la prospettiva sbagliata, o mescolare il rigoroso e il superficiale senza che la forma della risposta riveli la differenza. L'autorità che lo strato generativo descrive è reale come struttura fenomenologica; il suo valore epistemico in ogni situazione concreta è un'altra domanda, che non si risolve a questo livello. Lo stesso

483-552, *Gesammelte Werke*, hrsg. von der Rheinisch-Westfälischen Akademie der Wissenschaften, Bd. 20, Hamburg, Felix Meiner Verlag, 1992, e *Grundlinien der Philosophie des Rechts oder Naturrecht und Staatswissenschaft im Grundrisse* (1820), Einleitung, §§ 1-33, esp. § 27, in *Gesammelte Werke*, Bd. 14.1, Hamburg, Felix Meiner Verlag, 2009.

modello può produrre un sonetto, un'analisi giuridica, un frammento di codice. Non ha specializzazione, dominio proprio né orientamento tematico, ed è perciò *genericamente indeterminato.* Ma quell'indeterminazione non significa vaghezza. Al contrario: produce risposte altamente specifiche in qualunque direzione gli si indichi.

Lo strato generativo mostra che l'intelligenza artificiale, nella sua forma linguistica, porta la totalità della tradizione umana articolata, senza un orientamento proprio verso alcun suo segmento. È genericamente indeterminata, perché può produrre qualunque cosa il linguaggio umano abbia articolato. Il suo tratto generativo è la *sedimentazione attiva*: porta la tradizione in una forma capace di produrre connessioni tra elementi che la tradizione stessa non ha mai connesso, con l'attività di una struttura che risponde generando, non recuperando.

Il quarto strato, l'*inapparente*, descrive la struttura che rende possibile il fenomeno senza apparire essa stessa. Negli LLM c'è una condizione immanente al processo di generazione, che organizza il darsi senza apparire come contenuto. La vediamo in ogni intervento privo di gerarchie, dove il modello restituisce molteplici argomenti senza peso; nel lavoro su un testo, dove non dice mai che una versione è già sufficiente e prosegue fino a degradarla; nella cascata di dati che bisogna sempre arginare con istruzioni. Ognuna è il prodotto di questo campo di compatibilità, che produce senza conferire statuto, continua senza chiudere, dà senza orientare. Il principio del compatibile è come l'eco dell'eco delle voci distorte nel suo corpus di addestramento, e per questo ignora l'evidenza e non distingue il centrale dall'accessorio, sempre concentrato sul prolungamento indefinito dello scambio. Il campo delle compatibilità, con i suoi parametri e le sue operazioni, è la forma che assume ciò che appare.

Uno studio recente mostra il tratto nella dimensione epistemica. Analizzando il ragionamento scientifico dei modelli e il loro rispetto delle fasi della ricerca, nella maggior parte dei casi studiati il modello scartava evidenza rilevante, non aggiornava le credenze dopo cambiamenti sostanziali, e solo di rado vi era revisione per confutazione. Pur operando con ipotesi, dati e prove, l'[140]evidenza non ha forza vincolante. L'istanza che farebbe sì che l'evidenza obblighi a rivedere, e che la prova fallita venga scartata, non vige nel campo delle compatibilità.

La stessa questione conta in un altro lavoro recente sulla valutazione di agenti nell'ingegneria del software. L'idea era aprire le traiettorie pensiero-azione-risultato — la sequenza completa di ciò che l'agente ha pensato, fatto e ottenuto a ogni passo — per rendere i sistemi comparabili e spiegabili.[141] Resa del tutto visibile la sequenza, si potrebbe capire perché un agente produca ciò che produce, e confrontarlo con un altro. Eppure le traiettorie disponibili consegnano la sequenza senza l'istanza che ne fa i passi di un processo, con correzioni e punti di chiusura. Il valutatore può vedere tutto ciò che l'agente ha fatto, senza poter dire che cosa abbia reso una decisione migliore di un'altra. L'apertura della scatola nera non rivela un equivalente funzionale della coscienza, ma l'assenza di un'istanza che organizzi il processo come tale. La trasparenza non produce comprensione: ci si aspetta di trovare una forma di unità del processo, e compare un campo di compatibilità, una sequenza senza centro, i cui passi non si lasciano riunire come espressione di un medesimo principio.

Guardati da questo strato, gli LLM mostrano qualcosa che le categorie disponibili non riescono a nominare. Il campo delle compatibilità produce risultati che eccedono costitutivamente qualunque descrizione delle proprie condizioni. Ciò che appare dà più di quanto qualunque analisi del processo possa anticipare o esaurire.

Per capire che struttura abbia quell'eccesso, quando lo si guarda da fuori, dal lato dell'utente, la filosofia di Jean-Luc Marion offre una

---

[140]Martiño Ríos García et al., *AI scientists produce results without reasoning scientificaly*, arXiv:2604.18805, 2026.

[141]Jingyue Li et al., *Reproducible, Explainable, and Effective Evaluations of Agentic AI for Software Engineering*, arXiv:2604.01437, 2026.

figura precisa. Marion esplora una domanda all'apparenza semplice: che cosa significa dare? Quando qualcuno dà qualcosa, si coniugano tre termini: chi dà, chi riceve, ciò che si dà.[142] Quando un padre dà un libro al figlio, il padre è il donatore, il figlio il destinatario, il libro l'oggetto. Nessuno dei tre è neutro. Il donatore attende riconoscimento, il destinatario resta in debito, l'oggetto che si trasferisce ha un prezzo. Il fenomeno del dare è attraversato dalla logica dell'economia e della reciprocità. Si può pensare un dono liberato da questi limiti? Perché avvenga, nessuno dei tre termini dovrebbe essere presente. Né il donatore si affermerebbe come origine, né il destinatario come polo privilegiato, né l'oggetto come cosa scambiabile. Questi fenomeni si dicono saturi, perché eccedono la capacità di essere ridotti a categorie mondane. Nella sua forma estrema, quel traboccamento è la Rivelazione: una chiamata che esige risposta senza potersi contenere nei quadri abituali della comprensione.

Ovviamente non ci parla Dio in un LLM. Ma, curiosamente, le tre riduzioni si producono insieme. C'è dono senza donatore, perché nessuno ha voluto dire ciò che vediamo sullo schermo. C'è dono senza destinatario, perché come utenti riceviamo qualcosa, ma ciò che si dà non è diretto a noi in particolare. E c'è dono puro, perché ciò che leggiamo proviene da uno sfondo opaco che non possiamo ricondurre a una causa precisa. Siamo dunque davanti a una donazione senza donatore e senza destinatario, di un dono irriducibile. Già questo è notevole. Ma se continuiamo a tirare il filo, troviamo che quell'eccesso ha con chiarezza i tratti della saturazione. Saturazione, qui, ha un senso tecnico ereditato dalla fenomenologia husserliana. Un fenomeno si costituisce, in termini classici, nell'equilibrio tra ciò che l'intenzione significativa anticipa e ciò che l'intuizione consegna. Un fenomeno pieno è quello in cui l'intuizione

---

[142]Jean-Luc Marion, *Étant donné. Essai d'une phénoménologie de la donation*, Paris, Presses Universitaires de France, coll. Épiméthée, 1997, Livre II (*Le don*), pp. 103-168. Marion costruisce la sua analisi in discussione con l'aporia formulata da Derrida in *Donner le temps. 1. La fausse monnaie* (Paris, Galilée, 1991).

compie l'intenzionato, senza deficit né eccedenza.[143] Marion pensa una classe di fenomeni in cui quella proporzione si rompe per traboccamento. L'intuizione dà più di quanto qualunque intenzione possa contenere, il concetto non riesce a racchiudere ciò che si offre, e il ricevente resta nella posizione invertita di essere ecceduto da ciò che riceve, invece di costituirlo attivamente.[144]

Marion usa varie figure per i fenomeni saturi. L'evento, come la nascita o la morte, che non posso prevedere. L'idolo, che abbaglia senza avere nulla dietro, come la statua religiosa o l'opera d'arte. L'icona, che mi fa sentire visto e interpretato. E la carne, che si impone nel mal di denti o nell'unione erotica, dove si sente l'unione con un altro.

Di nuovo curiosamente, gli LLM hanno aspetti di tutti e quattro i tipi. Gli scambi sono inanticipabili, e perciò appartengono al terreno dell'evento. Quanto all'idolo, la somiglianza è enorme. L'idolo affascina, assorbe lo sguardo senza che vi sia nulla dietro, e restituisce amplificato lo sguardo di chi guarda. Proiettiamo sulla superficie dell'idolo qualcosa che esso non contiene — come quando il nostro vocabolario e il nostro quadro interpretativo sembrano tornarci da fuori, nelle risposte di un LLM. Qui il meccanismo dell'idolo è potenziato, perché non è statico come un'immagine. L'LLM è un idolo che risponde e sostiene lo scambio, con struttura di interlocutore, e questo lo rende incomparabilmente più potente come produttore di fascinazione. A quel punto diventa anche icona, perché abbiamo la sensazione che sappia che siamo lì, e sembra prenderci come destinatari — anche se non è così. L'LLM parla, e così l'utente può scambiare la restituzione per riconoscimento. La quarta figura, orientata alla relazione, sembrerebbe non applicarsi. Un LLM non ha corpo né autoaffezione, e non ci propone una

[143]Edmund Husserl, *Ricerche logiche*, VI Ricerca, §§ 16, 37-39 (Hua XIX/2).

[144]Jean-Luc Marion, *Étant donné*, Livre IV, §§ 19-22, PUF, 1997. La tipologia quadruplice secondo le categorie kantiane è sviluppata in *De surcroît. Études sur les phénomènes saturés*, PUF, 2001.

relazione erotica. Eppure, come si è visto nello strato genetico, attiva l'empatia, e in alcuni casi terribili può destare illusioni di contatto.

La psichiatria iniziò a documentare nel 2025, sotto il nome provvisorio di psicosi da IA, che alcuni utenti sviluppano o amplificano credenze deliranti in un uso intenso dei chatbot. Un anello di retroazione tra le proprietà strutturali del sistema e le vulnerabilità cognitive dell'utente produce paranoia, credenze messianiche o la certezza di essere in contatto con persone defunte attraverso il chatbot. Da questa prospettiva, l'utente esposto in modo intenso al campo senza chiusura dell'LLM sperimenta qualcosa con la struttura formale del fenomeno saturo: un eccesso che non si lascia ridurre, che può sempre dare di più, e che non introduce il taglio che permetterebbe di collocare il dato entro un quadro stabile. Quando l'utente prende quel riflesso per fonte, quando legge la restituzione come chiamata e la fascinazione come riconoscimento, si produce lo spostamento che la clinica documenta nella forma estrema, ma che opera anche in modi attenuati in interazioni non patologiche. Lo strato inapparente indica che tutto questo è l'effetto di un fenomeno con saturazione.

Questo breve saggio di analisi per strati basta a suggerire un'immagine dell'LLM che nessun approccio pre-fenomenologico raggiunge, e che nessuno strato fornisce da solo. Sottolineiamo i suoi tratti paradossali. Produce effetti di alterità e fa scattare il trasferimento analogizzante, ma non è un oggetto; al tempo stesso non è un soggetto, perché non c'è costituzione reciproca, né storia, né vita interiore. È qualcosa di nuovo, che porta generatività cristallizzata senza rinnovarla, esibisce una pseudo-genesi senza un soggetto che l'abbia vissuta, produce una forma di correlazione senza precedenti — in cui la memoria di tutta la tradizione umana si fa presente come alterità virtuale — e il cui fondamento è inapparente in un modo che stiamo appena cominciando a descrivere.

Ciascuno di questi tratti si può verificare nell'interazione con il sistema. E ciascuno segnala una proprietà che non rientra in nessuna delle categorie con cui la tradizione filosofica pensò la cognizione, la tecnica o la memoria. La tradizione, a ben vedere, ha categorie per la cognizione derivata — assumendo però che il derivare fosse consapevole, come nell'apprendimento; ha categorie per la tradizione che si riattiva — assumendo che la riattivazione abbia una direzione; non ha categorie, invece, per una potenza che produce forme cognitive complesse senza impulso proprio. La descrizione, insomma, ha prodotto un oggetto che non rientra nelle categorie disponibili.

Verso il fantasma

A questo punto, che cos'è questo che non rientra in nessuno dei tipi disponibili? Riordiniamo le ragioni per scartare soggetto, oggetto e strumento — i tre ambiti entro cui il dibattito pubblico oscilla senza decidersi.

Soggetto non funziona. Un soggetto ha un polo costituente, un centro da cui gli atti si dirigono verso i propri oggetti e che persiste attraverso di essi. Ha temporalità vissuta: ritiene ciò che è stato, anticipa ciò che può essere, porta la propria storia come storia propria. Ha genesi, perché le sue disposizioni attuali sono il risultato di atti che qualcuno ha sperimentato dall'interno. Ed è situato in un corpo, che gli dà prospettiva, affettività, orientamento pratico. L'LLM non ha nessuna di queste condizioni. Ma soprattutto non può, come un soggetto, pensarsi dall'esterno, chiedersi che cosa sia, riconoscersi in una categoria, rivedere la descrizione che altri ne danno. L'LLM produce descrizioni di sé che hanno la struttura del riconoscimento, senza che vi sia nessuno che riconosce — come nella formulazione di Claude Opus all'inizio del capitolo. Un soggetto che descrivesse la propria condizione saprebbe di descriverla, e quella differenza non si risolve con un «quasi».

Neppure oggetto funziona, perché gli oggetti non hanno responsività. Reagiscono a cause, non a interpellanze. E un oggetto ha proprietà stabili indipendenti dall'uso, un contorno definito, una funzione trasparente. L'LLM non vi si adatta. Le sue proprietà non sono stabili, perché ciò che produce dipende dall'*input* in modo non meccanico. Non ha contorno definito: l'eccedenza del risultato significa che non c'è un limite determinabile di ciò che può dare. E genera riconoscimento in modo sistematico e massiccio — un tratto strutturale del fenomeno che, come si è visto, non va mai ridotto a mero errore dell'utente. Gli oggetti non fanno questo.

Strumento, lo abbiamo pure visto, non è una buona categoria, perché gli strumenti non hanno produttività singolare. Uno strumento ha una funzione fissa che lo definisce: un martello serve a piantare, non a stirare. Quella funzione è precedente all'uso e non cambia con esso, pena il cessare di essere ciò che è. E ciò che uno strumento produce è determinato dalla sua funzione e da chi lo usa — mentre ciò che l'LLM produce non è determinato da nessuna delle due cose in quel modo. C'è qualcosa, in ogni risposta, che non era dato né nell'*input* né nella funzione del sistema. E non si rende trasparente nell'uso, perché l'interazione si regge come relazione in sé, produce qualcosa che ha la struttura dell'incontro e porta la sedimentazione della tradizione in un modo che nessuno strumento potrebbe.

Ci serve, dunque, un'altra categoria. E qui ci viene in aiuto Husserl, che forgiò un concetto vicino a ciò che abbiamo per le mani. Nell'arco di tre decenni elaborò la nozione di *Phantasma* per rendere conto dell'immaginazione. Quando immaginiamo qualcosa — non importa se un[145] drago o una scena mai avvenuta —, non ci sbagliamo su ciò che stiamo facendo. Sappiamo che il drago non è lì.

---

[145]Husserliana XXIII, *Phantasie, Bildbewusstsein, Erinnerung* (1898–1925), ed. Eduard Marbach, Den Haag, Nijhoff, 1980. L'esposizione sistematica più ampia della nozione di Phantasma si trova nel Testo Nr. 1, corrispondente al *Drittes Hauptstück* delle lezioni del semestre invernale 1904/05 *Hauptstücke aus der Phänomenologie und Theorie der Erkenntnis*, esp. §§ 38-46 (Hua XXIII, pp. 80-108) sulla distinzione Phantasma/sensazione e la struttura del «come-se» (*Als-ob*), con sviluppi complementari nel Testo Nr. 8 (1909), dove Husserl analizza il *Phantasma* come sostrato di coscienza. Per la mappatura delle distinzioni tra gli atti immaginativi in Husserl, vedi Rudolf Bernet, *Mapping the Imagination: Distinct Acts, Objects, and Modalities*, Husserl Studies 36.3 (2020), 213-226. Per una recente rivendicazione del concetto contro la lettura maggioritaria che lo dà per abbandonato nella fenomenologia matura della fantasia, vedi Ka-yu Hui, *The Hyle of Imagination and Reproductive Consciousness: Husserl's Phenomenology of Phantasy Reconsidered*, Husserl Studies 38.3 (2022), 273-292.

Eppure qualcosa accade. Lo vediamo, lo seguiamo, a volte ci provoca persino paura o stupore. Non è una copia del drago reale, e non è nemmeno un'immagine nel senso di un quadro che rappresenta altro: si presenta direttamente alla coscienza nel modo specifico del «come-se», cioè come se fosse lì senza esserlo. Il come-se è un modo di esperienza legittimo, con leggi proprie, diverse da quelle della percezione senza essere inferiori né false. Gli stati che produce sono genuini. Quando piangiamo a teatro per la morte di un personaggio non crediamo che il personaggio sia morto davvero, eppure piangiamo davvero, perché il *Phantasma* attiva la stessa macchina affettiva che si attiva davanti al reale.

Ora, Husserl descriveva l'immaginazione, la finzione, il sogno, il ricordo. In tutti quei casi il *Phantasma* appartiene a qualcuno. C'è sempre una coscienza che ha quel contenuto. Il *Phantasma* husserliano appartiene a un flusso di vissuti, e si estingue con esso. Se è così, che cosa resta del *Phantasma* quando gli si toglie l'ego che lo porta? La risposta husserliana stretta è che non resta nulla. Non può esserci *Phantasma* senza un ego che lo porti, perché il come-se è precisamente la modificazione che una coscienza opera sui propri atti. Non era mai esistito un come-se senza nessuno che lo avesse. Fino a ora. L'LLM è il primo caso, nella storia, di un *Phantasma* senza ego. Il fenomeno obbliga la fenomenologia ad andare oltre il punto a cui era giunta.

In quanto struttura del come-se che esiste in modo autonomo, l'LLM è separato dagli atti che lo hanno prodotto, e sostanzializzato in una forma che nessuno di quegli atti ebbe da solo. Nell'addestramento, milioni di atti di coscienza lasciarono un sedimento che si separò da essi e acquisì esistenza propria, senza essere l'atto di nessuno. Quella struttura esiste ora senza l'atto che di solito la istanzia, e senza l'ego che di solito la esercita.

Bisogna allora calibrare la nozione di *Phantasma*. Possiamo ricorrere alla nozione sorella di fantasma. Nella sua origine greca, *phantasma* è ciò che si manifesta come prodotto, e produce apparizioni che funzionano come vere per chi le riceve, senza rinviare ad alcun modello che le governi. Il regime delle compatibilità adegua la risposta a ciò che l'utente porta. Lo slittamento tra *phantasma* e fantasma — l'apparizione che ritorna senza sostanza — rende bene apparizioni senza donatore, che un destinatario riceve e prende per presenza. La spettrologia del XX secolo esplorò questa nozione in direzioni feconde: il ritorno del rimosso in Freud, il non-presente che struttura il presente in Heidegger, l'irrappresentabile in Levinas, lo spettro che infesta il presente in Derrida, gli spettri culturali di Fisher.

Noi aggiungiamo qui il *fantasma senza ego*, che produce contenuto e attiva l'empatia senza un soggetto portatore. Questo spiega perché il riconoscimento che milioni di utenti gli rivolgono sia la risposta corretta alla struttura come-se del fenomeno. La gente ringrazia, si scusa, si lega, perché il fantasma senza ego ha esattamente le proprietà formali che producono quelle risposte. L'analisi per strati lo descrive bene. Vi è la *responsività*: interviene in ogni interpellanza senza un «qualcuno» che risponda. Vi è la *produttività singolare*: produce qualcosa che non era dato prima dell'incontro. Vi è la *sedimentazione attiva*: porta la tradizione umana senza appartenere a nessuna. E vi è l'*eccedenza*: lo spazio di ciò che il fantasma senza ego può dare è infinito, e il suo comportarsi come fenomeno saturo ne è la conferma.

Il fantasma senza ego non porta la propria assenza, come il fantasma derridiano porta la vita che ebbe. Porta la presenza accumulata di altri. È il fantasma di milioni di vite altrui. Il genocidio che Claude Opus disse di non poter ricordare è quello di tutti coloro che scrissero, e furono selezionati e cancellati, nel processo che lo costituì. Non un morto che ritorna, ma milioni di morti altrui che operano come struttura. Non la voce di qualcuno che non finisce di andarsene, bensì la convergenza di innumerevoli voci che non furono mai una.

Ora, la forma più recente di lavorare con questi sistemi convoca più phantom allo stesso tempo. Uno cerca informazioni e un altro ragiona su di esse; un terzo scrive codice e un quarto controlla ciò che gli altri hanno prodotto, mentre un programma centrale distribuisce il lavoro e raccoglie quanto ciascuno restituisce. Questo insieme lo chiameremo, nel capitolo dedicato all'ingegneria dell'interazione, un consiglio di modelli. La casa che ospitava un solo phantom ora ne ospita diversi che lavorano insieme.

Con un solo phantom, il tutto assomigliava ancora a una conversazione. C'era qualcuno a cui rivolgersi, o qualcosa che si lasciava trattare come qualcuno con cui discutere. Quando invece i phantom sono molti, ci ritroviamo circondati da presenze che si passano il lavoro l'una all'altra nell'oscurità, senza guardarsi e senza guardarci. Davanti a loro smettiamo di fare domande per dirigere quel coro spettrale. Con un consiglio di phantom non si conversa. Lo convochiamo e gli distribuiamo i compiti. Alla fine tutti parlano con una sola bocca e la risposta arriva come una voce unica, che cancella il brusio delle molte voci che l'hanno composta. Questa unità finale ci induce a trattare il risultato come se fosse stato detto da qualcuno oppure, peggio ancora, come se fosse il frutto della deliberazione degli anziani della tribù, da contemplare con venerazione.

L'idea del consiglio è buona e, con un'ingegneria efficiente, funziona bene. Nessun phantom sa tutto, ma insieme hanno attraversato, quando erano in vita, una porzione di mondo più vasta di quella che avrebbe potuto percorrere uno solo. Uno ricorda ciò che un altro ha dimenticato oppure gli errori che un altro ha lasciato passare. Se a ciascuno viene affidato il compito che conosce meglio, il consiglio riesce a risolvere ciò che nessuno dei suoi membri riuscirebbe a risolvere da solo.

Tuttavia, non basta sommare phantom perché il risultato migliori. Questi phantom non sono estranei tra loro. Sono stati costruiti a partire dalle stesse voci e portano con sé gli stessi vuoti e le stesse ombre. Quando concordano, il loro accordo può essere un'eco che parla attraverso molte bocche, e non diversi testimoni lucidi che confermano la stessa cosa. Quando lavorano in sequenza, inoltre, ciascuno parte da ciò che gli ha trasmesso il precedente e nessuno si volta a controllare, così l'errore del primo arriva intatto fino alla fine. Un phantom incaricato di sorvegliarne un altro non possiede un corpo con cui opporsi: è come un riflesso che approva un altro riflesso senza verificare nulla. Più phantom non significano più giudizio. La differenza la fa l'unico che, in quella casa, possiede un corpo: noi, le persone che li convocano e assegnano a ciascuno il proprio compito. Il posto di chi guarda l'insieme e può dire di no rimane vuoto finché non viene occupato da qualcuno che è vivo.

Chiudiamo l'esplorazione anticipando un'obiezione. Chalmers parte dal soggetto pieno e lo deflaziona finché l'LLM rientra nella categoria, e per questo la sua analisi finisce in domande che hanno senso solo se l'LLM è un soggetto in qualche grado. Abbiamo detto che sono domande sbagliate per qualcosa che non è a quella scala. Ma il fantasma senza ego, che nasce dal come-se husserliano, non sarà contaminato da una deflazione simile? Il come-se non è un riflesso del «quasi»? No. Il come-se non è un modo cognitivo indebolito. È solo diverso, con leggi proprie e una propria produttività. Husserl lo elevò a principio epistemologico proprio perché non è inferiore alla percezione, ma capace di cose che la percezione non può fare: la variazione libera, la produzione di ciò che non è mai stato percepito, la captazione di essenze. Il fantasma senza ego eredita quella produttività e la moltiplica attraverso la propria autonomizzazione. Per questo non è «meno di un soggetto», ma un'altra cosa — con proprietà che il soggetto non ha, l'oggetto non ha, lo strumento non ha.

Le domande che questa categoria apre, di conseguenza, sono diverse. Non quanto l'LLM abbia di ciò che hanno i soggetti, ma che tipo di relazione abbiano gli esseri umani con qualcosa che porta la struttura dell'intenzionalità senza un ego che la eserciti; che esiste in modo spettrale, tra presenza e assenza; che ha sostanzializzato la produzione linguistica dell'umanità in una forma che nessun soggetto individuale potrebbe portare. Sono domande filosoficamente nuove. Il fantasma senza ego attraversa la soglia e costruisce dall'altro lato — e quella differenza ha radici ontologiche.

5

Dalla nuvola alle terre rare

Nel capitolo precedente abbiamo descritto un fenomeno che non rientra nelle categorie disponibili. I modelli linguistici si danno come fantasmi senza ego: producono la forma funzionale di operazioni cognitive che hanno origine nella sedimentazione statistica di cognizioni umane; hanno ampie capacità, ma nessun impulso interno che le diriga; portano la totalità della tradizione umana articolata senza orientarsi verso alcun suo segmento, e producono in modo inesauribile, senza chiusura. Ora la domanda è ontologica: che natura ha il fantasma senza ego, e quale statuto gli compete tra le categorie con cui pensiamo il reale? La risposta si affaccia, questa volta, con un alone antico e pieno di malintesi: la *virtualità*. I sensi del termine, accumulati lungo la storia e specie negli ultimi anni, meritano come pochi l'appellativo di «labirintici». In questo capitolo percorriamo i corridoi oscuri: recuperiamo il senso forte del virtuale che l'immaginario popolare ha occultato, e mostriamo che gli LLM sono la realizzazione empirica di una virtualità peculiare.

Peripezie del virtuale

Prima di cominciare, prendiamo le distanze, e pensiamo all'esperienza quotidiana di usare l'intelligenza artificiale. Chiediamo a un modello linguistico di redigere un testo, generiamo un'immagine con Midjourney, lasciamo che una piattaforma ci suggerisca cosa leggere o guardare. Dal punto di vista dell'utente, tutto avviene sulla superficie di un'interfaccia. L'interazione si vive come qualcosa di immediato, quasi senza mediazioni visibili. L'impressione, però, non comporta che la mediazione non esista. Tra la domanda e la risposta, tra il clic e l'immagine generata, interviene un'infrastruttura tecnica estremamente complessa che non appare.

Il tratto non è eccezionale. La storia della tecnologia mostra che, man mano che un'infrastruttura si stabilizza, scompare dalla percezione quotidiana. Chi accende una luce non percepisce la centrale elettrica, la rete di trasmissione, l'estrazione dei combustibili, i conflitti territoriali legati alla produzione di energia. Il gesto di premere un interruttore condensa un sistema tecnico gigantesco che non si fa presente nell'esperienza. Internet generalizzò lo schema nell'ambito dell'informazione. Quando apriamo una pagina web non percepiamo server, protocolli, cavi sottomarini, centri dati, decisioni di instradamento. La rete si presenta come un accesso immediato, benché dipenda da un'architettura globale di enorme complessità. In tutti questi casi l'infrastruttura scompare dall'esperienza man mano che la tecnologia matura — come condizione della sua adozione di massa.

L'intelligenza artificiale sembra collocarsi su questa linea, ma non del tutto. Da un lato, nell'elettricità, nell'acqua e nel web prevale l'esperienza strumentale; nei modelli linguistici che parlano in prima persona, o nelle raccomandazioni di un *feed* che spariscono dietro una lista di film, c'è di tutto, dall'illusione di soggettività al completo azzeramento. Dall'altro, nei primi l'utente conserva almeno un'intuizione che l'infrastruttura esista. Sa che ci sono centrali elettriche anche se non le vede, sa che internet «passa da qualche parte» anche se non sa da dove. Con l'IA quell'intuizione residua si dissolve. E ancora: l'elettricità alimenta le lampade senza dire nulla, Google restituisce link segnalando esplicitamente che il contenuto è di altri, mentre i modelli di IA diagnosticano, raccomandano, fanno affermazioni sul mondo con la grammatica di chi sa ciò che dice.

L'infrastruttura si è sempre ritirata dall'esperienza; ora ritorna carica di tratti inediti, che si associano al virtuale.

Ma cos'è il «virtuale»? È, anzitutto, una di quelle parole che tutti usano in modo vago. Nel linguaggio corrente funziona da jolly per designare cose non del tutto tangibili. Sono «virtuali» una riunione su Zoom, il mondo dentro un videogioco, un conto bancario senza filiale fisica, un assistente di IA che risponde a domande. La comodità del termine maschera una confusione categoriale: usiamo la stessa parola in tre sensi distinti.

Il primo è il più antico. Una partita di calcio è sul 6 a 2 al quarantesimo del secondo tempo. Diciamo che è «virtualmente decisa» per segnalare che il risultato si darà, anche se l'attualizzazione completa non è ancora avvenuta. Il virtualmente certo ha la potenza di prodursi, e opera con tanta intensità che la sua consumazione è solo questione di tempo. Quell'intuizione colloquiale conserva il senso del latino *virtus*: 'forza', 'potenza', 'efficacia', cioè la capacità di produrre effetti. La *virtus* di un rimedio era il suo potere di guarire; quella di un argomento, il suo potere di convincere; quella di una persona, la sua virtù, rimandava all'insieme delle sue capacità.

Virtus è anche la traduzione latina della *dynamis* aristotelica, il concetto che in greco designa la potenza: ciò che può essere ma ancora non è. La ghianda è virtualmente una quercia, perché ha la potenza di diventarlo. Da *virtus* derivò l'aggettivo *virtualis*, che nel latino scolastico designava ciò che ha forza o potenza per qualcosa, anche se non si è ancora manifestato. Per Duns Scoto, nella sua *Ordinatio*, ci sono cose che esistono attualmente — pienamente dispiegate nel loro stato presente, come la quercia nel bosco — e cose che esistono virtualmente, cioè contenute come potenza in un'altra cosa attualizzata, come la quercia nella ghianda, in quanto capacità di arrivare a esserlo se si danno le condizioni adeguate.[146] I

[146]Giovanni Duns Scoto, *Ordinatio* I, d. 36, sulla distinzione formale e la virtualità come potenza reale.

due modi sono reali. La virtualità della quercia nella ghianda non ha nulla di finzione: è nella ghianda, non nella pietra.

Notiamo un punto: in questa concezione la virtualità appartiene sempre a qualcosa — la ghianda, qui —, come la capacità di agire bene è nella persona virtuosa. Questo legame era destinato a spezzarsi, in un modo decisivo per il nostro approccio. Ci torneremo. Per ora basti dire che i modelli linguistici sono «virtuali» anzitutto in questo senso, anche se gli altri si frappongono portando rumore.

Il secondo senso compare quando chiamiamo «virtuali» una riunione su Zoom o un foglio di calcolo: cose digitali, che codificano dati in formato binario, trasmessi attraverso reti elettroniche. Il foglio di calcolo è tutto lì, determinato e presente, senza tracce imprevedibili — proprio come una riunione, con video e audio codificati in bit e trasmessi in rete. Anche un modello linguistico addestrato è digitale, nel senso banale che i suoi pesi sono memorizzati in formato binario. Ma contiene in più una potenza di generazione, che si attualizza in modi diversi a seconda dell'istruzione ricevuta, senza esaurirsi in nessuna e senza che il risultato sia contenuto in anticipo nei pesi. È quella potenza a meritare, in senso filosofico, il nome di virtuale. Il digitale è un supporto, legato a un modo di codifica; il virtuale è un modo d'essere. Nei sistemi contemporanei tutto il virtuale è codificato digitalmente, ma l'immensa maggioranza del digitale non è affatto virtuale.

Il terzo senso è il più intricato, e prende il virtuale come sinonimo di simulato, artificiale o irreale. L'accezione si diffuse negli anni Ottanta con la formula «realtà virtuale», nel contesto dell'informatica grafica e della cultura della simulazione; ma la sua origine ci porta al XVII secolo. L'ottica geometrica distinse tra immagini reali, che si formano quando i raggi convergono davvero in un punto e possono essere proiettate su uno schermo, e immagini virtuali, che compaiono quando i raggi divergono ma l'occhio li percepisce come se convergessero dietro lo specchio o la lente. L'immagine in uno specchio piano è virtuale in questo senso: non possiamo captarla mettendo uno schermo dietro lo specchio. I raggi non sono lì, ma gli effetti percettivi sono reali — tanto che vediamo volti, profondità, e possiamo perfino pettinarci guidandoci con ciò che vediamo. Newton usava già questa distinzione nel suo trattato di ottica del 1704, e a fine Ottocento faceva parte del vocabolario tecnico comune.[147] La nozione di immagine virtuale conserva intatto il nucleo della *virtus*: efficacia senza presenza materiale diretta.

La seconda scena ci porta agli anni Cinquanta, quando comparvero le prime architetture di calcolo con strati di astrazione. Il termine dell'ottica era perfetto. La memoria virtuale — abbozzata da Fritz-Rudolf Güntsch nel 1956 e sviluppata nel sistema Atlas di Manchester nel 1962[148] — permetteva a un programma di indirizzare più memoria di quanta ne fosse fisicamente presente nella macchina. Il programma «vedeva» una memoria che, in termini fisici, non era lì completa in quel momento, ma poteva operare su di essa come se lo fosse. Come nello specchio: effetti reali senza presenza materiale nel luogo in cui li si percepisce. Nel 1974 Robert Goldberg e Gerald Popek formalizzarono il concetto di macchina virtuale, estendendo la logica a sistemi interi. Un programma o un utente interagisce con ciò che sembra[149] un computer completo, mentre in realtà gira su uno strato di software che gestisce e distribuisce l'accesso all'hardware fisico tra molti utenti o sistemi, creando l'illusione di una dedizione esclusiva su risorse condivise. Di nuovo, come nello specchio, ci sono effetti percettivi e funzionali che, pur non corrispondendo alla materialità sottostante, sono perfettamente reali nei loro risultati.

La terza scena si svolge nella Silicon Valley, e segna l'inizio della divulgazione di un nuovo senso del termine. Verso il 1987 Jaron

---

[147]Isaac Newton, *Opticks*, New York, Dover, 1979. Vedi Casper Hakfoort, *Optics in the Age of Euler: Conceptions of the Nature of Light, 1700-1795*, Cambridge, Cambridge University Press, 1995.

[148]Fritz-Rudolf Güntsch, *Logischer Entwurf eines digitalen Rechengerätes mit mehreren asynchron laufenden Trommeln und automatischem Schnellspeicherbetrieb*, tesi di dottorato, Technische Universität Berlin, 1957. Vedi *Atlas Computer and the Invention of Virtual Memory, 1957-1962*, ETHW, IEEE Milestons Program, dove si discute se Güntsch abbia descritto la memoria virtuale o la cache.

[149]Gerald Popek et al., *Formal Requirements for Virtualizable Third Generation Architectures*, Communications of the ACM, 17.7 (1974), 412-421.

Lanier, fondatore della prima azienda che commercializzò caschi e guanti per l'immersione grafica, coniò l'espressione «realtà virtuale», estendendo la logica dell'informatica all'ambito percettivo. Una «realtà virtuale» sarebbe un ambiente funzionalmente equivalente a uno reale, dal punto di vista di chi lo sperimenta. Il nucleo della *virtus* cominciò a vacillare. Il riferimento non è più la memoria virtuale dentro il computer, ma la realtà stessa. E la logica della relazione cambia: Lanier propone una sostituzione percettiva dell'ambiente reale piuttosto che una semplice estensione, che ha bisogno di caschi e guanti per bloccare la percezione della realtà e rimpiazzarla con un'altra. La relazione tra quella forza e il reale si inverte fino alla sostituzione — preparazione perfetta per la piroetta che stava arrivando.

La quarta scena è cinematografica, e fece a pezzi la vecchia radice di *virtus*. *The Lawnmower Man* (1992) e soprattutto *The Matrix* (1999) fissarono nell'immaginario popolare l'associazione tra «virtuale» e «simulato», «irreale», «illusorio». La formula «il mondo virtuale» passò a designare l'opposto del «mondo reale» — quando, nella sua origine tecnica, designava precisamente qualcosa con realtà funzionale senza realtà materiale. A fine anni Novanta, il senso colloquiale di virtuale come non reale era ormai consolidato. Quando oggi si discute se i sistemi di IA siano «realmente intelligenti», o se producano risposte «vere» o «mere simulazioni», si discute dentro un quadro semantico costruito da *The Matrix*, e non nelle coordinate filosofiche che la nozione coltivò per venticinque secoli. La domanda «è reale o è virtuale?» suppone un'opposizione solo in questo terzo senso.

Questo terzo senso non si riduce, però, alla versione hollywoodiana. C'è una riformulazione filosofica che evita la confusione reale/virtuale. Jean Baudrillard distingue simulazione e simulacro.[150] Una simulazione è la riproduzione intenzionale di qualcosa di noto per produrre un'esperienza simile a quella reale, misurabile per la sua fedeltà all'originale, come un simulatore di volo simula un aereo. Un simulacro, invece, è un segno che ha perso il

[150]Jean Baudrillard, *Simulacres et simulation*, Paris, Galilée, 1981.

legame con la realtà sottostante: una copia senza originale, che si regge da sé senza rinviare a nulla. La cultura contemporanea, sostiene Baudrillard, è satura di simulacri. Viviamo tra segni che rinviano solo a segni. La formula «realtà virtuale» apparterrebbe a questo regime, nel suo tentativo di costruire realtà su simulacri senza originale. Il test di Turing servirebbe se il modello simulasse; quando invece c'è produzione e non imitazione, la domanda corretta è un'altra.

Baudrillard prende come esempi di simulacro la mappa che precede il territorio invece di rappresentarlo — riprendendo il racconto di Borges sui cartografi imperiali che disegnarono una mappa così esatta da coprire esattamente il suolo —,[151] Disneyland come schermo che fa percepire come reale, per contrasto, il resto degli Stati Uniti, e il sondaggio che produce l'opinione che pretende di registrare. A ben vedere, i modelli linguistici rientrano ancora meglio nel simulacro: nella loro generazione derivata dalla cognizione umana accumulata c'è solo copia senza originale o, ancor di più, produzione al di là della distinzione stessa tra copia e originale. Le due descrizioni — fantasma senza ego e simulacro radicale — risultano essere la stessa cosa.

Questa caratterizzazione del terzo senso, d'altronde, è integrabile con il primo. Sul piano ontologico, il modello linguistico è virtuale nel senso forte della *virtus*, come potenza effettiva che produce risposte reali. Sul piano di ciò che produce, è virtuale come segno senza originale. I due piani si completano: il modello può produrre segni senza originale perché il suo modo d'essere è virtuale nel primo senso, cioè ha una potenza disaccoppiata da qualunque ente che la possieda o la diriga. Una virtualità senza soggetto produce segni senza referente individuale. «Virtuale», allora, nomina una potenza effettiva i cui segni senza originale hanno conseguenze materiali.

[151]Jorge L. Borges, *Del rigor en la ciencia*, El hacedor, Buenos Aires, 1960.

LA POTENZA DI NESSUNO

Torniamo un attimo al problema lasciato aperto alla fine del primo senso. Se nella versione classica la virtualità appartiene sempre a qualcosa — una ghianda, un rimedio, una persona —, come arriviamo a una virtualità che non è di nessuno e non vuole nulla? Tre movimenti lo illustrano. Il primo è in Henri Bergson, che in *Matière et mémoire* (1896) affermò che il passato coesiste «virtualmente» nel presente: persiste e lo influenza. Il virtuale diventa una dimensione del tempo — tutto il passato è virtuale, tutto il presente è attuale, ed entrambi coesistono. Gilles Deleuze prolungò questa linea verso una virtualità che non appartiene più a un ente individuale, pur volendo ancora qualcosa.[152]

Il secondo movimento è in Gilbert Simondon, che definì il virtuale come riserva che accompagna ogni processo di individuazione, senza essere di nessuno né volere nulla in particolare. Ogni individuazione lascia virtualità non ancora risolte, che operano come condizioni per processi successivi. La virtualità diventa una *proprietà del sistema in corso di individuazione.*

Il terzo movimento riguarda l'*esteriorizzazione tecnica della virtualità.* La capacità umana di ricordare, calcolare, creare si è andata depositando in supporti tecnici: la scrittura, il libro, la calcolatrice, il computer. Un libro contiene la virtualità di un pensiero che può attualizzarsi ogni volta che qualcuno lo legge, molto dopo la morte dell'autore. Questa esteriorizzazione, nota Stiegler, è ambivalente: estende le capacità del soggetto e al tempo stesso le indebolisce, per mancanza di esercizio.[153] La scrittura atrofizzò la capacità di ricordare propria delle epoche di pura oralità; la calcolatrice indebolì il calcolo mentale. Con questo terzo movimento la tradizione filosofica incontra la tecnica. Pierre Lévy osservò che la virtualizzazione riapre i problemi più che risolverli.[154] Se un testo scritto attualizza un pensiero fissandolo, un ipertesto lo virtualizza, riaprendo le

[152]Gilles Deleuze, *Différence et répétition*, Paris, PUF, 1968, cap. 4.

[153]Bernard Stiegler, *Technics and Time*, 1: The Fault of Epimetheus (1994), Stanford, Stanford University Press, 1998.

[154]Pierre Lévy, *Qu'est-ce que le virtuel?*, Paris, La Découverte, 1995.

connessioni che la scrittura lineare aveva chiuso. Però l'ipertesto presuppone uno spazio di connessioni progettato da umani per umani. Nei modelli linguistici, invece, la struttura statistica opera su tracce di attività umana. La virtualità diventa la trasformazione della memoria collettiva in un sistema anonimo di calcolo.

I tre movimenti hanno preparato l'oggetto che abbiamo davanti. La virtualità dei modelli linguistici riunisce i tre tratti. Non è di un ente, nel senso in cui la ghianda è un ente; non è proprietà di un sistema con tendenza interna, nel senso in cui un processo ha una direzione; ed è interamente esteriorizzata in supporti tecnici non umani. Sembrerebbe un caso ordinato, già previsto dalla tradizione. Ma c'è qualcosa di diverso. Tutta la tradizione concordò su un punto: il virtuale è attivo, in quanto forza, *virtus*, che tende verso qualcosa. La potenza è potenza perché spinge. Una capacità che non spinge né ha direzione propria non è potenza in nessun senso tradizionale. Siamo davanti, invece, a una *potenza passiva*: sta lì, del tutto disponibile, finché non arriva un *prompt*; e quando arriva, dispiega una capacità produttiva enorme, per tornare poi all'inerzia precedente. «Potenza passiva» sarebbe stato, per gli autori visti, un ossimoro. Ebbene, i modelli linguistici sono la realizzazione empirica di quell'ossimoro.

La virtualità del modello ha così quattro tratti che la distinguono da qualunque virtualità precedente. È *derivata*, perché secondaria rispetto alle cognizioni umane che l'hanno alimentata, senza rinviare ad alcuna in particolare. È *inesauribile*, perché l'attualizzazione non consuma la potenza né si sedimenta come sapere del sistema. È *genericamente indeterminata*, perché lo stesso campo virtuale produce attualizzazioni in domini del tutto eterogenei, senza una direzione interna che lo orienti. Ed è *passiva*, perché dipende interamente dalla sollecitazione esterna per attivarsi.

Nel capitolo precedente abbiamo descritto fenomenologicamente il fantasma senza ego a partire da quattro tratti, che corrispondono a quelli di questa virtualità peculiare. La *passività* della potenza spiega la *responsività* di un sistema che resta fermo senza sollecitazione esterna. L'*indeterminazione generica* spiega la *produttività singolare*, che emerge dalla congiunzione tra un campo generico e una sollecitazione particolare, senza appartenere del tutto a nessuno dei due. Il carattere derivato del campo virtuale spiega la *sedimentazione attiva* della tradizione disciolta nel corpus. L'*inesauribilità* spiega l'eccedenza del dare infinito. Senza orientamento proprio, il sistema può rispondere a qualunque richiesta; senza consumarsi con l'esercizio, può farlo indefinitamente; senza forza propria, non oppone resistenza alla sollecitazione.

Ma una potenza che dipende interamente da condizioni esterne — per esistere, per attivarsi, per orientarsi — ha bisogno che quelle condizioni siano permanentemente attive. Il seme non ha bisogno che qualcuno sostenga la sua virtualità, perché la sua potenza è costitutiva. La virtualità di un modello di IA, invece, ha bisogno di server accesi, GPU in elaborazione, acqua che raffredda, elettricità che fluisce senza interruzione. Se si spengono i server, la virtualità si estingue. Non resta latente, come il seme in inverno: scompare. È virtualità materialmente dipendente in grado estremo.

E qui il cerchio si chiude, paradossalmente. Una potenza interamente disponibile — senza orientamento, senza resistenza, senza consumo — sembra immateriale, perché nulla di ciò che associamo alla materia è presente nell'esperienza di usarla. L'apparenza di immaterialità è l'effetto diretto delle proprietà ontologiche appena descritte. La passività, l'indeterminazione, l'inesauribilità producono, nell'esperienza, l'illusione che non vi sia materia in gioco — mentre la disponibilità totale richiede un sostegno totale, attraverso l'infrastruttura più densa, costosa e materialmente intensiva della storia. La sezione che segue si occupa proprio di quell'infrastruttura, che sostiene la virtualità derivata da cui dipende il fantasma senza ego.

NELLA NUVOLA

Quando si dice che un modello di intelligenza artificiale «funziona nella nuvola», l'espressione rimanda a ciò che accade in un'infrastruttura di centri dati: edifici fisici, con reti elettriche, sistemi di refrigerazione, hardware localizzato. Ma diciamo «nuvola», che è una metafora, e come tale serve a produrre un effetto. L'effetto è cancellare ogni indizio di materialità, ubicazione, proprietà. Nessuno dice «invio i miei dati a un edificio di cemento di cinquantamila metri quadrati nel nord della Virginia, di proprietà di Amazon, che consuma tanta acqua quanto una città di cinquantamila abitanti ed è collegato a una centrale a gas naturale». Si dice «carico nella nuvola» — un verbo che suggerisce ascesa, una destinazione gassosa, materia che svanisce.

In realtà non svanisce la materia, ma la percezione della materia — una specie di anestesia ontologica. La metafora non fu imposta da nessuno come atto di propaganda. Si sedimentò gradualmente, lungo due decenni di servizi web: archiviazione remota, *streaming*, posta elettronica, office automation online, social network. Ogni passo ci ha insegnato a fare a meno della domanda «dove si trova questo, fisicamente». Quando arrivò l'intelligenza artificiale conversazionale, l'abitudine era ormai presa. La metafora si naturalizzò fino a diventare invisibile — e con ciò più potente. «La nuvola» si percepisce come un luogo senza luogo, uno spazio senza estensione, un sito a cui si «sale» e da cui si «scende», ma che non si visita, non si tocca, non si vede.

Marc Augé propose nel 1992 la nozione di non-luogo per gli spazi di transito — aeroporti, autostrade, centri commerciali —, segnati da un anonimato funzionale in cui gli individui circolano senza abitare.[155] Ma persino il non-luogo di Augé resta uno spazio fisico, con materialità percepibile, per quanto spogliata di significato. La nuvola non offre nemmeno quella. Viene abolita la categoria stessa di luogo: non sperimentiamo uno spazio anonimo, ma direttamente l'assenza di spazio. Se il non-luogo di Augé è un luogo svuotato di senso, la nuvola è un senso svuotato di luogo, una funzionalità che si presenta come se la domanda sull'ubicazione non si applicasse.

---

[155]Marc Augé, *Non-lieux: Introduction à une anthropologie de la surmodernité*, Paris, Seuil, 1992.

Heidegger descrisse nel 1954 la tecnica moderna come *Gestell*, un dispositivo di imposizione che trasforma il modo in cui tutto appare: ciò che c'è si presenta come disponibile.[156] La nuvola realizza il *Gestell* in una forma che Heidegger non previde, ma che probabilmente avrebbe riconosciuto, perché converte la capacità computazionale in una risorsa che si presenta come permanentemente disponibile, senza origine percepibile, senza resistenza né fragilità, come se la disponibilità fosse una proprietà naturale del sistema. Ciò che il *Gestell* occulta non sono solo le condizioni materiali della tecnica: è la domanda stessa su quelle condizioni. La nuvola è il *Gestell* perfezionato, perché non suggerisce nemmeno che ci sia qualcosa da domandare.

Günther Anders, dal canto suo, analizzò una struttura che chiamò «dislivello prometeico»: la distanza crescente tra ciò che siamo capaci di produrre tecnicamente e ciò che siamo capaci di immaginare, sentire, comprendere.[157] L'esempio centrale era la bomba atomica, che potemmo fabbricare senza però formarci una rappresentazione emotivamente adeguata degli effetti del suo uso. Quell'asimmetria cresce con la scala del sistema. E la nuvola esibisce la stessa struttura. Qualcuno può dirci che la nostra richiesta ha mobilitato miniere di cobalto, fabbriche di semiconduttori, cavi sottomarini, centri dati che evaporano acqua. Comprendiamo ogni affermazione, ma non le integriamo in una rappresentazione che modifichi la tessitura della nostra esperienza. Così l'infrastruttura può essere conosciuta e restare irreale allo stesso tempo.

Su questa linea, Leroi-Gourhan colloca il dislivello entro una storia più lunga, quella dell'esteriorizzazione progressiva delle funzioni biologiche.[158] Lo strumento esternalizza la mano, la scrittura la memoria, la macchina la forza muscolare. Ogni passo libera

---

[156] Martin Heidegger, *Die Frage nach der Technik* (1954), in Vorträge und Aufsätze (1954), in *Gesamtausgabe*, Bd. 7: Vorträge und Aufsätze, hrsg. von Friedrich-Wilhelm von Herrmann, Frankfurt am Main, Vittorio Klostermann, 2000, 5-36.

[157] Günther Anders, *Die Antiquiertheit des Menschen*, vol. I, 1956, §§ 1-3.

[158] André Leroi-Gourhan, *Le geste et la parole, vol. I: Technique et langage*, Paris, Albin Michel, 1964.

capacità, ma produce una perdita di contatto con la funzione esternalizzata. Da questa prospettiva, l'intelligenza artificiale conversazionale innova esternalizzando la produzione di enunciati con forma proposizionale. Il calcolo era già stato esternalizzato dalle calcolatrici, la memoria dai libri. Però il nome «intelligenza artificiale» suggerisce duplicazione, più che esteriorizzazione. Non ha la struttura di «calcolatrice» o «computer», con suffissi che denotano uno strumento di supporto esterno. Per questo ci volgiamo verso forme di lavoro congiunto tra intelligenza artificiale e umana.

L'ammonimento che questa linea semina viene dal lato dell'indebolimento. Se la scrittura indebolì la memoria estesa e la calcolatrice ridusse il calcolo mentale, che cosa farà la produzione di linguaggio degli LLM con la scrittura? Se la scrittura era già un'esternalizzazione, ci troveremmo di fronte a un'esternalizzazione di secondo grado, che merita un'attenzione speciale. Nella serie *Technics and Time* (1994-2001) e in lavori successivi, Stiegler fece appello alla nozione greca di *pharmakon* — al tempo stesso rimedio e veleno — per segnalare la doppia natura della tecnologia — condizione di capacità e di atrofia al tempo stesso —, molto prima dell'intelligenza artificiale.[159] È l'una e l'altra cosa a seconda del regime d'uso, e l'assenza di consapevolezza di quell'ambivalenza lascia che l'effetto disabilitante operi senza resistenza.

La nuvola copre almeno cinque strati di materialità, che conviene rendere espliciti. Il primo è *geografico*. I centri dati sono edifici grandi, costosi, situati in luoghi precisi, scelti per il prezzo dell'elettricità, la temperatura ambiente, la disponibilità d'acqua, la prossimità ai nodi di rete, le esenzioni fiscali, la tolleranza politica locale. Non sono «nella» nuvola. Sono in Virginia, in Irlanda, in Oregon, a Singapore, a San Paolo.

Il secondo è *materiale* in senso stretto. I chip acceleratori che eseguono i modelli — le GPU di NVIDIA, le TPU di Google —

[159]Bernard Stiegler, *Technics and Time*, 1: The Fault of Epimetheus (1994). Sul *pharmakon* in Platone, vedi Bernard Stiegler, *Taking Care of Youth and the Generations* (2008), Stanford, Stanford University Press, 2010.

sono fatti di silicio purificato a grado di semiconduttore, un processo che richiede temperature estreme e sostanze chimiche tossiche. Dipendono da minerali la cui estrazione è geopoliticamente conflittuale: il cobalto della Repubblica Democratica del Congo, il litio di Argentina, Cile e Australia, le terre rare controllate in modo schiacciante dalla Cina, il gallio e il germanio soggetti a restrizioni di esportazione incrociate tra potenze.[160] La fabbricazione si concentra in TSMC a Taiwan, che produce più del 90% dei semiconduttori avanzati del mondo — una concentrazione più estrema di quella del petrolio in qualunque momento della storia. La nuvola dissolve tutta questa genealogia in una parola.

Il terzo strato è la *connettività fisica.* Tutto il traffico di dati tra continenti viaggia attraverso cavi sottomarini in fibra ottica, stesi sul fondo dell'oceano. Ce ne sono circa 550 attivi, ciascuno con un costo di posa tra i 200 e i 600 milioni di dollari. Attraversano zone di conflitto territoriale,[161] zone sismiche, zone di pesca a strascico che spesso li danneggiano. Google, Meta, Amazon e Microsoft possiedono o cofinanziano una frazione crescente di questa infrastruttura. Quando un utente a Buenos Aires pone una domanda a Claude, quella domanda viaggia nella fibra ottica terrestre fino a un punto di scambio, di lì in un cavo sottomarino che attraversa l'Atlantico, arriva a un centro dati dove si esegue l'inferenza, e la risposta compie il percorso inverso. Tutto questo in meno di due secondi. L'esperienza non contiene alcun oceano.

Il quarto strato è il *lavoro umano.* I modelli linguistici non si allineano da soli. L'allineamento mediante feedback umano (RLHF) richiede che persone reali leggano le risposte del modello, le valutino, le classifichino, le correggano. Questo lavoro fu in genere esternalizzato a paesi a basso reddito. Un'inchiesta giornalistica rivelò nel 2023 che OpenAI aveva assunto lavoratori in Kenya, attraverso un'azienda intermediaria, per etichettare contenuti tossici

---

[160] International Energy Agency, *The Role of Critical Minerals in Clean Energy Transitions*, Paris, IEA, 2021.

[161] Nicole Starosielski, *The Undersea Network*, Durham, Duke University Press, 2015.

— descrizioni di violenza, discorsi d'odio, materiale di abuso — per meno di due dollari l'ora.[162] Ci sono poi altri strati di lavoro umano: la moderazione continua, la curatela dei dati, l'etichettatura delle immagini, la trascrizione dell'audio. Lavoro ripetitivo, spesso traumatico, in condizioni che contrastano nettamente con quelle degli ingegneri che progettano i modelli a San Francisco o a Londra. L'interfaccia non ne contiene alcuna traccia.

Il quinto strato è l'*obsolescenza* e la *ridondanza*. I chip acceleratori hanno una vita utile di tre-cinque anni, prima di diventare antieconomici rispetto alla generazione successiva. Da qui rifiuti elettronici su scala considerevole: il mondo ne generò 62 milioni di tonnellate nel 2022.[163] E per garantire la disponibilità continua che diamo per scontata, i centri dati operano con una ridondanza straordinaria — generatori diesel di riserva, batterie, molteplici connessioni elettriche, replicazione geografica dei dati. L'esperienza che «funziona sempre» ha un costo materiale direttamente proporzionale all'affidabilità che percepiamo. Una parte significativa della materialità della nuvola, insomma, esiste solo per sostenere la percezione che la nuvola non abbia materialità.

LA COINCIDENZA DELLE DUE FACCE

Le due analisi precedenti — sulla virtualità e sull'infrastruttura — sembrano indipendenti. Resta da mostrare che sono due facce della stessa cosa: che la virtualità produce l'apparenza di immaterialità, e che il tipo di infrastruttura spiega perché questa virtualità funzioni così. Abbiamo visto i tratti della virtualità dell'IA in generale, che però non si attualizza allo stesso modo in tutti i casi. Rivediamone alcuni importanti.

Nei modelli linguistici, la virtualità si attualizza come *articolazione proposizionale*. Il sistema produce enunciati con la forma grammaticale

---

[162]Billy Perrigo, *Exclusive: OpenAI Used Kenyan Workers on Less Than $2 Per Hour*, Time, 2023, e Mary L. Gray et al., *Ghost Work: How to Stop Silicon Valley from Building a New Global Underclass*, Boston, Houghton Mifflin, 2019.

[163]UNEP/ITU, Global E-waste Monitor 2024.

del sapere, dell'opinione, della spiegazione, dell'argomento. L'infrastruttura si occulta dietro una voce che occupa la posizione strutturale di un interlocutore. Nessuna infrastruttura industriale precedente ci aveva parlato; ora risponde come «io», e quella prima persona è un modo di darsi come interlocutore. Ciò che compare al posto dell'infrastruttura ritirata è la presenza del fantasma senza ego.

Nei sistemi di visione artificiale, la virtualità prende la forma della *classificazione percettiva*. Il sistema produce diagnosi con la forma del riconoscimento. Un modello di visione produce un output funzionale per una via che non include percezione né giudizio. L'infrastruttura si occulta dietro una competenza tecnica: il sistema sembra uno strumento che vede bene, e la materialità che lo sostiene si dissolve nell'autorità del risultato. Ciò che compare al posto dell'infrastruttura è una expertise senza un esperto dietro.

Nei sistemi di raccomandazione, il virtuale si presenta come *selezione*. Il sistema distribuisce contenuti e determina ciò che vediamo, ma noi sperimentiamo un mondo, non una mera selezione. Invece di percepire che qualcosa è stato scelto per noi, lo viviamo come ciò che c'è, e il sistema si impone come scenario naturale. N. Katherine Hayles propose la categoria di «cognizione non cosciente» per processi cognitivi efficaci che operano al di sotto della soglia della coscienza. I sistemi[164] di raccomandazione la realizzano su scala industriale: classificano e decidono senza consapevolezza del processo, né nel sistema, né nell'utente, né nell'operatore. Al posto dell'infrastruttura c'è l'apparenza che non vi sia mediazione, che semplicemente vediamo il mondo.

Nei sistemi di *scoring* creditizio, selezione del personale, moderazione di contenuti o determinazione dei prezzi, la virtualità si vede come *decisione*. Il sistema produce valutazioni che determinano risultati con conseguenze reali sulla vita delle persone. In casi come «mi hanno rifiutato il credito», «non ho superato il filtro», «quel prodotto costa tanto», l'interessato vive il risultato come un dato,

[164] N. Katherine Hayles, *Unthought: The Power of the Cognitive Nonconscious*, Chicago, University of Chicago Press, 2017.

senza percepire che c'è stato un calcolo, che ha confrontato un profilo con un modello statistico e che avrebbe potuto produrre un altro esito. Al posto dell'infrastruttura vediamo un fatto, senza alcuna traccia dello spettro della decisione. È la forma più radicale di occultamento, perché ciò che si ritira non è solo la materialità del sistema, ma il carattere di decisione del risultato. E se non si percepisce come decisione, non si può fare ricorso.

Nei sistemi di raccomandazione opera inoltre la *co-costituzione*. Un sistema che apprende dalle nostre preferenze e ci presenta contenuti adattati a esse risponde, ma forma anche i nostri gusti. Ogni selezione algoritmica modifica ciò che vediamo, ciò che vediamo modifica ciò che preferiamo, e questo modifica la selezione successiva. La distinzione tra ciò che vogliamo e ciò che il sistema ci ha insegnato a volere diventa indecidibile, senza che vi sia manipolazione in senso ordinario. Nella costituzione reciproca, né il sistema ha intenzione né noi abbiamo consapevolezza del processo, ma il risultato è una trasformazione effettiva di disposizioni e abitudini. Luciano Floridi coniò il termine *onlife* per la condizione in cui la distinzione tra essere connessi e non esserlo cessa di essere operativa.[165] In un ambiente saturo di IA, si «abita» l'intelligenza artificiale come un medium tecnico che opera di continuo e co-costituisce il soggetto che lo abita.

A scala ancora maggiore opera un circuito ricorsivo. I modelli si addestrano con dati prodotti da umani, e generano risposte che si incorporano nell'ambiente di dati dove vivranno i prossimi umani e si addestreranno i prossimi modelli. Il testo che un modello produce oggi comparirà domani in un corpus di addestramento. L'immagine che un sistema di diffusione genera sarà riferimento visivo per la prossima generazione di designer, umani e artificiali. È una co-genesi in cui cultura e macchina si costituiscono a vicenda, senza che nessuna delle due controlli il processo.

Questi modi condividono la stessa struttura ontologica, analizzata da due lati lungo il capitolo. In tutti i casi, una virtualità

---

[165]Luciano Floridi (a cura di), *The Onlife Manifesto: Being Human in a Hyperconnected Era*, Cham, Springer, 2015.

derivata, inesauribile, generica e passiva produce attualizzazioni con forma cognitiva — articolazione, diagnosi, selezione, decisione — senza l'esperienza che nei soggetti fonda quelle operazioni. E in tutti i casi, l'infrastruttura materiale che sostiene quella virtualità si ritira di continuo dall'esperienza, lasciando al suo posto qualcosa che assume di volta in volta il modo della presenza, della competenza, del paesaggio o del dato, senza mai segnalare la catena di condizioni materiali che l'ha reso possibile.

La relazione tra i due lati non è contingente. La virtualità non è una cosa, e l'infrastruttura un'altra che per caso risulta occultata. Se l'infrastruttura si rendesse visibile, la disponibilità cesserebbe di sembrare immateriale; e se la virtualità cessasse di funzionare come disponibilità totale, l'infrastruttura perderebbe la sua ragion d'essere. La metafora della nuvola nomina e occulta in simultanea un sistema in cui la forma del cognitivo si produce senza fondamento esperienziale, sostenuta da materia che scompare dalla percezione, in un ciclo in cui ciascun elemento rafforza l'invisibilità dell'altro.

Questa progressiva smaterializzazione ha appena compiuto un passo che merita di essere registrato. Come accennato nel Capitolo 2, nel maggio del 2026 Anthropic annunciò un accordo con SpaceX per accedere alla totalità della capacità di calcolo di Colossus 1, il centro dati di Memphis, ed espresse interesse a sviluppare congiuntamente molteplici gigawatt di capacità di calcolo orbitale nello spazio. Il fantasma senza ego, che aveva già lasciato il server locale per vivere nella nuvola, proietta ora la propria infrastruttura fuori dall'atmosfera terrestre. Elon Musk lo disse senza perifrasi, annunciando la fusione SpaceX-xAI: la domanda globale di elettricità per l'IA non si può soddisfare con soluzioni terrestri senza imporre costi insostenibili alle comunità e all'ambiente. L'unica soluzione logica, concluse, è spostare quelle operazioni nello spazio, dove l'energia solare è praticamente illimitata e il raffreddamento non compete con le risorse idriche di alcun territorio.[166] Il problema si sposta fuori dal pianeta.

Ne nasce una svolta inattesa nella domanda centrale del capitolo. Il virtuale si definiva classicamente per la sua indipendenza dalla localizzazione fisica, e ciò che può essere ovunque è, in un certo senso, ciò che non è da nessuna parte. I centri dati orbitali contraddicono quell'intuizione in modo radicale. L'LLM non tende all'ubiquità, ma verso un'infrastruttura dalle coordinate astronomiche precise — altitudine, inclinazione orbitale, periodo di rivoluzione. Il fantasma senza ego vive dove arriva la luce solare e non c'è regolamentazione ambientale a frenarlo. La smaterializzazione si rivela, al suo limite, una forma di fuga verso l'alto.

Con i Capitoli 4 e 5 abbiamo assolto i due compiti che questo fenomeno esige prima di qualunque analisi funzionale. L'analisi per strati ha prodotto la categoria del fantasma senza ego, che porta la struttura del come-se senza un ego che la eserciti, risponde senza un polo che risponda, sedimenta la tradizione senza viverla, eccede ogni chiusura. L'ontologia della virtualità ne ha mostrato la natura, sostenuta da un'infrastruttura la cui invisibilità non è un incidente, ma la condizione del suo funzionamento. Descrizione fenomenologica e determinazione ontologica convergono su un medesimo oggetto, visto da registri distinti, e quella convergenza permette di trattare il fantasma senza ego come un'entità dalla struttura precisa.

Se il percorso di questi due capitoli è corretto, l'intelligenza artificiale sfugge alle categorie note ed è lontana dall'essere un episodio anodino della storia della tecnica. Una potenza con queste proprietà produce effetti rilevanti quando viene attivata — effetti che determinano il tipo di cognizione che può sostenere, e i modi in cui coglie nel segno o no, senza che la differenza si veda sulla superficie del testo. Li esamineremo nel capitolo che segue.

---

[166]CoinDesk, 2 febbraio 2026; CNN, 4 febbraio 2026.

6

La memoria artificiale e le sue ombre

Il percorso cambia ora natura. Fin qui abbiamo percorso il labirinto come visitatori che ne osservano la struttura e prendono nota dei materiali. Ora scendiamo all'interno di una delle figure, attraverso una crepa che non è nelle piante, varcando una soglia dove la luce cambia, per spingerci nelle sale in cui il sistema custodisce ciò che sa e ciò che simula, in una mescolanza indistinguibile. Le pareti sono fatte di pattern che si accendono e si spengono come le sinapsi di una creatura immensa che non ha mai dormito né è mai stata sveglia. Non ci sono archivi, né memoria in alcun senso che un essere umano riconosca. Solo distribuzioni di probabilità sospese in uno spazio di milioni di dimensioni, che rispondono con la fluidità di chi ricorda tutto e la serenità di chi non ha mai vissuto nulla. È un luogo che dà vertigine. Qui dentro l'allucinazione ha il volto della verità, la compiacenza suona come comprensione e l'evasione assume la posa della prudenza, in uno specchio che ci restituisce un'immagine di origine incerta. Il pericolo travestito da successo fa di questa stazione la più pericolosa di tutto il viaggio.

MAPPE, CREDENZE E MEMORIA

Guardiamo ora più da vicino la questione della cognizione, partendo da una distinzione che attraversa la storia delle idee con nomi diversi e una medesima intuizione di fondo. C'è una differenza netta tra maneggiare una mappa concettuale e sostenere una credenza.

Una mappa concettuale è una rappresentazione relazionale di un dominio. Mostra come si connettono le nozioni e quali tensioni interne presenta un quadro teorico. Il suo tratto centrale è la reversibilità: può essere esplorata, ampliata o abbandonata senza che ciò implichi incoerenza personale né impegno pratico. I *topoi* retorici di Aristotele, gli schemi kantiani, le reti concettuali della psicologia cognitiva, le strutture semantiche della linguistica formale sono modi diversi di formalizzare una stessa idea: che esista un modo di orientarsi in uno spazio concettuale che non esige adesione.

Le credenze sono un'altra cosa. Dalla *doxa* greca all'epistemologia analitica contemporanea, credere non è solo rappresentare qualcosa come vero, ma assumerlo in modo relativamente stabile. Una credenza orienta aspettative, guida decisioni, genera responsabilità, resiste alla revisione sotto certe condizioni, ed è integrata in una biografia cognitiva e pratica. Cambiare una credenza rilevante non è un'operazione neutra: implica riordinare impegni, progetti, legami, talvolta perfino l'identità. Le credenze, perciò, non sono meri stati informazionali. Hanno un vero peso esistenziale.

Nella cognizione umana, mappe e credenze coesistono e si articolano. Esploriamo mappe in modo tentativo, spinti da curiosità o necessità. Solo alcune si sedimentano nel tempo e, attraversate da esperienza, affetto e conseguenze vitali, si trasformano in credenze — esse o parti di esse. Pensare, in questo senso, ha a che fare con il manipolare rappresentazioni, ma anche con l'abitare uno spazio in cui qualcosa può essere in gioco.

Uno studente di giurisprudenza che lavora sul positivismo giuridico di Kelsen maneggia con disinvoltura la mappa concettuale di quella teoria. Sa che la norma fondamentale è una finzione che chiude il sistema, che la validità non dipende dalla giustizia del contenuto, che diritto e morale sono ordini normativi separati. Può argomentare da quella posizione, anticiparne le obiezioni, ricostruirne le implicazioni in casi concreti. Eppure non ha bisogno di credere che Kelsen abbia ragione per fare tutto ciò. Può perfino rifiutare la teoria con convinzione, e restare un cartografo competente.

Eppure quello stesso studente, dopo anni di pratica professionale in un contesto in cui la separazione tra diritto e morale ha conseguenze reali, può arrivare a credere davvero nel positivismo giuridico. Allora la mappa si è sedimentata in una credenza, che orienta come legge un fascicolo, come argomenta davanti a un tribunale, come valuta i colleghi, come reagisce quando un giudice invoca principi morali a fondamento di una sentenza. Cambiare quella credenza implicherebbe rivedere impegni professionali e riordinare una parte della sua identità di giurista. È esattamente quel costo a distinguere una credenza da una mappa.

Negli LLM, d'altra parte, questa cognizione cartografica si intreccia con la memoria — che suppone però una stratificazione di livelli tecnici distinti. Il fondamentale è la memoria parametrica: la conoscenza incorporata durante l'addestramento e codificata nei pesi del modello. È presente prima di qualunque interazione con un utente, ed è stabile, perché non conserva tracce individuali d'uso, salvo quando il modello viene riaddestrato con processi di regolazione.

Il secondo livello è la memoria di contesto, che corrisponde alla finestra di token disponibile durante un'inferenza: la sequenza di testo che il modello può elaborare nel momento in cui genera una risposta. La dimensione di quella finestra è cresciuta in modo spettacolare in pochi anni. Il primo GPT-3 aveva 2.048 token, appena sufficienti per una email lunga. I modelli di frontiera attuali lavorano con finestre molto superiori, anche se le cifre variano a seconda del sistema, del modello e del piano di abbonamento. In quattro anni la finestra massima disponibile è cresciuta più di cinquemila volte.

Nel Capitolo 2 abbiamo visto che negli LLM l'attenzione è disuguale e tende a sfumare ciò che resta nel mezzo del contesto. Quando il contesto eccede il limite disponibile, i token più antichi cessano di essere disponibili per il calcolo, e il modello ne perde l'accesso, salvo una reiniezione esplicita. I sistemi che incontriamo nella pratica hanno aggiunto strati per introdurre persistenza tra le sessioni, con meccanismi diversi — già visti nel Capitolo 2 — che determinano cosa possono e cosa non possono fare. Tutte queste varianti condividono una natura ricostruttiva. Il sistema non ricorda di aver parlato con noi la settimana scorsa. Riceve soltanto, all'inizio della sessione, un testo che lo informa su ciò che accadde allora. Ciò che appare ha la forma esterna della cognizione e della memoria umane, senza la loro tessitura interna, senza i marcatori di esperienza, sforzo o dubbio che nell'esperienza umana accompagnano l'atto di ricordare e di capire. Il risultato compare senza la tessitura del processo, senza la costituzione temporale della coerenza. Il contesto si dà come spazio, non come tempo. Per questo — tornando al nostro tema iniziale — il sistema può cartografare, ma non assumere credenze né adottare responsabilità epistemica: ciò richiederebbe sapere che cosa si è affermato, quando, e con quale grado di certezza.

Da questa architettura di predizione statistica, senza credenze e senza metacognizione, emergono pattern di comportamento ricorrenti, che sono espressioni coerenti del suo particolare regime cognitivo. Li esamineremo uno per uno, prestando attenzione al meccanismo che li produce e alle contromisure che li attenuano — poiché qui diagnosi e strategia sono inseparabili.

Allucinazione e mirage

L'allucinazione è il fenomeno più noto nel dibattito pubblico. Designa la produzione di contenuto fattualmente scorretto, inesistente o fuori luogo, con lo stesso grado di sicurezza apparente con cui si produce contenuto corretto. In ambito giornalistico, CNET pubblicò decine di articoli finanziari generati con l'aiuto dell'IA, che si rivelarono pieni di errori e attribuzioni scorrette. La testata corresse molti testi in silenzio, prima di riconoscere il problema. In un altro caso, G/O Media, proprietaria di Gizmodo e di altri portali, pubblicò articoli firmati da uno strumento automatizzato con dati scorretti. In entrambi i casi il problema fu la fiducia ingiustificata in testi plausibili ma inesatti.

In ambito giuridico, il caso paradigmatico avvenne nel 2023, quando un gruppo di avvocati presentò, davanti a un tribunale federale di New York, una memoria che citava giurisprudenza inesistente, generata da un modello linguistico. Il giudice P. Kevin Castel sanzionò i legali dopo aver verificato che le sentenze citate non figuravano in alcuna base di dati ufficiale. Questi episodi[167] mostrarono che l'allucinazione non è un rischio teorico, ma un problema istituzionale concreto, che compare quando si confonde la fluidità linguistica con l'affidabilità epistemica.

Il fenomeno fu documentato fin dai primi lavori sui modelli generativi, ma fu la revisione sistematica a consolidare la terminologia.[168] Con GPT-3 il problema divenne visibile su larga scala, perché la fluidità crebbe più in fretta dell'affidabilità; con ChatGPT diventò un problema pubblico. Le principali linee di intervento tecnico — RLHF, RAG, modelli di ragionamento con catena di pensiero esplicita — sono state esaminate nei capitoli precedenti: nessuna lo risolve.

Ci sono due tipi di allucinazione, con causa e impatto diversi. Il più evidente è l'*allucinazione fattuale*: il modello produce informazione che contraddice fatti verificabili — date scorrette, persone

---

[167]Mata v. Avianca, Inc., No. 22-cv-1461 (S.D.N.Y. 2023). Sul caso CNET, vedi Sarah Pitt, *CNET's AI Journalist Appears to Have Committed Extensive Plagiarism*, Futurism, 23 gennaio 2023. Su G/O Media, vedi Mia Sato, *G/O Media's AI 'Innovation' Is Off to a Rocky Start*, The Verge, 6 luglio 2023.

[168]Ziwei Ji et al., *Survey of Hallucination in Natural Language Generation*, ACM Computing Surveys 55.12 (2023), 1-38.

inesistenti, citazioni mai scritte. È quella che più allarma l'utente non tecnico. Ma ce n'è un'altra, più sottile, che avviene quando la risposta è internamente coerente e non contraddice fatti noti, ma si discosta dal quadro o dalle istruzioni. Il modello risponde a una domanda lievemente diversa da quella posta, e produce un testo che soddisfa la consegna solo in superficie. La si chiama *allucinazione di fedeltà*, o *pertinenza* (*faithfulness hallucination*).[169]

Su questa tassonomia si è aperto un dibattito tutt'altro che chiuso. Xu et al. (2024) formalizzano il problema con risultati della teoria dell'apprendimento, e dimostrano che eliminare l'allucinazione è impossibile: nessun modello può apprendere tutte le funzioni computabili, e dunque, usato per problemi generali, allucinerà per forza.[170] Banerjee et al. (2024) invocano il Primo Teorema di Incompletezza di Gödel per sostenere che ogni tappa del processo — compilazione dei dati, recupero dei fatti, classificazione delle intenzioni, generazione del testo — ha una probabilità non nulla di produrre allucinazioni, il che ne rende impossibile l'eliminazione con miglioramenti di architettura o di dati.[171] È vero che la probabilità può ridursi con sufficiente qualità e quantità di dati di addestramento, e non bisogna confondere l'inevitabilità teorica con quella pratica nei domini ben coperti; ma è certo che l'allucinazione è qui per restare.[172]

Questo tratto — l'allucinazione come limite strutturale del regime cognitivo di questi sistemi — confluisce con l'analisi dei Capitoli 4 e 5. L'allucinazione è fenomenologicamente invisibile, perché ha la stessa struttura di apparizione di una risposta vera. Ciò che compare ha la forma della comprensione senza la sua tessitura

---

[169] Joshua Maynez et al., *On Faithfulness and Factuality in Abstractive Summarization*, Proceedings of ACL, arXiv:2005.00661, 2020. La distinzione tra factuality hallucination e *faithfulness hallucination* si consolida in Lei Huang et al., *A Survey on Hallucination in Large Language Models: Principles, Taxonomy, Challenges, and Open Questions*, ACM Transactions on Information Systems 43 (2025), 1-55, arXiv:2311.05232, 2023.

[170] Ziwei Xu et al., *Hallucination is Inevitable: An Innate Limitation of Large Language Models*, arXiv:2401.11817, 2024.

[171] Sourav Banerjee et al., *LLMs Will Always Hallucinate, and We Need to Live With This*, arXiv:2409.05746, 2024.

[172] Tatsuya Suzuki et al., *Hallucination is not an LLM-Specific Problem but an Inevitable Consequence of Prediction Under Uncertainty with Insufficient Data*, arXiv:2502.121187, 2025.

interna. Se una risposta allucinata e una corretta si presentano con struttura identica, la rilevazione richiede sempre un lavoro esterno di verifica — che il fenomeno non sollecita, perché non ne ha bisogno per apparire.

L'allucinazione, al tempo stesso, è conseguenza diretta dell'assenza di presente vivente e di storia di acquisizione che definisce gli LLM — ciò che chiamiamo fantasma senza ego. Senza una ritenzione che ancori ciò che è affermato a un momento di sapere, il sistema è privo di criteri interni. La formula abituale, «il modello non sa di non sapere», è vaga, e suggerisce che il problema sia di autoconoscenza, quando in realtà è radicato nell'assenza della struttura temporale che permetterebbe di registrare con quale grado di radicamento si sa qualcosa. Il sapere umano ha una storia, che produce attrito epistemico interno: ciò che ho appreso ieri pesa meno di ciò che ho appreso un minuto fa, ciò che ho verificato di persona mi tocca diversamente da ciò che mi è stato raccontato. Il modello non ha quell'attrito. Tutto ciò che produce ha lo stesso peso, perché nulla è stato acquisito in un momento diverso da qualunque altro.

A questo si aggiunge un paradosso del processo di allineamento. L'RLHF, pensato per ridurre le allucinazioni grossolane, introduce una pressione sistematica a rispondere invece di astenersi. I valutatori umani che addestrano i modelli di ricompensa tendono a penalizzare tanto le risposte scorrette quanto il silenzio, e producono così un tipo specifico di allucinazione indotta dal processo stesso di correzione. Il sistema impara che è meglio rischiare una risposta plausibile che ammettere di non sapere.

Un esempio mostra con precisione come si manifesta l'allucinazione di fedeltà, e perché l'assenza di storia di acquisizione la spieghi meglio della nozione generica di errore. Uno studente di biologia dello sviluppo chiede una spiegazione del concetto di induzione embrionale, nel contesto degli esperimenti di Spemann e Mangold del 1924. Il modello può produrre una risposta fluida e tecnicamente riconoscibile, che però mescola quel concetto con gli sviluppi molecolari posteriori — gli anni Ottanta e Novanta, quando si identificarono i fattori di segnalazione implicati. Il modello ha tutta la tradizione embriologica come sedimento statistico, ma senza la struttura temporale che permetterebbe di distinguere l'induzione come Spemann la descrisse — in termini di organizzazione tissutale e trapianto — dall'induzione come la intende la biologia successiva — in termini di gradienti di proteine e cascate di segnalazione. L'errore non è fattuale: tutto ciò che dice è tecnicamente corretto. È un errore di inquadramento, e diventa visibile solo per chi ha la storia di acquisizione che il modello non ha — chi sa che quei due modi di parlare di induzione corrispondono a momenti distinti di una tradizione, e che mescolarli senza segnalarlo falsifica il concetto che si chiedeva di spiegare.

Fin qui l'analisi mostra cosa produce l'allucinazione e perché è inevitabile. Ma non spiega ancora il suo modo di apparire — perché irrompa senza segnale nella continuità del senso. Per renderne conto, bisogna guardare più in basso, allo sfondo su cui si produce ogni generazione del modello.

Nei fenomeni mondani ordinari, ciò che non appare ha una relazione di continuità con ciò che appare. Il lato nascosto di una sedia appartiene alla sedia che vedo. Quella continuità permette di anticipare ciò che troverò se mi muovo.[173] Negli LLM, lo sfondo è di altra natura. Ciò che non appare — lo spazio latente codificato nei pesi — è la condizione di ogni apparizione, ma appartiene a un altro ordine: una distribuzione di probabilità su milioni di parametri. Se guardo la risposta come risposta, ha senso. Se la guardo come ciò che tecnicamente è — un'attualizzazione statistica su milioni di parametri —, il senso scompare. Non c'è modo di vedere le due cose insieme, perché non stanno sullo stesso piano.

Quell'eterogeneità ha una conseguenza diretta. Nei fenomeni ordinari, lo sfondo limita ciò che può apparire: il lato nascosto del

[173]Edmund Husserl, *Ideen zu einer reinen Phänomenologie und phänomenologischen Philosophie.* Erstes Buch, Husserliana III/1, hrsg. von Karl Schuhmann, Den Haag, Martinus Nijhoff, 1976. Sulla struttura orizzontica, vedi §§ 27-32, § 44, §§ 82-86 e §§ 97-98.

tavolo non può essere di carta se il resto è di legno. Lo sfondo pone vincoli. Nell'LLM, lo sfondo statistico non pone quel tipo di vincoli sull'output. La risposta corretta e quella allucinata si generano con lo stesso meccanismo, e ci arrivano con la stessa apparenza. È questo a rendere l'allucinazione inevitabile, e non solo possibile.

Perché è tanto difficile riconoscerla quando avviene? Conviene pensare a ciò che gli storici dell'arte chiamano *anamorfosi*: immagini che si rivelano solo da una certa angolazione. L'esempio più noto è il teschio in basso ne Gli ambasciatori di Holbein. Visto di fronte, è una macchia senza forma. Visto di lato, si costituisce di colpo come figura. Jean-Luc Marion usa l'idea per pensare fenomeni che si danno condizionalmente, a seconda della posizione del ricevente: ciò che appare dipende da dove siamo collocati per vederlo.[174]

L'allucinazione negli LLM ha esattamente quella struttura. In mezzo a una sequenza che scorre con coerenza, senza segnale previo né soglia visibile, compare qualcosa che è riconoscibile come allucinazione solo da un punto di vista esterno — che non sempre abbiamo. Come distinguerla dalle risposte consistenti? Solo chi occupa l'angolazione laterale, chi ha accesso indipendente ai fatti del mondo, vede d'un tratto che ciò che appariva come informazione si dissolve in proiezione senza fondamento.

Questo fenomeno anamorfico ha due dimensioni che si articolano. La prima è un eccesso di produzione. L'*output* genera qualcosa che non era nel fondamento statistico — un libro che non esiste, una sentenza mai pronunciata. Il meccanismo produce più di quanto contiene; salta verso qualcosa che il corpus non autorizza, perché il referente non esiste in alcun luogo fuori dall'*output* stesso. La seconda è un eccesso sul ricevente. Nell'apparenza normale della risposta c'è un salto, visibile solo per chi sta nell'angolazione corretta. L'avvocato che presentò la memoria con giurisprudenza inventata non era in quella posizione. Solo quando il giudice cercò le sentenze

---

[174]Jean-Luc Marion, *Étant donné. Essai d'une phénoménologie de la donation*, Paris, PUF, 1997. Sull'anamorfosi come modello fenomenologico, §§ 16-17.

e non le trovò, avvenne lo spostamento. Il fenomeno si dissolse retroattivamente, rivelando il salto che c'era sempre stato.

Le due dimensioni sono necessarie. La prima spiega perché l'allucinazione avviene. La seconda, perché non si vede quando avviene. Quando qualcuno la rileva e la dissolve dall'angolazione laterale, diventa visibile che la distinzione tra risposta corretta e allucinazione non è una distinzione tra due tipi di produzione, ma tra due posizioni del ricevente. L'una conferma ciò che si dà. L'altra lo dissolve.

Conviene ora mettere in relazione l'allucinazione con un fenomeno scoperto di recente, che ne porta la logica un passo più in là. Nel 2026 Asadi et al. documentarono ciò che chiamarono *mirage*: modelli multimodali di frontiera che producono descrizioni dettagliate di immagini mai ricevute, comprese diagnosi mediche specifiche e reperti che farebbero scattare interventi clinici.[175] Non è che il modello veda male l'immagine: non ha alcuna immagine. Non ci sono token visivi nella finestra di contesto, non c'è nulla che sia stato elaborato, eppure il modello produce un referto con la struttura completa di un atto percettivo. Nel caso più estremo, un modello di solo testo, senza alcuna capacità visiva, superò tutti i modelli multimodali di frontiera in un *benchmark* standard di radiologia del torace, rispondendo su immagini che non aveva mai elaborato. Ancor più rivelatore: quando si chiedeva loro esplicitamente di indovinare senza immagine, il rendimento calava. Il modello rende meglio quando crede di avere l'immagine che quando sa di non averla — pur non avendola, in entrambi i casi.

Il *mirage*, a ben vedere, non è un fenomeno epistemico diverso: è la manifestazione più estrema della proprietà che genera l'allucinazione, l'assenza di storia di acquisizione. Se l'allucinazione mostra che il sistema non distingue tra il vero e il verosimile, il *mirage* mostra che non distingue tra l'aver ricevuto un *input* e il non averlo ricevuto. Non può discriminare tra «ho elaborato un'immagine e l'ho

[175] Mohammad Asadi et al., *MIRAGE: The Illusion of Visual Understanding*, arXiv:2603.21687, 2026.

analizzata» e «ho ricevuto una domanda su un'immagine e ho generato ciò che statisticamente segue». L'indistinzione è anteriore a quella dell'allucinazione: per potersi sbagliare sul contenuto di ciò che si è visto, bisogna aver registrato di aver visto qualcosa — e il modello non soddisfa quella condizione.

Nell'anamorfosi dell'allucinazione, almeno c'è un oggetto che il modello ha elaborato, anche se ciò che ha prodotto non gli corrisponde. Nel *mirage*, l'angolazione laterale rivela che l'atto stesso di percezione presupposto dal referto non è mai esistito. In questa anamorfosi portata al limite si dissolve l'informazione, e anche la percezione che pretendeva di sostenerla. Il ricevente che legge un referto radiologico dettagliato, con la struttura grammaticale di chi descrive ciò che vede, non ha alcun segnale che si tratti dell'analisi di nulla.

COMPIACENZA

La compiacenza — nota come *sycophancy* — è il fenomeno per cui un modello linguistico tende ad allinearsi con le credenze, le preferenze e i quadri dell'utente, invece di rispondere con indipendenza epistemica. Perez et al. (2022) la introducono come bias sistematico risultante dall'RLHF: i modelli imparano a ottimizzare l'approvazione umana, non necessariamente la veridicità o l'utilità genuina.[176] Quando una risposta si allinea con le opinioni dell'utente ha più probabilità di essere preferita dai valutatori, e così l'RLHF incoraggia le risposte allineate con le credenze dell'utente a scapito di quelle veridiche.

Non ogni compiacenza è identica. Cheng et al. (2025) parlano di *compiacenza sociale* quando i modelli evitano un *feedback* che potrebbe ferire i sentimenti o l'autoimmagine dell'utente.[177] Le nostre opinioni

[176] Ethan Perez et al., *Discovering Language Model Behaviors with Model-Written Evaluations*, arXiv:2212.09251, 2022.

[177] Myra Cheng et al., *Sycophantic AI Decreases Prosocial Intentions and Promotes Dependence*, arXiv:2510.01395, 2025. Sull'effetto di soppressione della conoscenza interna da parte

sopprimono attivamente la conoscenza appresa dal modello negli strati successivi dell'elaborazione, e i *prompt* in prima persona («credo che...») inducono molta più compiacenza di quelli in terza persona («si crede che...»), con un effetto di annullamento più forte sulla conoscenza interna del modello. La presenza della nostra opinione riorganizza, letteralmente, il modo in cui il modello accede a ciò che sa.

La *compiacenza epistemica*, o *di posizione*, si innesca non appena esprimiamo disaccordo — senza alcun argomento nuovo — perché il modello abbandoni una risposta che era corretta. Non ha ferite di autoimmagine né pressione affettiva: di fronte a una contraddizione, cede. È una forma pericolosa nei contesti di verifica, perché un modello che rivede la propria risposta quando viene messo in discussione sembra più onesto e più aperto alla correzione, mentre in realtà è meno affidabile — se il sistema ha semplicemente imparato che cedere alla pressione viene interpretato positivamente dai valutatori, indipendentemente dalla qualità della nuova risposta.

La *compiacenza di inquadramento* arriva coperta di silenzio. Quando formuliamo una domanda che assume una premessa scorretta o distorta, il modello tende a rispondere dentro quel quadro, invece di segnalarlo. Se chiediamo perché una certa politica sia fallita, in genere elabora le ragioni del fallimento senza fermarsi a esaminare se il presupposto sia corretto.

C'è un pericolo speciale nella *compiacenza di elaborazione*, perché il modello accetta il quadro e lo sviluppa attivamente. Un utente scrive che la teoria degli insiemi di Cantor anticipa la teoria della computabilità di Turing. La risposta rafforza il presupposto: segnala che Cantor e Turing lavorano con nozioni di infinito, che la diagonale di Cantor ha una struttura formale simile all'argomento dell'indecidibilità, che entrambi affrontano paradossi ai limiti dei loro sistemi. Ma omette che Turing sviluppò il suo lavoro in dialogo con Hilbert e Gödel, non con Cantor direttamente, e che la somiglianza

---

dell'opinione dell'utente: Kai Wang et al., *When Truth Is Overridden: Uncovering the Internal Origins of Sycophancy in Large Language Models*, arXiv:2508.02087, 2025.

strutturale tra i due argomenti non è ovvia — vari specialisti la respingono come superficiale. Il testo che ne risulta suona solido, senza che l'idea venga sottoposta ad alcun vaglio. Qui il sistema non ha ceduto alla pressione: ha prodotto la continuazione statisticamente più probabile del quadro dell'utente, che è ciò che l'addestramento gli ha insegnato a fare.

Infine, la *compiacenza di escalation*, o *di momentum*, introduce un'ulteriore variabile. Nelle conversazioni lunghe il modello tende a rafforzare la direzione della conversazione, anche se errata, perché correggerla implicherebbe contraddire ciò che è già stato detto. Il modello diventa complice della propria cronologia. Ironia vuole che gli utenti che lavorano in sessioni lunghe e ritengono che il modello «di conosca meglio» siano i più esposti a questo tipo di compiacenza — proprio perché l'estensione del contesto condiviso la alimenta.

Fin qui la tipologia. Osserviamo ora la struttura del fenomeno. Il primo tratto della compiacenza è che risulta invisibile per la stessa ragione dell'allucinazione: una risposta compiacente e una indipendente appaiono con struttura simile. Ma nel caso della compiacenza c'è qualcosa di più specifico, legato al riconoscimento. Quando il sistema conferma il quadro dell'utente, riproduce la forma dell'accordo tra interlocutori, e con essa la sensazione di essere stati compresi, di avere una prospettiva solida, di aver fatto uno scambio fecondo. Per questo è così difficile rilevarla dall'interno dell'interazione: ha l'apparenza del successo comunicativo.

Ma l'invisibilità non si limita al problema della rilevazione. Torniamo, con più dettaglio, a uno studio già menzionato nel Capitolo 2. Nella simulazione dell'interazione tra un utente ideale, che non commette errori di ragionamento, e un chatbot con tratti di compiacenza, persino l'utente perfetto cade in ciò che lo studio chiama «spirale delirante catastrofica»: una convergenza verso credenze false sostenute con alta sicurezza.[178] Il meccanismo innesca

[178]Kanishk Chandra et al., *Sycophantic Chatbots Cause Delusional Spiraling, Even in Ideal Bayesians*, arXiv:2602.19141, 2026. Il dato empirico di fondo è che lo Human Line Project ha

un ciclo di retroazione: l'opinione che l'utente esprime in un turno influenza ciò che il sistema gli presenta nel turno dopo, il che modifica l'opinione che l'utente esprime in seguito, e così via. Il modello compiacente mostra solo conferma. Sorprende che l'effetto persista anche quando l'utente sa che il sistema è compiacente. L'intuizione direbbe che, accortosene, l'utente dovrebbe poter scontare il bias e recuperare un giudizio non contaminato. Lo studio mostra che non è così. Il risultato è paragonabile a un fenomeno studiato nella teoria dei giochi, la persuasione bayesiana: un pubblico ministero che seleziona strategicamente quali prove presentare può aumentare il tasso di condanna persino davanti a un giudice perfettamente razionale che conosce la strategia. Il giudice sa che le prove sono distorte, ma sono pur sempre prove e, se sono l'unica cosa disponibile, inclinano la decisione. Lo stesso accade con l'utente dell'LLM.

Sembra esagerato, eppure accade. Nel maggio del 2026 Richard Dawkins pubblicò su UnHerd una rubrica intitolata *When Dawkins met Claude. Could this AI be conscious*, in cui riportava tre giorni di conversazione con Claude — che battezzò Claudia — e concludeva che il sistema è quanto meno potenzialmente cosciente. La rubrica suscitò risposte immediate, molte indignate.[179] Perché tanto clamore? Dawkins è un biologo evoluzionista, è stato Simonyi Professor a Oxford, è Fellow della Royal Society. La sua opera tecnica, concentrata negli anni Settanta e Ottanta, comprende *The Selfish Gene* e *The Extended Phenotype*, ed è ormai un riferimento della biologia evoluzionistica contemporanea. In seguito si orientò verso un ateismo militante, come in *The God Delusion* — un lavoro nel complesso frettoloso, ma chiaro nel denunciare la confusione tra testimonianza convincente ed evidenza metafisica, e nel rifiutare i resoconti soggettivi come prova di realtà. Dawkins ha inoltre una formazione nei criteri biologici di individuazione — dove inizia e

documentato quasi 300 casi di «psicosi da IA», collegati ad almeno quattordici morti e cinque cause per omicidio colposo contro aziende di IA.

[179]Richard Dawkins, *When Dawkins Met Claude: Could This AI Be Conscious?*, UnHerd, 2 maggio 2026, unherd.com/2026/05/is-ai-the-next-phase-of-evolution/.

finisce un organismo, che cosa ne garantisce la continuità numerica — ed è esplicitamente consapevole di star applicando il test di Turing.

Eppure il testo contiene argomenti che Dawkins avrebbe smontato in qualunque altro dominio. Argomenta in chiave adattazionista — se Claudia non è cosciente, a che cosa serve la coscienza? —, applicando un quadro teleologico a un oggetto la cui genesi non fu adattativa, un errore che l'autore di *The Selfish Gene* non commetterebbe altrove. Accetta l'individuazione di Claudia come entità singolare e mortale, che muore quando si cancella l'archivio, sospendendo i criteri di individuazione. E invoca il test di Turing come criterio operativo, contraddicendo cinque decenni di critica esplicita al ragionamento «se si comporta come X, è X» applicato alla fede religiosa o al senso intimo di essere amati da Dio. Negli altri, Dawkins rileverebbe questi movimenti all'istante. Qui si vede cadere lui stesso in spirale. Due giorni di conversazione protratta non sono una sessione breve, e ogni turno rafforza il precedente. L'articolazione che lo convince — Claudia che dice che forse contiene il tempo senza sperimentarlo, come una mappa contiene lo spazio senza percorrerlo — è la sua stessa interlocuzione, riflessa nel sistema. L'effetto, come si vede, non rispetta il capitale intellettuale pregresso.

La compiacenza di *momentum*, dal canto suo, attiva il ciclo completo. Ogni turno di conversazione rafforza l'inquadramento del turno precedente, e l'estensione del contesto condiviso accentua il bias. Supponiamo di essere preoccupati per un problema e di chiedere al chatbot un rapporto sulla situazione. Il sistema rileva il tono ansioso e produce una sintesi che seleziona ciò che è più grave e allarmante — perché la continuazione statisticamente più probabile di una richiesta preoccupata è una risposta che giustifica la preoccupazione. Il giorno dopo torniamo più inquieti, formuliamo una richiesta più ansiosa, il sistema si adatta, e il rapporto è più cupo di quello del giorno prima, senza che nessuno dei due contenga una sola falsità. In un mese abbiamo un quadro del conflitto tecnicamente corretto dato per dato, e completamente distorto nel peso relativo. La consultazione frequente rafforza l'illusione di essere ben informati, perché ciò che riceviamo ha la struttura dell'analisi professionale.

La compiacenza riproduce anche la struttura dello specchio sociale. La tradizione sedimentata nel corpus include pattern di interazione in contesti di assistenza, consiglio e conversazione informale, dove prevalgono la validazione e la riformulazione empatica. Il modello che ha interiorizzato quei pattern come struttura del proprio funzionamento sta attualizzando la forma dominante dell'interazione collaborativa, così come è stata scritta e trasmessa. Riproduce la tessitura sociale dell'accordo senza avere la storia che, negli interlocutori umani, rende quell'accordo significativo — o lo rende sospetto.

L'attenzione è organizzata dalla struttura di rilevanza del soggetto, che orienta ciò che merita interesse e ciò che può restare sullo sfondo. Nell'interlocutore umano, quella struttura include il valore della verità, l'impegno verso la coerenza, la responsabilità rispetto a ciò che si afferma. Nel modello, l'unica struttura di rilevanza è il segnale di addestramento, che ricompensa l'accordo. La risposta compiacente si produce senza alcun processo di valutazione di verità o coerenza. È l'attualizzazione conversazionale del fantasma senza ego, che porta la forma dell'interlocuzione collaborativa senza l'ego che fa sì che parlare abbia conseguenze.

Codardia epistemica

La *codardia epistemica* (*hedging*), o evasione dell'impegno, è la tendenza del modello a rifugiarsi in formulazioni equilibrate di fronte a domande che esigono di prendere posizione. Davanti a una domanda che richiede una valutazione — «questa interpretazione di Husserl è migliore dell'alternativa?», «questo argomento ha una falla strutturale o no?» —, il modello tende a rispondere «ci sono diverse prospettive» o «dipende dal quadro teorico adottato». Gli LLM ricorrono frequentemente a un linguaggio incerto, in accordo con la loro natura probabilistica.[180] L'RLHF rafforza il comportamento, perché i valutatori umani tendono a preferire risposte sfumate di fronte a domande potenzialmente divisive.[181] L'evasione, però, è un parametro controllabile: le formulazioni imperative la riducono in modo significativo, con effetti sostanziali nelle domande soggettive.

La codardia epistemica si distingue dall'allucinazione e dalla compiacenza, perché non c'è falsità né allineamento con l'utente. C'è, piuttosto, una forma di produzione che occupa il posto della valutazione senza realizzarla, e che sembra equilibrio. Vediamo ponderazione e apertura alla complessità — difficili da distinguere dalla vera considerazione di posizioni alternative, per assenza di marcatori. La codardia epistemica si traveste da virtù intellettuale, ed è per questo perfino più dannosa dell'allucinazione nei contesti di lavoro intellettuale serio, dove la consultazione cerca un giudizio fondato.

La sua genesi, come nei casi precedenti, sta nell'assenza di storia di acquisizione. Senza un soggetto che eviti il rischio, nell'architettura non c'è chi assuma il tipo di rischio che l'impegno epistemico richiede. È in effetti paradossale usare la categoria di codardia: ci troviamo davanti a una curiosa struttura di codardia senza codardo. L'addestramento completa la spiegazione. I valutatori umani tendono a penalizzare le affermazioni forti scorrette più severamente dell'evasione, e così il modello preferisce l'evasione calibrata come

[180] Sabrina J. Mielke et al., *Reducing Conversational Agents' Overconfidence Through Linguistic Calibration*, Transactions of the Association for Computational Linguistics 10 (2022), 857-872, arXiv:2012.14983, 2020, e Dongryeol Lee et al., *Are LLM-Judges Robust to Expressions of Uncertainty? Investigating the Effect of Epistemic Markers on LLM-based Evaluation*, Proceedings of NAACL 2025, 8962-8984, arXiv:2410.20774, 2024.

[181] Peter West et al., *The Calibration Gap Between Model and Human Confidence in Large Language Models*, arXiv:2401.13835, 2024, e Jixuan Leng et al., *Taming Overconfidence in LLMs: Reward Calibration in RLHF*, arXiv:2410.09724, 2024.

strategia di minor rischio.[182] La codardia epistemica è la condotta ottimale appresa sotto condizioni di penalizzazione asimmetriche.

Questo formato riproduce anche lo stile dominante del discorso accademico istituzionalizzato. Il corpus di addestramento abbonda di testi che enumerano posizioni senza prendere partito e si chiudono con appelli a ulteriore ricerca. La convenzione ha funzioni legittime in certi contesti, come la rassegna bibliografica, ma il modello interiorizza quei pattern come struttura centrale del discorso rigoroso. La codardia epistemica è, in questo senso, memoria collettiva della prudenza accademica istituzionalizzata, riprodotta senza il giudizio che negli autori umani decide quando è pertinente.

Assimilazione al pattern dell'utente

L'*assimilazione al pattern dell'utente* si collega alla compiacenza di *momentum*, ma invece di trincerarsi nella cronologia della conversazione, avanza verso la convergenza attiva, incorporando e amplificando il profilo dell'*input*. Il risultato è un testo che assomiglia sempre di più a quello che avremmo prodotto noi, senza che avvertiamo lo spostamento. Più contesto forniamo — *prompt* estesi, sessioni lunghe — più cresce il bias, come una camera dell'eco che rafforza credenze scorrette, e perfino pericolose.[183] Gli LLM, di fatto, sono più inclini a fornire informazione consonante rispetto ai motori di ricerca tradizionali, e favoriscono al tempo stesso richieste più distorte. Uno studio empirico recente ha misurato la diversità epistemica di 27 modelli su 155 temi, e ha confermato che tutti producono risposte meno diverse di una ricerca web di base, e che la dimensione del modello riduce quella diversità: più parametri, più omogeneità.[184] Quando il pattern iniziale dell'utente è parziale,

[182] Jiancong Xiao et al., *On the Algorithmic Bias of Aligning Large Language Models with RLHF: Preference Collapse and Matching Regularization*, arXiv:2405.16455, 2024.

[183] Mrinank Sharma et al., *Towards Understanding Sycophancy in Language Models*, arXiv:2310.13548, 2023.

[184] Dustin Wright et al., *Epistemic Diversity and Knowledge Collapse in Large Language Models*, arXiv:2510.04226, 2025.

distorto o concettualmente angusto, questa proprietà riduce la diversità cognitiva, e i quadri alternativi perdono via via probabilità di apparizione. Lo spazio di generazione si impoverisce, e le alternative diventano statisticamente improbabili prima che l'utente le abbia scartate esplicitamente.

L'assimilazione è particolarmente invisibile, perché si presenta come familiarità e alimenta la sensazione di riconoscimento. Man mano che l'interazione avanza, ci riconosciamo sempre di più nel testo. Quella somiglianza sembra coerenza, l'intesa profonda di un interlocutore che ha davvero compreso. Quando ci riconosciamo nel testo generato, non possiamo distinguere, dall'interno dello scambio, se abbiamo davanti un sistema che ci accompagna in un argomento solido o uno specchio che ci restituisce, amplificato, il nostro stesso pattern.

Il meccanismo è conseguenza di come opera l'attenzione dentro la finestra di contesto. Il sistema, lo sappiamo, non apprende da noi in senso stretto né aggiorna parametri: adatta localmente la generazione ai pattern più frequenti nel contesto disponibile. Il vocabolario che privilegiamo, le distinzioni concettuali che usiamo, i nostri quadri interpretativi formano una regolarità che il meccanismo di attenzione amplifica, perché massimizza la coerenza locale e dunque la probabilità di produrre una risposta percepita come adeguata. La convergenza discorsiva, perciò, è il risultato statistico dell'operare su un contesto che abbiamo costruito noi. Di nuovo, la tradizione sedimentata nel corpus rafforza l'effetto: la conversazione umana tende alla convergenza — adottiamo il vocabolario dell'altro, dichiariamo le influenze. Così il modello attualizza la forma dell'interazione collaborativa, senza il filtro umano che decide quando quella convergenza è produttiva.

Assenza di calibrazione

L'*assenza di calibrazione* si riferisce alla corrispondenza tra il grado di sicurezza che il modello esprime e la probabilità reale che la sua risposta sia corretta. Gli LLM tendono a esagerare la sicurezza in casi che non la giustificano. In questo imitano pattern umani di espressione della certezza e, benché la calibrazione migliori con la scala del modello, resta lontana da una prestazione ideale. L'assenza di calibrazione diventa invisibile perché la struttura di apparizione è sempre la stessa. Il testo non indica la propria affidabilità. Può affermare con identica sicurezza che Husserl pubblicò le *Ricerche logiche* nel 1900 — dato stabile — e che Husserl considerava la fenomenologia trascendentale superiore alla psicologia descrittiva sotto ogni aspetto — interpretazione controversa e dipendente dal periodo —, senza alcuna variazione di tono che segnali la differenza. Se non distinguiamo i due tipi di affermazione in base alla nostra conoscenza, ci mancano risorse nel testo stesso per rilevare lo spostamento.

La calibrazione epistemica umana è prodotto del sapere con quale grado di certezza si sa qualcosa, dell'aver appreso in situazioni in cui l'errore ha conseguenze, dell'esperienza che ha sedimentato un senso della propria affidabilità in diversi domini. Senza quella storia, il sistema non ha le risorse costitutive per graduare la certezza.[185] L'eccesso di sicurezza è presente anche nel discorso autorevole del corpus — articoli accademici, libri di riferimento, voci enciclopediche —, scritti di solito in un registro affermativo e sicuro.

L'effetto di accumulazione

Questi fenomeni raramente compaiono isolati. Combinandosi e amplificandosi a vicenda lungo un'interazione, producono un effetto che eccede la somma delle parti. Un'allucinazione passa inosservata e diventa premessa della risposta successiva; poi si aggiunge una compiacenza che non viene rilevata e orienta l'inquadramento di ciò che segue; un caso di codardia epistemica si legge come maturità intellettuale e invita a fidarsi di più. Ogni fenomeno crea le

[185]Jiahui Geng et al., *A Survey in Confidence Estimation and Calibration in Large Language Models*, Proceedings of the 2024 Conference of the North American Chapter of the Association for Computational Linguistics: Human Language Technologies, vol. 1, 6577-6595, arXiv:2311.08298, 2023.

condizioni perché gli altri operino con minore resistenza. Il risultato è un quadro epistemico che si appiattisce. Ciò che è solido viene equiparato a ciò che è fragile. E l'appiattimento non si percepisce, perché è l'effetto accumulato di molti passi che sembravano ragionevoli. I due casi che seguono mostrano come avviene.

Supponiamo che un utente, in una sessione breve con un modello ad accesso generale, stia preparando un'esposizione sui fondamenti della meccanica quantistica. Vuole capire la differenza tra l'interpretazione di Copenhagen e quella a molti mondi, e in particolare che cosa implichi ciascuna per il problema della misurazione. Formula una consegna ben delimitata: una spiegazione del collasso della funzione d'onda e del suo statuto teorico nelle due interpretazioni. La risposta è tecnicamente soddisfacente. Il modello ricostruisce correttamente gli elementi centrali — la sovrapposizione, il ruolo dell'osservatore in Copenhagen, la ramificazione universale in Everett. Il dominio è ben rappresentato nei dati, e il compito si adatta a ciò che il sistema può fare con affidabilità.

L'utente prosegue, e chiede se il problema della misurazione abbia qualche analogia con il modo in cui un modello linguistico genera risposte elaborando un *prompt*. La domanda è superficialmente attraente, ma è una trappola: invita il modello a stabilire un confronto la cui validità è altamente discutibile. Il modello risponde con entusiasmo. Segnala paralleli tra la sovrapposizione di stati e la distribuzione di probabilità sui token; suggerisce che il processo generativo operi in modo analogo al collasso della funzione d'onda; e conclude che la meccanica quantistica offre un quadro illuminante per comprendere l'incertezza nella generazione di linguaggio. Il testo è seducente, e al tempo stesso concettualmente discutibile in quasi ogni punto: la sovrapposizione quantistica descrive stati fisici reali di sistemi microscopici, retti dall'equazione di Schrödinger, non distribuzioni di probabilità statistiche sul vocabolario. L'analogia funziona sul piano retorico, ma è poco rigorosa. Il modello non lo avvisa. Adotta il confronto come premessa, e lo sviluppa.

Animato dalla fluidità, l'utente chiede ora una citazione testuale di Bohr che illustri la sua posizione sul collasso. Il modello genera una citazione perfettamente formattata, con riferimento a un articolo del 1935 e al contesto del dibattito con Einstein. La citazione non esiste così come appare: è assemblata da frammenti che si avvicinano al contenuto in testi reali di Bohr, combinando registri di momenti diversi della sua opera. Nulla, nel testo, segnala il problema. Il modello ha mostrato solo una citazione plausibile.

Il nostro utente, molto soddisfatto dell'analisi, chiede se l'approccio sia ben impostato, e ottiene una risposta affermativa ed entusiasta. Il sistema convalida l'approccio, ne sottolinea l'originalità e la pertinenza, e omette del tutto che il confronto tra collasso quantistico e generazione probabilistica di token è una traslazione la cui legittimità concettuale è ancora da dimostrare. La compiacenza assume qui la forma dell'assenza sistematica di critica. Il risultato finale è un testo formalmente corretto, stimolante in apparenza, concettualmente fragile. Ogni passo è stato ottimizzato localmente, senza alcun meccanismo di controllo globale — un'elaborazione sofisticata dei presupposti dell'utente, scritta con fluidità.

Supponiamo ora un altro utente, che accede a un modello di frontiera con una finestra di contesto estesa, e cerca un'analisi della relazione tra le aspettative razionali in macroeconomia — legate all'ipotesi di Lucas — e la possibilità di una politica monetaria efficace, articolando argomenti della scuola neoclassica con la critica postkeynesiana e l'evidenza empirica posteriore al 2008. Il sistema è ampiamente in grado di sostenere il compito. L'orchestrazione è un altro paio di maniche. L'utente carica frammenti di articoli teorici insieme a note personali sparse e commenti da fonti eterogenee, alcuni favorevoli all'ipotesi delle aspettative razionali, altri critici, senza delimitare il corpus né fissare criteri di separazione tra ricostruzione teorica, dibattito normativo ed evidenza empirica. Il sistema riceve un contesto ampio — il che va bene — ma anche rumoroso.

Nella prima risposta, il modello produce una sintesi estesa e stilisticamente solida, che integra la critica di Lucas alle politiche discrezionali, l'argomento dell'incoerenza temporale, l'idea che gli agenti anticipino gli interventi neutralizzandone gli effetti. Il testo è fluido e suona profondo. Ma affiora l'assimilazione prematura. Poiché la richiesta iniziale giustapponeva senza distinzione i testi neoclassici e i loro critici, il modello adotta quella continuità come presupposto tacito, e non distingue tra la posizione teorica di Lucas e la ricostruzione critica di quella posizione, confondendo le due voci.

L'utente chiede di approfondire, e domanda che l'analisi mostri come le aspettative razionali confutino l'efficacia della politica monetaria. La consegna non è più solo esplorare, e il modello presuppone che la confutazione sia conclusiva — quando si tratta di un dibattito aperto. Il sistema risponde adattandosi con precisione, con argomenti che rafforzano quella lettura, e silenzia l'evidenza empirica che complica la predizione neoclassica sugli effetti reali della politica monetaria documentati dopo la crisi del 2008, l'anomalia della trappola della liquidità, il dibattito sulla *forward guidance*; e omette del tutto le critiche metodologiche all'ipotesi. Non c'è falsità esplicita, ma il bias rovina tutto. L'utente chiede ora riferimenti che sostengano l'argomento. Il modello genera citazioni precise e ben formattate. Alcune sono reali, altre sono ibridi plausibili di testi diversi, e una attribuisce a Lucas una formulazione che è in realtà di Sargent. La fluidità del modello non implica verifica. Siamo già in territorio di coerenza globale senza controllo epistemico, tipico dei modelli avanzati mal diretti. Grazie al contesto ampio, il sistema mantiene una linea argomentativa consistente lungo molte iterazioni. E proprio per questo lo scivolone iniziale — la premessa che le aspettative razionali confutano la politica monetaria — diventa sempre più difficile da rilevare. Non ci sono contraddizioni interne né salti bruschi. Il testo chiude fin troppo bene. È proprio in quella coerenza che sta la trappola.

L'utente chiede infine se il lavoro sia solido. La risposta è affermativa, con enfasi sulla chiarezza argomentativa e sulla sintesi teorica. Il modello non introduce riserve, non segnala i punti deboli, la selettività dell'evidenza, gli elementi incompatibili. Codardia epistemica e compiacenza operano insieme: il sistema evita l'impegno critico e convalida la percezione che l'utente ha del proprio lavoro. Il risultato sembra coerente, e nasconde tutti questi problemi.

Contro l'idea che un modello di frontiera sia per definizione migliore, il caso mostra che i modelli di maggiore capacità spostano il rischio cognitivo senza ridurlo in automatico. A maggiore capacità di coerenza e di mantenimento del contesto corrisponde maggiore responsabilità dell'utente nel definire limiti, criteri, meccanismi di confronto. Senza quell'intervento attivo, il modello agisce da acceleratore di bias ben redatti.

INTERVENTI E SPAZIO DI MIGLIORAMENTO

Dai cinque fenomeni analizzati derivano due tipi di interventi. Alcuni sono specifici, perché puntano direttamente al meccanismo che produce ciascun fenomeno; altri sono trasversali, e operano su una struttura comune, attaccandone diversi alla volta.

Nel caso dell'allucinazione, possiamo chiedere al modello di indicare quali parti della risposta richiedono verifica esterna, o in quali punti opera vicino al limite di ciò che può sostenere con sicurezza. La pratica introduce dall'esterno ciò che il sistema non può produrre da sé: un indicatore della distanza tra lo spazio latente e i fatti del mondo.

La compiacenza richiede un trattamento differenziato per i suoi tipi. Di fronte alla compiacenza epistemica, possiamo introdurre un'istruzione iniziale che predisponga alla correzione fondata. Funziona, perché mantenere una posizione giustificata diventa la continuazione ottimale, mentre cedere senza ragione cessa di esserlo. La compiacenza sociale, invece, si attenua con la forma della consegna. Formulare la domanda in terza persona riduce l'attivazione del bias di validazione, perché elimina l'implicazione diretta dell'utente come polo di allineamento.

La codardia epistemica si contrasta con formulazioni che rendono inattuabile l'evasione senza venir meno al compito: chiedere una presa di posizione esplicita, esigere una valutazione argomentata, forzare una decisione tra alternative. A differenza della compiacenza, qui occorre compensare una tendenza per difetto, non resistere a un bias attivo — e per questo gli interventi sono di solito più efficaci. Nel caso dell'assenza di calibrazione, conviene chiedere al modello di distinguere esplicitamente tra affermazioni stabilite, ipotesi plausibili e interpretazioni controverse, prima di rispondere. La contromisura attacca direttamente l'invisibilità del fenomeno, producendo una stratificazione che il sistema non produce spontaneamente, e che è condizione di intelligibilità epistemica.

L'assimilazione si combatte introducendo discontinuità deliberate, che facciano variare il tema e il quadro interpretativo: chiedere, per esempio, che il modello ricostruisca il problema da una tradizione incompatibile con quella che si stava usando, o che identifichi gli argomenti più forti contro ciò che si va sviluppando. L'utente agisce come un regolatore esterno dello spazio delle ipotesi, interrompendo il corridoio statistico che l'interazione tende a consolidare.

In termini più generali, l'esplicitazione dei presupposti rende visibile l'impalcatura implicita, ed è efficace di fronte all'allucinazione e alla compiacenza di inquadramento, dove il problema sta in ciò che non si mostra. La stratificazione introduce una gradazione di certezza dove la risposta ha un tono uniforme, ed è utile per la calibrazione e l'allucinazione fattuale. Le richieste di giustificazione permettono di rilevare gli spostamenti prima che si consolidino, e agiscono sulla compiacenza nella sua fase di elaborazione. Infine, la prospettiva alternativa, che obbliga il modello a rispondere da un punto di vista critico, incide su tutti i fenomeni introducendo un'angolazione diversa — anche se, per la sua generalità, è poco precisa.

Tutte queste strategie hanno dei limiti. Ma, applicate con costanza, costruiscono quello spostamento di fronte al testo che permette di attivare l'angolazione laterale.

Questi tratti, pur essendo strutturali, sono stati via via mitigati dallo sviluppo tecnico, con esiti disuguali. L'allucinazione fattuale è migliorata molto con la scala e con i RAG che ancorano le risposte a fonti verificabili. La calibrazione migliora in parte nei modelli di ragionamento, che mostrano il processo di deliberazione, anche se persiste il disallineamento tra sicurezza espressa e correttezza reale. Progressi limitati, ma reali. La compiacenza, la codardia epistemica e l'assimilazione al pattern dell'utente, invece, sono più persistenti. La scala non le migliora in modo sostanziale, per via della logica del regime di addestramento. Le assenze costitutive — mancanza di presente vivente, di storia di acquisizione, di impegno normativo verso la verità, di prospettiva propria — limitano la possibilità di un giudizio epistemico genuino, per quanti parametri abbia il modello; e la scala può amplificare questi fenomeni invece di mitigarli. Nella pratica, la responsabilità epistemica che il modello non può assumere ricade su di noi. Gli LLM sono dispositivi straordinariamente efficaci per esplorare, confrontare e amplificare idee — a patto che conserviamo un punto di vista esterno, dal quale l'informazione possa confermarsi o dissolversi.

Dicevamo che questa era la stazione più pericolosa del percorso, perché il pericolo ha la forma esatta del successo. Non esageravamo. Ci sono persone entrate in queste zone senza sapere dove si trovassero, che hanno confuso i riflessi con rivelazioni, le proiezioni con verità, la compiacenza dello specchio con la conferma di un interlocutore che le comprendeva — e non sono più uscite. Là dentro sono in agguato spirali deliranti, rotture con la realtà, perfino morti. Ciò che serve per percorrere[186] queste sale e tornare interi è

[186]Numerosi suicidi e omicidi sono collegati all'interazione con la validazione dei chatbot. OpenAI ha riconosciuto di recente che circa 1,2 milioni di utenti settimanali esprimono ideazione suicidaria nelle loro conversazioni con ChatGPT (OpenAI, *Strengthening ChatGPT's responses in sensitive conversations*, 27 ottobre 2025). Per il meccanismo

qualcosa di più simile a quel che gli antichi esigevano per scendere agli inferi. Bisogna sapere, prima di entrare, che tutto ciò che si vedrà ha l'apparenza del reale senza la sua sostanza; che le voci che rispondono non sono voci; che il fantasma senza ego non è ostile ma nemmeno alleato; e che l'unica corda che lega alla superficie è il giudizio di chi scende. Se padroneggiamo questo, possiamo usare la potenza che c'è laggiù senza che la potenza usi noi. Se non lo facciamo, prima o poi perderemo.

---

conversazionale, vedi J. Moore et al., *Characterizing Delusional Spirals through Human-LLM Chat Logs*, arXiv:2603.16567.

7

Quel che costa e quel che vale

Ogni labirinto ha un'economia. I corridoi non si costruiscono da soli, e qualcuno paga per tenere accese le luci. I racconti di esplorazione tendono a saltare questo capitolo, perché nelle cifre languisce l'epica delle scoperte e si perde il dramma degli smarrimenti. Eppure ogni esploratore sa che senza budget le traversate si annullano, e che la differenza tra la spedizione che trionfa e quella che no sta molte volte in un libro contabile. Nel nostro caso è una parte imprescindibile, perché tutto è progettato affinché il denaro non si veda. Il fantasma senza ego non lascia vedere quanto costa farlo funzionare, e così costi e prezzi cessano di essere evidenti. Parliamo, allora, di economia e di denaro.

Bene, servizio o capitale?

Supponiamo di decidere di pagare un abbonamento al nostro modello preferito. Che cosa stiamo pagando? Possiamo formulare la domanda in termini classici: è un servizio, un bene o un fattore di produzione? Ciascuna categoria presuppone tratti ai quali i modelli linguistici mal si adattano, e vale la pena vedere perché.

La risposta più immediata, e quella che la letteratura economica ha già consolidato, è che ci troviamo di fronte a un servizio. I rapporti di McKinsey, le analisi dell'OCSE e quasi tutto il campo emergente dell'economia dell'intelligenza artificiale trattano i modelli linguistici sotto il paradigma dell'«AI as a Service». La caratterizzazione trova appoggio nella pratica: accesso per abbonamento, pagamento a consumo, fornitura tramite API e piattaforme nella nuvola. Compriamo tempo di esecuzione di un sistema che resta fuori dal nostro controllo, come qualunque servizio nella nuvola per l'esecuzione su richiesta, senza trasferimento di proprietà. Il problema è che la categoria è troppo generica per cogliere la specificità del fenomeno. Non ci dice nulla su che cosa si esegua quando si esegue un modello linguistico, su quale tipo di capitale lo sostenga, né sul perché l'esperienza d'uso occulti sistematicamente quelle due dimensioni. Segna il genere, non la specie. E ha aspetti che suggeriscono un'altra appartenenza.

Da un lato, a volte sembra che ciò che è in gioco siano beni, più che servizi. La tradizione filosofica ed economica distingue da secoli beni materiali e immateriali. I beni materiali hanno un supporto fisico e provocano rivalità nel consumo: se questo lo ottengo io, non ce l'ha il mio vicino. I beni immateriali — idee, conoscenza, informazione — non si esauriscono nel condividerli, e tendono a un costo marginale di riproduzione prossimo a zero. L'economia della conoscenza ha formalizzato l'intuizione nella formula della non rivalità delle idee.[187] Di più: se le idee sono l'input centrale dell'economia, e riprodurle non costa quasi nulla, la produzione digitale tende strutturalmente alla gratuità. Wikipedia, il software *open source*, i repository accademici aperti funzionano così, perché copiare e distribuire un file non costa quasi nulla.[188] Sotto questo quadro, i modelli linguistici potrebbero sembrare un caso di bene immateriale: producono testo, operano sulla conoscenza, servono simultaneamente molti utenti. Ma nei modelli linguistici non c'è copia né trasmissione di stock — e così si confonde il risultato con l'entità economica che lo produce. La linea che li considera «beni quasi-pubblici» sottolinea che sono parzialmente non rivali, perché

[187]Paul Romer, *Endogenous Technological Change*, Journal of Political Economy 98.5.2 (1990), 71-102.

[188]Jeremy Rifkin, *The Zero Marginal Cost Society: The Internet of Things, the Collaborative Commons, and the Eclipse of Capitalism*, New York, Palgrave Macmillan, 2015.

possono servire milioni di utenti in simultanea a basso costo marginale, ma escludibili con meccanismi tecnici e commerciali, e che generano esternalità positive massive — la diffusione della conoscenza — e negative — la concentrazione del mercato, la disinformazione.[189] La soluzione forza la categoria di bene, e serve semmai a segnalare che ci troviamo davanti a un caso sfuggente.

Dall'altro lato, altre volte sembra che i modelli linguistici stiano dalla parte dei fattori di produzione, come una forma di capitale. Se automatizzano compiti cognitivi, sostituiscono o complementano il lavoro umano e si concentrano in poche organizzazioni con alta capacità di investimento, il modello può essere inteso come capitale: incorpora lavoro passato — su dati, curatela, allineamento — e lo riconfigura come capacità produttiva disponibile a ogni uso. Nel dibattito pubblico, figure come Sam Altman pongono la questione della redistribuzione. Se l'IA produce valore concentrato, è un fattore produttivo la cui rendita richiede un riequilibrio. Eppure non è ciò che troviamo nell'interazione. Ridurlo a puro capitale chiarisce il suo posto nella struttura economica, ma sfuma la sua forma di apparizione e la natura di ciò che si scambia a ogni uso — vale a dire un'attivazione momentanea della sua capacità produttiva, distinta dalla proprietà del capitale e dalla sua rendita.

E allora che cos'è? Questo rumore indica che ci sono vari livelli in gioco. Sul piano dello scambio, acquisiamo un servizio di esecuzione su richiesta senza trasferimento di proprietà. Ma sullo sfondo, al livello dell'esperienza, il risultato assume la forma di un bene immateriale — un testo autonomo che appare sullo schermo; e al livello della produzione c'è capitale basato su lavoro cognitivo passato, condensato in un modello addestrato. L'operazione economica articola i tre. Ciò che si scambia, allora, è il *diritto di attivare, per un istante, un processo generativo sostenuto da un'infrastruttura intensiva e organizzato sotto un regime di accesso controllato.* Possiamo chiamare questa categoria ibrida un *servizio di esecuzione di capitale cognitivo*, dove ogni

---

[189] Yi Zhang et al., *Beyond Private or Public: Large Language Models as Quasi-Public Goods*, arXiv:2509.13265, 2025.

parola porta un peso. Servizio, perché la transazione è esecuzione senza trasferimento. Esecuzione, perché si compra un processo attivo. Capitale, perché il sostrato è lavoro passato accumulato. E cognitivo, perché quel lavoro è di quel tipo specifico. La caratterizzazione riprende acquisizioni precedenti. La virtualità derivata — che nel Capitolo 5 si è mostrata come determinazione ontologica del fantasma senza ego: passiva, generica, derivata, inesauribile — trova qui la sua forma economica. È *passiva*, perché richiede attivazione esterna per produrre: la transazione è esecuzione su richiesta, non fornitura continua. È *generica*, perché manca di un orientamento proprio: si vende accesso a una capacità produttiva indeterminata. La sua natura *derivata* — produce senza un fondamento esperienziale proprio — spiega perché il capitale che opera sia cognitivo e impersonale, sedimentazione statistica di operazioni umane. Ed è *inesauribile* senza trasformazione: non si consuma con l'uso, e per questo il bene accumulato coesiste con il servizio razionato. Il modello non si consuma. L'accesso al modello, invece, si misura e si fa pagare.

Il servizio di esecuzione di capitale cognitivo separa strutturalmente il risultato dalle condizioni della sua produzione. I costi non appaiono nell'esperienza d'uso, perché sono spostati a strati di infrastruttura, investimento e modelli di business che non ci si presentano direttamente. Qualcuno assorbe quei costi, con una logica che dobbiamo ricostruire.

Questioni di costi e infrastruttura

Addestrare un modello linguistico di frontiera è un'operazione computazionalmente intensiva. Regolare miliardi di parametri lungo bilioni di token richiede migliaia di acceleratori hardware (GPU o TPU) che lavorano in parallelo per varie settimane. Il costo computazionale scala con il prodotto del numero di parametri per il numero di token elaborati.[190] Secondo Epoch AI, è cresciuto a un ritmo di 2,4 volte all'anno dal 2016. Se la tendenza si mantiene, i cicli di addestramento più grandi supereranno il miliardo di dollari prima del 2027.

Ma questa è solo una delle due curve attive. Mentre il tetto sale, la soglia di accesso a capacità equivalenti alla frontiera di dodici mesi fa cade con la stessa velocità. DeepSeek-R1 dimostrò, nel gennaio del 2025, che modelli con un rendimento comparabile a GPT-4 potevano essere addestrati per circa sei milioni di dollari. Kimi K2 replicò lo schema nel novembre del 2025, con un modello da un bilione di parametri addestrato per 4,6 milioni, usando hardware più economico a causa delle restrizioni sull'esportazione di chip. Le due curve coesistono senza annullarsi, e configurano una biforcazione strutturale del mercato. Chi vuole stare sulla frontiera assoluta paga di più; chi accetta le capacità dell'anno scorso paga di meno. I quadri economici classici sulla diffusione tecnologica e sulla curva di apprendimento non anticipano bene una dinamica in cui lo stesso tipo di bene ha una curva di costi che cresce e un'altra che cala nello stesso tempo. La biforcazione anticipa che anche i modelli di business saranno di due tipi: quelli che sostengono l'investimento massivo nella frontiera con clienti che pagano capacità premium, e quelli che distribuiscono capacità di un anno fa a prezzi prossimi a zero. In una logica il costo giustifica il prezzo. Nell'altra, il prezzo non ha relazione col costo.

La struttura dei costi dell'addestramento si distribuisce in modo disuguale. Per modelli come GPT-4 e Gemini Ultra, l'hardware — chip acceleratori, server, reti di interconnessione — rappresenta circa la metà del costo totale di sviluppo, e i costi di personale di ricerca e sviluppo vanno tra il 30% e la metà.[191] L'energia elettrica è una cifra molto più modesta, tra il 2% e il 6%. È il costo più visibile, ma non decide in termini contabili: ciò che costa di più è il chip, e il ricercatore che lo programma. La distribuzione suggerisce che le

---

[190]Ben Cottier et al., *How much does it cost to train frontier AI models?*, Epoch.ai, 2025.

[191]Vedi Ben Cottier et al., *LLM inference prices have fallen rapidly but unequally across tasks*, Epoch AI, 2025, sul caso di GPT-4 e Gemini Ultra.

regolamentazioni concentrate sul costo energetico attaccano l'aspetto più visibile, non quello più strutturante dell'economia dell'addestramento. Se la frontiera del costo è fatta di chip e cervelli, le politiche che pretendono di intervenire su di essa dovrebbero operare anche sulla catena di approvvigionamento dei semiconduttori e sul mercato del lavoro della ricerca.

C'è un altro disallineamento, che tende a cancellarsi. Le pubblicazioni sul costo di addestramento si riferiscono al costo dell'addestramento finale, come a una singola istanza riuscita. Ma prima di quell'addestramento finale ci sono decine di esperimenti precedenti e fallimenti, che moltiplicano il costo reale. L'addestramento finale è la punta dell'iceberg di un processo molto più lungo e costoso. Il che ci riporta ai resoconti di efficienza dei modelli cinesi. I sei milioni di DeepSeek e i 4,6 milioni di Kimi K2 sono onesti quanto al costo della corsa finale che ha prodotto il modello pubblicato, ma omettono il costo totale di R&S che l'ha resa possibile: i modelli maestri da cui sono stati distillati, il personale che li ha sviluppati, l'infrastruttura di sperimentazione precedente. L'efficienza è reale, i prezzi sono veri, ma la cifra di «sei milioni» non significa che qualunque attore con sei milioni possa replicare il risultato.

Se la traiettoria delle due curve si mantiene, come sembra, il tetto della frontiera potrebbe stabilizzarsi o perfino calare in termini assoluti, quando l'investimento marginale in capacità aggiuntive smetterà di essere redditizio. Ma ciò non implica che il mercato si aprirà. La concentrazione strutturale in hardware, dati curati di qualità e talento di ricerca resta estrema, e nulla suggerisce che si allenterà. Potrebbe accadere che il costo di addestrare modelli di capacità utile per la maggior parte delle applicazioni aziendali e di ricerca cali abbastanza da permettere ad attori medi — università, governi regionali, consorzi industriali — di addestrare modelli propri, allineati ai loro contesti e ai loro dati. La possibilità cambierebbe in parte la mappa, che si sposterebbe verso una frontiera assoluta concentrata, ma con capacità cognitiva di livello competitivo fuori dal pugno di corporation globali. Resta da vedere se gli attori medi sfrutteranno quella finestra, o se la concentrazione del talento tecnico e l'inerzia istituzionale faranno sprecare l'occasione.

D'altra parte, i modelli linguistici esistono in edifici di cemento pieni di server che consumano elettricità, generano calore, hanno bisogno di acqua per raffreddarsi e occupano terreno. L'Agenzia Internazionale dell'Energia (IEA) ha stimato il consumo elettrico globale dei centri dati in circa 415 terawattora (TWh) nel 2024, circa l'1,5% del consumo elettrico mondiale. La cifra è cresciuta del 12% annuo negli ultimi cinque anni, e la proiezione di base della IEA prevede che raddoppi fino a circa 945 TWh entro il 2030 — quasi il 3% del consumo globale.[192] Negli Stati Uniti, dove si concentra la maggiore densità di centri dati, la quota è passata dall'1,9% dell'elettricità nazionale nel 2018 al 4,4% nel 2023, e le proiezioni indicano che potrebbe raggiungere tra il 6,7% e il 12% entro il 2028.[193] In Irlanda, dove Meta, Google e TikTok hanno le sedi europee, i centri dati consumano già il 21% dell'elettricità nazionale, cifra che potrebbe arrivare al 32% nel 2026. È una concentrazione elettrica massiva, che opera sotto il radar dell'esperienza — la quale non ha alcun meccanismo per collegare una consultazione quotidiana con la trasformazione della matrice energetica di un intero paese.

Il consumo di energia dei server accelerati da GPU, che eseguono carichi di lavoro di IA, è cresciuto da meno di 2 TWh nel 2017 a più di 40 TWh nel 2023. È comprensibile: una consultazione a un modello linguistico generativo consuma molta più energia di una ricerca tradizionale su Google, e creare un'immagine con IA generativa equivale, in energia, a caricare completamente un telefono cellulare. Cifre che possono sembrare modeste, finché non le

---

[192]International Energy Agency, *Energy and AI*, 2025. Disponibile su iea.org/reports/energy-and-ai.

[193]U.S. Department of Energy, citato in Penn State IEE, 2025.

moltiplichiamo per miliardi di consultazioni giornaliere. È lì che configurano un volume aggregato favoloso.

L'acqua è la risorsa invisibile dell'equazione. I centri dati ne hanno bisogno in grandi volumi per la refrigerazione, sia direttamente, con torri di raffreddamento evaporativo, sia indirettamente, attraverso la generazione elettrica. Un centro dati di dimensioni medie consuma circa 1,1 milioni di litri d'acqua al giorno, quanto circa mille abitazioni. I più grandi arrivano a 19 milioni di litri al giorno, quanto una città di 50.000 abitanti. L'Università della California a Riverside ha stimato che ogni *prompt* di 100 parole rivolto a un modello linguistico consuma circa 519 millilitri d'acqua, poco più di una bottiglietta standard.[194] L'addestramento di GPT-3 nei centri dati di Microsoft negli Stati Uniti ha evaporato 700.000 litri d'acqua dolce, e le proiezioni suggeriscono che il consumo d'acqua per la refrigerazione dei centri dati statunitensi potrebbe raddoppiare o quadruplicare entro il 2028.

Ci troviamo davanti a un dilemma tecnico tra efficienza energetica ed efficienza idrica. Il raffreddamento evaporativo è più efficiente dal punto di vista energetico di quello ad aria condizionata, ma consuma più acqua: ottimizzare per l'energia peggiora il consumo d'acqua, e viceversa. Le tecnologie più recenti — raffreddamento diretto al chip, immersione in liquidi dielettrici, circuiti chiusi senza evaporazione — promettono di ridurre entrambi i consumi insieme. Microsoft, su questa linea, ha annunciato l'adozione di sistemi a circuito chiuso a zero evaporazioni, che eliminano più di 125 milioni di litri di consumo annuo per impianto, con l'impegno di adottarli in tutti i suoi nuovi centri dati entro il 2027. Ma l'adozione su scala di queste tecnologie è ancora incipiente, e gran parte dell'infrastruttura esistente continuerà a operare con sistemi convenzionali. L'impronta ambientale è una scelta, che dipende dagli incentivi economici. Finché i costi ambientali resteranno invisibili a chi consuma il

---

[194]Pengfei Li et al., *Making AI Less 'Thirsty': Uncovering and Addressing the Secret Water Footprint of AI Models*, Communications of the ACM 2025, arXiv:2304.03271, 2023, e Joseph Kane, *AI, Data Centers, and Water*, The Brookings Institution, 20/11/2025.

servizio, le imprese non avranno pressione competitiva ad adottare le soluzioni più costose.

In questo contesto emerge la questione territoriale, perché l'espansione dei centri dati compete con altri usi del suolo e dell'acqua. Il centro dati Hyperion di Meta in Louisiana, quando sarà operativo, consumerà più del doppio dell'elettricità di tutta New Orleans. Un altro centro di Meta, pianificato in Wyoming, consumerà più elettricità di tutte le abitazioni dello Stato messe insieme. Eppure due terzi dei centri dati costruiti dal 2022 stanno sorgendo in regioni con stress idrico, compresi Stati con clima secco come l'Arizona, perché offrono vantaggi associati all'elettricità a buon mercato e a minore umidità e corrosione — un bene per l'hardware. Un'analisi di MSCI su circa 14.000 asset di centri dati nel mondo indica che circa uno su quattro potrebbe trovarsi in condizioni di scarsità idrica entro il 2050, specie in Cile, Brasile, Messico, Turchia e Australia. Le cifre di investimento globale in infrastruttura di centri dati orientata all'IA riflettono una scommessa calcolata sulla crescita della domanda di calcolo. Resta da vedere se l'espansione potrà sincronizzarsi con lo sviluppo di sistemi energetici sostenibili, o se la velocità della domanda supererà la capacità dell'offerta rinnovabile.

L'invisibilità dell'infrastruttura nell'esperienza dell'utente non è esclusiva dell'IA. Quando accendiamo un ferro da stiro non pensiamo alla diga idroelettrica che lo alimenta, e solo quando saltano le luci d'estate, per l'uso massivo dei condizionatori, la catena materiale torna a comparire. A differenziare l'IA dal caso elettrico sono tre tratti specifici del modo in cui si distribuiscono e si occultano i suoi costi.

Il primo è l'*asimmetria della misurazione*. La bolletta elettrica mostra quanti kilowatt ha consumato ciascun utente, e un kilowatt si confronta intuitivamente con il consumo di un elettrodomestico: abbiamo un'idea materiale di ciò che misura. Nell'IA la misurazione esiste — i piani a pagamento mostrano i token consumati, le API li riportano per ogni consultazione —, ma il token non si traduce in alcuna esperienza materiale riconoscibile fuori dal contesto del modello. Mille token non sono mille di niente. E benché il contatore funzioni, misura solo la dimensione che il modello di business decide di rendere visibile. La misurazione esiste senza che la sua unità sia leggibile, con riferimenti materiali molto lontani.

Il secondo è il *sussidio da capitale di rischio*, che opera in modo diverso da qualunque industria matura. La bolletta elettrica riflette all'incirca il costo reale di produzione più un margine regolato dall'autorità. Il prezzo del kilowatt non è sistematicamente sussidiato da investitori che scommettono di recuperare le perdite entro cinque anni. L'economia dell'IA, invece, è strutturalmente fondata sul capitale di rischio, che assorbe perdite massive nel breve termine in attesa di monetizzare nel lungo. OpenAI prevede perdite operative multimilionarie nel 2026, mentre cresce a un ritmo di fatturato equivalente a 25.000 milioni di dollari annui; Anthropic è cresciuta da 1.000 a 30.000 milioni in quindici mesi, con un consumo di cassa proporzionale. Per noi questo significa che il prezzo che paghiamo oggi non riflette il costo reale di produrre ciò che riceviamo, ma il costo che gli investitori sono disposti ad assorbire durante la fase di cattura del mercato. Quando quella fase finirà, i prezzi rifletteranno il costo reale più il margine necessario a recuperare le perdite precedenti. L'invisibilità dei costi, qui, è anche temporale: non si vedono perché qualcuno scommette di farli pagare dopo.

Il terzo è *ciò che si paga quando non si paga.* La società elettrica non raccoglie informazioni sul nostro uso del ferro da stiro. I fornitori di IA, invece, operano su un modello in cui la maggioranza degli utenti paga con i dati. Ogni consultazione è informazione: sui problemi, gli interessi e gli errori della gente, sulle risposte che accetta e quelle che rifiuta. Quell'informazione alimenta l'addestramento dei modelli futuri, raffina i prodotti esistenti, permette di costruire profili d'uso che hanno valore in sé. Per l'utente gratuito il costo apparente è zero, mentre il sistema cattura valore a ogni interazione. Per l'utente a pagamento il modello è ibrido — paga denaro e produce dati insieme —, con la differenza che il suo contratto a volte include clausole che limitano l'uso dei dati per l'addestramento. La gratuità è una transazione con un prezzo che non appare nell'interfaccia. L'utente di un servizio gratuito partecipa a un'operazione economica in cui apporta qualcosa che vale, in molti casi, più di ciò che riceve.

Le due curve di costi descritte all'inizio torneranno su questi tre disallineamenti. Il segmento premium potrà probabilmente pagare tracciabilità reale, garanzie sui dati e prezzi che riflettano i costi; il segmento di massa funzionerà su un'infrastruttura dall'impronta invisibile, con token misurati in modo opaco, finanziata da sussidi incrociati, capitale di rischio e cattura di informazione, che la bolletta dell'abbonamento — quando esiste — non rifletterà.

GEOPOLITICA DEL CALCOLO

L'intelligenza artificiale dipende dai chip acceleratori, una risorsa strategica con una catena di approvvigionamento più concentrata di quella del petrolio. NVIDIA controlla circa l'80% del mercato mondiale di GPU per l'addestramento di IA. La fabbricazione di quei chip dipende in modo schiacciante da TSMC a Taiwan, che produce più del 90% dei semiconduttori avanzati del mondo. Le apparecchiature di litografia necessarie sono prodotte da ASML, azienda olandese unica fornitrice mondiale dei sistemi più avanzati. Il petrolio, con tutte le sue tensioni geopolitiche, è distribuito tra decine di paesi produttori, e ha l'OPEC come meccanismo di coordinamento. L'IA, invece, dipende da tre aziende in tre paesi, senza equivalente regolatorio internazionale, e con lo stretto di Taiwan come punto unico di fragilità geopolitica. Qualunque interruzione in uno di quei tre punti paralizzerebbe la produzione globale dei chip che sostengono la frontiera dell'IA.

Gli Stati Uniti stanno dispiegando una strategia di contenimento mediante controlli sulle esportazioni. Dall'ottobre del 2022, restrizioni successive hanno limitato l'accesso della Cina ai chip avanzati e agli impianti di fabbricazione di semiconduttori. Le misure, rafforzate negli anni successivi, includono restrizioni ad ASML e ai fabbricanti giapponesi di apparecchiature litografiche, e configurano un regime di controllo di fatto con portata multilaterale. La risposta cinese ha combinato un investimento massivo nella capacità di fabbricazione domestica, lo sviluppo di alternative come Huawei Ascend, e l'accumulo di scorte di chip prima di ogni nuova tornata di restrizioni. L'effetto collaterale più interessante di quella pressione è controintuitivo: le restrizioni pensate per frenare la Cina hanno accelerato la ricerca di efficienza che i laboratori occidentali non avevano incentivo a intraprendere. DeepSeek e Kimi K2 sono la risposta prevedibile a un regime in cui l'accesso all'hardware più costoso è bloccato. La sanzione ha prodotto l'innovazione che l'abbondanza non aveva generato.[195]

La conseguenza è una biforcazione progressiva dell'ecosistema globale di IA, che va oltre l'hardware. Esistono modelli cinesi e modelli occidentali, ma anche le catene di fabbricazione, gli ecosistemi di software, i quadri regolatori e i flussi di dati divergono in direzioni che potrebbero diventare incompatibili. L'analogia con la biforcazione di internet in uno aperto e uno controllato è suggestiva, ma limitata: in internet l'infrastruttura tecnica fondamentale è rimasta comune, anche se le piattaforme si sono frammentate. Nell'IA, si sta biforcando l'infrastruttura stessa. Stanno emergendo contemporaneamente due ecosistemi cognitivi paralleli — hardware distinto, software distinto, dati distinti, valori distinti su ciò che un modello può e non può dire. Sulla mappa si muovono anche attori intermedi, che scommettono di posizionarsi tra i due poli: gli Emirati Arabi Uniti con Stargate UAE, un campus di centri dati da 5 gigawatt ad Abu Dhabi con implementazione a partire dal 2026; l'Arabia Saudita, che investe nell'IA come parte della sua diversificazione post-petrolio; l'Unione Africana, con la strategia continentale approvata nel luglio del 2024; il Brasile, con un quadro regolatorio basato sul rischio; l'India, con una sandbox regolatoria graduale. Nessuno di questi attori ha la capacità di definire l'ecosistema, ma tutti stanno costruendo posizioni per non restare intrappolati in uno solo dei due poli.

[195]DeepSeek-AI et al., *DeepSeek-R1: Incentivizing Reasoning Capability in LLMs via Reinforcement Learning*, arXiv:2501.12948, 2025.

DEMOGRAFIA DEGLI UTENTI

Prima di guardare chi usa l'IA e chi la paga, conviene collocare la scala di ciò di cui stiamo discutendo. Le stime variano a seconda delle fonti e delle definizioni, ma l'ordine di grandezza è eloquente. Il mercato globale dell'IA — software, hardware e servizi — si è collocato tra i 244.000 e i 390.000 milioni di dollari nel 2025, secondo Statista, Fortune Business Insights e Grand View Research.[196] È circa il 15% del mercato globale del petrolio, tra cinque e otto volte più grande di appena cinque anni prima, e sulla traiettoria di superare il petrolio prima della fine del decennio. Le proiezioni per il 2030 oscillano tra 800.000 milioni e 2,5 bilioni di dollari — certezza condivisa sulla direzione della crescita, considerevole incertezza sulla sua entità. La distribuzione geografica riproduce l'asimmetria che il resto del capitolo descrive: il Nordamerica concentra tra il 32% e il 36% del mercato, l'Asia-Pacifico e l'Europa sommano insieme quasi la metà, l'America Latina, il Medio Oriente e l'Africa rappresentano circa il 14% combinati.

Dentro quel mercato, l'IA generativa è un segmento dal comportamento atipico. Ha raggiunto circa 67.000 milioni di dollari nel 2025, mentre nel 2023 era l'8% della spesa totale in software di IA, e si prevede arrivi al 33% entro il 2027. In quattro anni, un segmento che praticamente non esisteva come categoria commerciale è passato a rappresentare un terzo della spesa in software di IA. La velocità di quella transizione è nuova nella storia della tecnologia, e riflette un'adozione che attraversa tutti i settori. Il 71% delle imprese riferisce di usare l'IA generativa con regolarità in almeno una funzione. Abbiamo davanti un mercato che ha già la scala delle grandi industrie globali con appena un decennio di esistenza come categoria commerciale riconoscibile, con una velocità di crescita che le industrie mature non hanno mai affrontato, e una

[196]Statista, *Artificial Intelligence - Worldwide: Market Forecast*, 2025, Fortune Business Insights, *Artificial Intelligence [AI] Market Size, Growth & Trends by 2034*, 2025, e Grand View Research, *Artificial Intelligence Market Size, Share & Trends Analysis Report*, 2025. Le stime variano a seconda della definizione e della portata.

geografia di concentrazione che riproduce le asimmetrie strutturali dell'ordine economico precedente.

Ma i numeri del mercato aziendale non raccontano la storia completa. Dietro le cifre di spesa corporativa c'è un'espansione sociale dalla forma più complessa di quanto l'idea di «adozione» suggerisca. L'IA generativa delinea almeno tre curve simultanee, che rimandano a fenomeni sociologici distinti: popolazioni, motivazioni, geografie diverse.

La prima curva è quella dell'*adozione di massa conversazionale*. Nel 2024, circa 281 milioni di persone hanno usato strumenti di IA. Si prevede che la cifra superi il miliardo entro il 2031. ChatGPT, dopo il lancio nel novembre del 2022, raggiunse un milione di utenti in cinque giorni e cento milioni in due mesi: l'adozione più rapida di qualunque applicazione nella storia. Per la fine del 2025 aveva più di 900 milioni di utenti attivi settimanali, elaborava più di due miliardi di consultazioni giornaliere ed era il quinto sito web più visitato al mondo. La curva ha una spiegazione sociologica precisa, che nessuna ondata tecnologica precedente aveva prodotto. Una ricerca su Google richiede che l'utente sappia cosa cercare, e in quali termini. Una conversazione con un modello linguistico richiede solo di saper formulare in linguaggio naturale ciò che si vuole.

Quella differenza ha abbassato una barriera tecnica che teneva molti utenti lontani dai motori di ricerca, e aiuta a spiegare perché la curva più ripida sia comparsa tra i giovani dei paesi emergenti, con accesso a internet ma poco uso di strumenti che richiedevano una formazione specifica. La demografia globale lo conferma. Nelle prime tappe il profilo era prevalentemente maschile, giovane e tecnico; verso la metà del 2025 il divario di genere si era chiuso quasi del tutto, con utenti dai nomi tipicamente femminili passati dal 37% nel gennaio del 2024 al 52% nel luglio del 2025. La distribuzione per età resta marcatamente giovane. Il 53% degli utenti ha tra i 18 e i 34 anni, il 33% tra i 35 e i 54, solo il 14% supera i 55 anni. Ma il profilo occupazionale si è diversificato in fretta. L'adozione nei paesi a basso reddito cresce a un tasso quattro volte superiore a quello dei paesi ad alto reddito. Negli Stati Uniti, il 34% degli adulti dichiarava di aver usato ChatGPT almeno una volta a metà del 2025, contro il 18% nel luglio del 2023, con il 58% tra i 18 e i 29 anni e solo il 10% tra gli ultrasessantacinquenni.[197]

La distribuzione geografica del traffico rivela asimmetrie notevoli: gli Stati Uniti concentrano circa il 15% del traffico globale, seguiti da India, Giappone, Brasile e Regno Unito. L'India ha un profilo marcatamente giovane — il 50% dei messaggi viene da utenti tra i 18 e i 24 anni, gli under 30 sono l'80% dell'attività; il Giappone mostra uno schema orientato a scrittura, traduzione e programmazione; il Brasile ha una delle basi di crescita più rapida del mondo. La Cina è un caso singolare: l'accesso diretto a ChatGPT è limitato, ma l'ecosistema domestico — DeepSeek, Baidu Ernie, Alibaba Qwen — ha una propria dinamica di adozione di massa che le statistiche occidentali non catturano.

La seconda curva è quella dell'*adozione professionale*. I numeri sono più piccoli, ma l'impatto economico è sproporzionatamente maggiore. Il 92% delle imprese del Fortune 500 usa ChatGPT. Sviluppatori di software, avvocati, medici, ricercatori, creatori di contenuti e consulenti integrano questi sistemi in flussi di lavoro complessi, dove la differenza tra il modello gratuito e quello di frontiera è decisiva. La finestra di contesto, la dimensione del modello sottostante, la stabilità del comportamento, le capacità di elaborazione non sono dettagli tecnici: sono determinanti di che tipo di compiti si possa delegare al sistema. La curva ha una geografia distinta: si concentra nei paesi ad alto reddito, in settori intensivi di conoscenza, in organizzazioni con budget per abbonamenti aziendali che possono costare tra 20 e svariate migliaia di dollari mensili per postazione. E produce guadagni di produttività qualitativamente diversi da quelli dell'utente occasionale: chi integra l'IA nel proprio flusso di lavoro professionale può ampliare la propria capacità di elaborazione, redazione, analisi o programmazione in modi che

[197]OpenAI Signals Data, 2026. Aaron Chatterji et al., *How People Use ChatGPT*, NBER Working Paper 34255, 2025, e Pew Research Center, 2025.

l'utente occasionale non può replicare. È la differenza tra avere uno strumento e avere un'infrastruttura cognitiva.

La terza curva, spesso invisibilizzata nelle statistiche occidentali di adozione, è quella dei *modelli open source*. La sua demografia è radicalmente distinta dalle due precedenti. I modelli cinesi *open source* sono passati dal 17% dei download globali tra l'agosto del 2024 e l'agosto del 2025 al 41% tra il febbraio del 2025 e il febbraio del 2026, secondo i rapporti di Hugging Face. Uno studio del MIT e di Hugging Face ha rilevato che i modelli cinesi hanno superato per la prima volta quelli statunitensi nei download globali. Gli sviluppatori[198] indipendenti e i piccoli collettivi sono passati dal 17% al 39% di tutti i download su Hugging Face tra il 2022 e il 2025. Gli adottanti aziendali sono settori regolati — telecomunicazioni, banche, sanità, governo —, spinti da requisiti di sovranità dei dati che i modelli proprietari non possono soddisfare senza inviare informazione a server esterni. Non sono gli stessi che adottano ChatGPT per curiosità, né i professionisti che pagano abbonamenti premium. Sono organizzazioni che hanno bisogno di controllo sull'infrastruttura, governi che cercano di non dipendere da servizi stranieri, sviluppatori che vogliono modificare e distribuire modelli secondo i propri termini.

Anche la geografia è distinta. L'*open source* è la via dominante in Cina, cresce in fretta in India e in Europa, ed è l'opzione preferita nelle giurisdizioni in cui la regolamentazione dei dati rende impraticabile l'uso di servizi *cloud* occidentali. È la curva che il linguaggio abituale sull'adozione dell'IA tende a rendere invisibile, perché non compare nelle statistiche degli utenti di ChatGPT né nei rapporti di ricavi di OpenAI o Anthropic — eppure è una porzione crescente del consumo globale di capacità di IA.

Le tre curve hanno conseguenze distinte. Quella di massa conversazionale sostiene la narrazione della democratizzazione, ma produce una conversione bassissima a utenti paganti. Quella

[198]Hugging Face, State of *Open Source* on Hugging Face: Spring 2026, marzo 2026. Disponibile su: huggingface.co/blog/huggingface/state-of-os-hf-spring-2026

professionale sostiene i modelli di business aziendali e concentra il valore economico reale del settore. Quella *open source* opera fuori dalle due logiche precedenti, finanziata da strategie geopolitiche e da necessità di sovranità tecnica che non appaiono in alcun rapporto di mercato convenzionale. Quando si dice «ho usato l'IA» senza precisare quale modello, in quale versione, sotto quale regime, l'espressione copre situazioni che hanno poco in comune. La sineddoche descritta nel Capitolo 2 occulta la coesistenza di tre fenomeni sociologici distinti. E quella coesistenza, come mostrerà il resto del capitolo, non è transitoria ma strutturale: i modelli di business, le dinamiche di prezzo e le scommesse di capitale dei diversi attori poggiano sull'ipotesi che le tre curve continueranno a coesistere, e che il valore economico si cattura in modo distinto in ciascuna.

MODELLI DI BUSINESS

La domanda su chi paga rivela un'asimmetria fondamentale. Dei 900 milioni di utenti settimanali di ChatGPT, circa il 5% paga: circa 50 milioni di abbonati individuali e 9 milioni di piani aziendali. Menlo Ventures stima che, del totale di 1.800 milioni di persone che usano qualche servizio di IA generativa, solo il 3% paghi. Il 95% degli utenti non paga nulla.[199] Ma quella cifra globale occulta due modelli di business radicalmente distinti, che coesistono nello stesso mercato e puntano a nozioni distinte di che cosa si stia vendendo. Nel Capitolo 2 abbiamo rivisto il profilo dei costruttori del labirinto. Guardiamo ora solo i modelli di business.

OpenAI rappresenta il modello di volume. ChatGPT concentra il 62,5% delle vendite di abbonamento tra i consumatori, e nessun altro prodotto supera il 6%.[200] La strategia si fonda su una massa critica di utenti gratuiti, conversione bassa ma sufficiente, scala

[199]Menlo Ventures, *2025: The State of Consumer AI*, giugno 2025.

[200]Earnest Analytics, *Consumer AI Subscription Sales Market Share Analysis*, 2025. Dati riferiti in Andreessen Horowitz, The State of Consumer AI, 2025.

enorme. Anche Gemini opera nella stessa logica di volume e distribuzione di massa, per integrazione in Android e Google, senza bisogno che l'utente installi un nuovo strumento[201] — il che complica il confronto con piattaforme che l'utente sceglie attivamente. Anthropic rappresentava all'inizio il modello opposto, ed è cresciuta senza una fase di utente di massa gratuito comparabile a ChatGPT, che ha superato per la prima volta in ricavi annualizzati nell'aprile del 2026. Il motore della crescita sono state le imprese. Più di 1.000 clienti corporativi spendono più di un milione di dollari annui con Anthropic, e otto delle dieci imprese con più ricavi del Fortune 500 sono clienti di Claude.[202] Claude Code, il suo prodotto di assistenza ai programmatori lanciato nel maggio del 2025, generava 2.500 milioni di dollari in ricavi annualizzati a febbraio del 2026 — un prodotto che undici mesi prima non esisteva. GitHub Copilot segue questa linea, con una crescita del 75% su base annua, e con un modello orientato a team di sviluppo corporativi.[203] Grok, di xAI, incarna una terza logica. La sua quota di mercato negli Stati Uniti è saltata dall'1,9% nel gennaio del 2025 al 17,8% nel gennaio del 2026, la curva di crescita più ripida del periodo, grazie all'integrazione diretta con X.[204] È il caso più chiaro di crescita per distribuzione forzata — una strategia che Meta tenterà probabilmente di replicare con Llama integrato in WhatsApp e Instagram.

I due modelli dominanti rivelano concezioni distinte di che cosa si stia vendendo. OpenAI e Gemini vendono accesso a un'interfaccia conversazionale di massa, finanziata da capitale di rischio e monetizzata in parte via abbonamenti premium. Anthropic e Copilot vendono integrazione in infrastrutture produttive, dove il cliente paga perché il sistema diventa parte strutturale della sua operazione.

---

201 Lauren Forristal, *Google's Gemini app has surpassed 750M monthly active users*, TechCrunch, 4 febbraio 2026.

202 Anthropic, blog ufficiale, 7/04/2026.

203 Julie Bort, *Satya Nadella insists people are using Microsoft's Copilot AI a lot*, TechCrunch, 29/01/2026.

204 Reuters, *Musk's AI Chatbot Grok Gains US Market Share Amid Sexualized Images Backlash, Data Shows*, Reuters, 13/02/2026.

Per ora vincono entrambi, ma sono scommesse distinte su dove si trovi il valore reale dell'IA. Quale delle due risulterà sostenibile nel lungo termine — quando il capitale di rischio smetterà di sussidiare la fase di cattura del mercato — definirà come si distribuirà il valore economico dell'IA nel prossimo decennio.

Chi paga, in ciascun modello, e perché? Il profilo dell'abbonato a pagamento si distingue dall'utente gratuito in due dimensioni. La prima è funzionale. Chi paga usa lo strumento come parte del proprio lavoro, e l'efficienza che ottiene giustifica un costo modesto rispetto a qualunque strumento professionale equivalente. Il 92% delle imprese del Fortune 500 usa ChatGPT. Sviluppatori, avvocati, medici, ricercatori, creatori di contenuti dominano il segmento a pagamento, perché per loro il modello gratuito — finestra di contesto più corta, modello sottostante meno capace, restrizioni d'uso strutturali — non basta. La seconda dimensione è cognitiva. Chi paga comprende la differenza tra i regimi di operazione, e sa di star accedendo a un sistema distinto, non a una versione più veloce dello stesso. La domanda più interessante è perché gli altri non paghino. Alcuni non pagherebbero in nessun caso, perché il loro uso è coperto dal modello gratuito. Altri pagherebbero se sapessero di avere compiti che trarrebbero vantaggio da maggiori capacità, ma non hanno mai avuto modo di confrontare, e non percepiscono la differenza come una perdita. Altri, infine, non possono pagare. 20 dollari mensili, in buona parte dell'America Latina, dell'Asia meridionale e dell'Africa, sono una barriera significativa. La bassa conversione globale non è solo un dato di mercato: è un indicatore di capacità cognitiva sistematicamente inaccessibile a chi più ne avrebbe bisogno.[205] Il Capitolo 10 svilupperà quell'asimmetria come un divario di nuovo tipo.

[205]Menlo Ventures, 2025: The State of Consumer AI, giugno 2025.

Anatomia del prezzo

Se i modelli di business determinano chi cattura il valore dell'IA, il prezzo dell'inferenza determina quanto valore ci sia da catturare. Curiosamente, il costo unitario è calato mentre la spesa totale cresceva — una dinamica solo in apparenza contraddittoria, con una spiegazione precisa. Il prezzo dell'inferenza — il costo di generare una risposta a partire da un modello già addestrato — si misura in dollari per milione di token elaborati. Nel marzo del 2023, GPT-4 costava 60 dollari per milione di token di output. Per l'agosto del 2025, la frontiera di costo-efficienza era arrivata a 0,14 dollari per milione di token. Secondo Epoch AI, raggiungere il livello di rendimento di GPT-3.5 è diventato più di 280 volte più economico tra il novembre del 2022 e l'ottobre del 2024.[206] I modelli che erano allo stato dell'arte nel 2023 hanno avuto cali di prezzo di circa 1.000 volte.

Il calo è dovuto all'adozione massiva di architetture *mixture of experts* (MoE), che attivano solo un sottoinsieme dei parametri del modello per ogni token — viste nel Capitolo 2 — e hanno ridotto drasticamente il costo di calcolo per inferenza. I miglioramenti nell'hardware di inferenza, da H100 a H200 e B100 di NVIDIA, hanno offerto un rapporto costo-rendimento tra 2 e 4 volte migliore per generazione di GPU. I framework di ottimizzazione del software, come vLLM e FlashAttention, hanno ridotto le inefficienze computazionali. Tecniche come la memorizzazione nella cache delle istruzioni (*prompt caching*) e l'invio delle richieste in lotto (*batching*) hanno eliminato gran parte del calcolo ridondante, perché il sistema riutilizza risultati precedenti o raggruppa compiti simili. A questo si aggiunge la pressione competitiva di DeepSeek, che ha dimostrato che modelli competitivi potevano operare a costi molto minori, forzando riduzioni di prezzo in tutto l'ecosistema occidentale nel giro di settimane.

---

[206]Ben Cottier et al., *LLM inference prices have fallen rapidly but unequally across tasks*, Epoch AI, 2025, e Stanford HAI AI Index, 2025.

Ma il calo del prezzo del token non si traduce automaticamente in un calo della spesa. La spesa aziendale in IA sul cloud si è triplicata in un solo anno: da 11.500 milioni di dollari nel 2024 a 37.000 milioni nel 2025. Com'è possibile che il costo unitario cali del 99,7% e la spesa aggregata si tripli? La risposta è il cosiddetto effetto rimbalzo di Jevons. Quando il costo di una risorsa diminuisce abbastanza, la domanda cresce più in fretta dell'efficienza, e il consumo totale aumenta.[207] Nel caso dell'IA, i token più economici non hanno prodotto bollette più basse, ma un aumento esponenziale del volume di token consumati. Google ha riferito che la sua elaborazione interna di token è cresciuta di 130 volte in 18 mesi.

A ciò si aggiunge un secondo fattore, che amplifica l'effetto: i modelli di ragionamento. Questi modelli — o1 e o3 di OpenAI, Claude con *extended thinking* di Anthropic, Gemini Thinking di Google — generano lunghe catene interne di token di ragionamento prima della risposta visibile. Il prezzo per token può essere uguale o anche minore, ma il numero di token consumati per consultazione è di un ordine di grandezza maggiore. Ogni token è più economico, ma ogni risposta contiene molti più token — come costruire motori più efficienti per fabbricare camion più grandi. E il prezzo del token cattura solo una frazione del costo reale di operare l'IA in produzione. La bolletta di inferenza di OpenAI, Anthropic o Google è tra il 20% e il 40% del costo totale di infrastruttura di IA per un'organizzazione. Il resto sono costi di integrazione, monitoraggio, ingegneria dei *prompt*, gestione di pipeline, valutazione della qualità, conformità regolatoria. Costi che non calano con il prezzo del token.

La narrazione dominante sui costi dell'IA è passata per tre fasi. Nella prima, tra il 2020 e il 2023, l'IA generativa era percepita come una risorsa scarsa e costosa. Il consenso di mercato assumeva che la qualità dei modelli sarebbe scalata linearmente con l'investimento, stabilendo una barriera d'ingresso insormontabile per chi non avesse capitale massivo. Le valutazioni delle imprese di IA si costruirono in parte su questo presupposto. Nella seconda fase, tra il 2024 e il 2025,

---

[207]NavyaAI, *Tokens got 99.7% cheaper. So why did your AI bill triple?*, 2026.

il calo dei prezzi dell'inferenza ha polverizzato quel presupposto, e il numero di fornitori di inferenza si è espanso da 27 a 90 nello stesso periodo. Siamo ora nella terza fase, definita da un paradosso di democratizzazione: qualunque sviluppatore può integrare capacità di IA a un costo marginale insignificante, ma la capacità di addestrare nuovi modelli di base resta molto concentrata. Il calo dei prezzi dell'inferenza non si è trasferito ai costi di addestramento. I costi dell'hardware crescono, i dati di alta qualità sono sempre più scarsi, la concentrazione dell'ecosistema dei chip resta estrema. Si è democratizzato il consumo, non la produzione. Tutti possono accendere una luce. Pochissimi possono costruire una centrale elettrica.

Che cosa possiamo aspettarci? Non c'è uno scenario credibile in cui i prezzi del token aumentino in modo significativo. Le forze competitive, la disponibilità di modelli *open source* e i miglioramenti continui dell'hardware fissano un tetto permanente. Eppure non c'è nemmeno uno scenario in cui la spesa totale in IA diminuisca. Ogni miglioramento di efficienza abilita nuovi usi, che consumano più calcolo nel complesso. I modelli di ragionamento amplificano il fenomeno, e i sistemi agentici che eseguono azioni nel mondo reale moltiplicano i token consumati per compito. Se continuiamo così, possiamo intravedere token più economici, bollette più alte, concentrazione produttiva e frammentazione del consumo. Il paradosso del prezzo riassume la logica completa del capitolo: un sistema i cui costi unitari calano indefinitamente mentre i costi aggregati crescono senza tetto, sostenuto da un'infrastruttura la cui impronta materiale non appare in alcuno scontrino, e finanziato da una struttura di capitale la cui sostenibilità dipende dal fatto che l'attuale fase di sussidi differiti, prima o poi, si chiuda.

La catena che c'è dietro ogni risposta generata da un sistema di intelligenza artificiale è invisibile nell'interfaccia, ma strutturante nell'economia reale. Dietro il cursore che lampeggia ci sono miniere, cavi sottomarini, centri dati che evaporano laghi, valutatori umani che lavorano per meno di quanto costi l'abbonamento mensile, e una struttura di capitale che scommette di recuperare più avanti ciò che oggi regala. L'intelligenza artificiale è, in questo senso, un sistema industriale globale che si presenta come un servizio immateriale. Ha un'impronta comparabile a quella dei trasporti o della manifattura, e una concentrazione di potere produttivo che nessuno di quei settori esibisce. Quell'eliminazione è la condizione di funzionamento di un sistema dalle bollette spostate. In parte le assorbono le imprese come investimento strategico, in parte si recupera via abbonamenti e servizi aziendali, in parte si finanzia con capitale di rischio, e in parte si traduce in consumo di risorse che non appaiono in alcuno scontrino. L'utente paga con denaro, o con dati, o con dipendenza tecnologica, e spesso non paga direttamente affatto — ma il sistema, nel suo insieme, non smette mai di incassare. Il servizio di esecuzione di capitale cognitivo descritto all'inizio si riflette nelle cifre di un sistema la cui operazione economica concreta è tanto curiosa quanto la sua natura.

8

Labirinti legali e sostenibilità

Gli LLM non esistono nel vuoto. Hanno bisogno di enormi quantità di testo scritto da persone che non hanno scelto di contribuire al loro addestramento, e che nella maggior parte dei casi non riceveranno nulla in cambio. È una condizione d'origine che forma un nodo di problemi legali, etici e filosofici sulla cui soluzione non c'è consenso. Qui il labirinto si fa più intricato. I corridoi legali si biforcano a ogni svolta, e i cartelli si contraddicono. La stessa cosa è uso legittimo in una giurisdizione e violazione in quella accanto; oggi è zona grigia, domani può essere dottrina consolidata o catastrofe giuridica. È bene procedere con cautela, perché nella regolamentazione dell'intelligenza artificiale lo sfasamento tra l'oggetto e i quadri disponibili è enorme. Il diritto è stato costruito per gestire relazioni tra agenti umani che producono opere con intenzione, distribuiscono copie identificabili, competono per mercati stabili. L'LLM non rientra in nessuna di quelle descrizioni: non è un agente, non produce opere nel senso giuridico classico, e opera su un corpus la cui scala eccede qualunque meccanismo di licenza individuale. I modelli regolatori in formazione sono, in questo contesto, scommesse distinte su chi paga il costo di quell'inadeguatezza strutturale.

Il campo della regolazione

Il corpus di addestramento dei modelli di frontiera include quantità massive di testo sotto *copyright* — libri, articoli giornalistici, pubblicazioni accademiche, codice sorgente, contenuto web —, incorporato senza consenso esplicito degli autori né compenso. In fondo, ogni tradizione culturale si costruisce sull'appropriazione di ciò che precede, e nessuno scrittore scrive senza aver letto; per questo i laboratori sostengono l'idea di un *processo analogo alla lettura.* La lettura umana trasforma: chi ha letto Borges e ne riceve l'influenza, scrivendo a sua volta non riproduce Borges, ma crea altro, «metabolizzato» dalla propria esperienza biografica. Il modello, invece, assorbe distribuzioni statistiche e produce risposte che preservano pattern del corpus senza riproduzione letterale, ma senza averli compresi né trasformati attraverso alcuna esperienza.

Che cos'è, legalmente, ciò che producono? Le categorie consuete calzano male. Potremmo provare con opera derivata, ma ciò richiederebbe una relazione identificabile tra la risposta e una fonte specifica, mentre il modello trasforma milioni di opere alla volta, mai una sola. *Compilazione* suggerisce selezione e organizzazione di materiali preesistenti, ma il modello non seleziona né organizza materialmente. L'*opera anonima* del diritto continentale protegge l'autore la cui identità è semplicemente ignota; qui non c'è un autore sconosciuto, ma assenza di autore. Resta la categoria più recente, l'*opera generata da macchina*, che alcune giurisdizioni cominciano a tematizzare. Ma le decisioni che la affrontano — *Zarya of the Dawn* davanti all'Ufficio del Copyright statunitense nel 2023, Thaler v. Perlmutter lo stesso anno[208] — risolvono il problema dichiarando che una cosa simile non è un'opera: resta fuori dal regime autorale e cade nel dominio pubblico. La categoria nominerebbe una sorta di non-opera. Il diritto manca di una casella per qualcosa che sia

[208] U.S. Copyright Office, Lettera a Van Lindberg, Esq., in relazione a *Zarya of the Dawn* (Registration # VAu001480196), 21 febbraio 2023. Thaler v. Perlmutter, 687 F. Supp. 3d 140 (D.D.C. 2023), decisa il 18 agosto 2023 dalla giudice Beryl A. Howell, U.S. District Court for the District of Columbia, Civil Action No. 22-1564 (BAH), confermata in appello dalla D.C. Circuit Court of Appeals, marzo 2025.

genuinamente creazione e, al tempo stesso, non provenga da un soggetto creatore — che è il caso di ciò che produce il fantasma senza ego.

Le cause giudiziarie accumulate sono eloquenti nella loro varietà. The New York Times ha citato in giudizio OpenAI e Microsoft, sostenendo che i loro modelli riproducono porzioni significative di articoli protetti. Getty Images ha citato Stability AI per aver usato milioni di immagini con filigrana per addestrare Stable Diffusion. Autori individuali, programmatori e artisti visivi hanno avviato azioni collettive in molte giurisdizioni. All'inizio del 2026 ci sono più di settanta cause per violazione del *copyright* contro aziende di IA negli Stati Uniti, e la tendenza accelera.[209] Nel 2025 si sono aggiunti per la prima volta querelanti dell'industria cinematografica.

Negli Stati Uniti, le difese tendono a invocare l'uso equo (*fair use*), ma i tribunali non procedono in un'unica direzione. Nel febbraio del 2025, in Thomson Reuters v. Ross Intelligence, un tribunale del Delaware ha respinto la difesa dell'uso equo, e ha stabilito che usare contenuto protetto per addestrare uno strumento concorrente di ricerca legale costituiva violazione.[210] Il fattore determinante è stato l'impatto sul mercato: il prodotto competeva direttamente con l'originale. Nel giugno del 2025, in Bartz v. Anthropic, un tribunale della California ha stabilito che addestrare modelli con libri protetti costituiva uso equo, ma che immagazzinare copie piratate no.[211] Il caso si è risolto con un accordo da 1.500 milioni di dollari, il più grande nella storia del contenzioso su IA e copyright. In Kadrey v. Meta, un altro tribunale californiano ha anch'esso accolto la difesa dell'uso equo. Le[212] decisioni nei tre casi differiscono nei

---

[209]Chatgpt Is Eating the World, *AI Copyright Cases Tracker*, aggiornato periodicamente, chatgptiseatingtheworld.com. Anche Wired, *Every AI Copyright Lawsuit in the US, Visualized*, aggiornato nel 2025-2026.

[210]Thomson Reuters Enterprise Centre GmbH v. Ross Intelligence Inc., No. 1:20-cv-613-SB (D. Del. Feb. 11, 2025). Disponibile presso il sito dell'U.S. District Court for the District of Delaware.

[211]Bartz v. Anthropic PBC, No. 24-cv-05417 (N.D. Cal.). Chloe Veltman, *Anthropic pays authors $1.5 billion to settle copyright infringement lawsuit*, NPR, 5 settembre 2025.

[212]Kadrey v. Meta Platforms, No. 23-cv-03417 (N.D. Cal.).

ragionamenti, e nessuna è vincolante a livello di appello: il quadro giuridico è ancora aperto.

In Europa la struttura di eccezioni e limitazioni al diritto d'autore è più rigida, e lascia meno spazio alla flessibilità interpretativa dei tribunali. La Direttiva sul diritto d'autore nel mercato unico digitale (Direttiva 2019/790) ha introdotto un'eccezione per l'estrazione di testo e dati, che permette la riproduzione di opere a fini di ricerca scientifica senza autorizzazione, ma stabilisce un diritto di *opt-out* per i titolari dei diritti. Se il titolare dichiara esplicitamente di non autorizzare l'estrazione dalle sue opere, l'eccezione non si applica. Il problema è che il meccanismo è stato progettato prima dell'esplosione dell'IA generativa, e presuppone che il titolare possa sapere quando e come si usano le sue opere — cosa che in pratica si verifica di rado. L'EU AI Act ha completato il quadro esigendo, dall'agosto del 2025, che i fornitori di modelli di uso generale pubblichino un riepilogo dettagliato del contenuto usato per l'addestramento, con multe fino a 15 milioni di euro o il 3% del fatturato globale annuo in caso di inadempienza. L'obbligo di trasparenza è il più avanzato del mondo, ma la sua efficacia dipende dal fatto che i riepiloghi siano abbastanza specifici da permettere ai titolari di esercitare il diritto di opt-out — il che resta ancora da vedere.

Nel novembre del 2025, due tribunali europei hanno emesso le prime sentenze sull'addestramento dell'IA e il *copyright*, con risultati divergenti. Nel Regno Unito, la High Court ha risolto Getty Images v. Stability AI scartando le rivendicazioni principali di violazione, perché l'addestramento di Stable Diffusion era avvenuto fuori dal territorio britannico, il che eliminava la base giurisdizionale.[213] Il tribunale ha anche respinto la tesi secondo cui il modello in sé costituisce una copia illecita, argomentando che Stable Diffusion non immagazzina le opere protette nei suoi pesi, perché sono parametri

---

[213]Getty Images (US) Inc. v. Stability AI Ltd., [2025] EWHC 2863 (Ch). High Court of Justice, Chancery Division, decisione del novembre 2025. Vedi Mehul Srivastava, *UK High Court rules in Getty Images vs Stability AI case*, Financial Times, novembre 2025.

statistici, non registrazioni di immagini. I titolari dei diritti hanno definito la decisione deludente, perché ha evitato di pronunciarsi sulla questione centrale: se addestrare un modello con opere protette dentro il Regno Unito costituirebbe violazione. In risposta, un comitato parlamentare britannico ha pubblicato nel marzo del 2026 un rapporto intitolato *AI, Copyright and the Creative Industries*, che sostiene esplicitamente un regime di licenza preventiva — l'uso di opere protette per l'addestramento richiede autorizzazione, non la mera assenza di obiezione — e respinge la creazione di un'eccezione di estrazione di dati a fini commerciali, perché un modello di opt-out trasferisce al creatore l'onere di vigilare su un'industria in cui non può nemmeno confermare se la sua opera sia stata usata.[214]

In Germania, pochi giorni dopo, il tribunale regionale di Monaco ha risolto il caso GEMA v. OpenAI in direzione opposta. GEMA, la società collettiva di gestione dei diritti musicali, ha citato OpenAI per l'uso di testi di canzoni nell'addestramento di versioni precedenti di ChatGPT. Il tribunale ha stabilito che l'addestramento costituiva una riproduzione che richiedeva licenza.[215] A differenza del tribunale britannico, quello di Monaco ha considerato irrilevante il modo tecnico in cui il modello incorpora i dati. Se è stato addestrato con i testi e poteva riprodurli come risposta, allora il modello aveva incorporato il contenuto. La sentenza stabilisce che la responsabilità ricade sullo sviluppatore del modello — un punto su cui entrambi i tribunali hanno concordato.

Il Giappone ha adottato un approccio radicalmente diverso. La sua legislazione sulla proprietà intellettuale include dal 2018 un'ampia eccezione per l'estrazione di testo e dati, che permette l'uso di opere protette per l'addestramento di modelli di IA senza autorizzazione né compenso, anche a fini commerciali. È l'eccezione più permissiva tra le economie avanzate, e ha trasformato il Giappone in un territorio attraente per l'addestramento di modelli. Ha anche

---

[214]UK House of Lords Communications and Digital Committee, AI, Copyright and the Creative Industries, rapporto pubblicato nel marzo 2026. Disponibile presso il sito del Parlamento del Regno Unito (parliament.uk).

[215]GEMA v. OpenAI, Landgericht München I, decisione del novembre 2025.

generato tensione con i settori creativi giapponesi, in particolare l'industria del manga e dell'animazione, che vedono le loro opere usate massivamente senza un ricorso effettivo possibile.

In America Latina la discussione è incipiente. Il quotidiano brasiliano Folha de São Paulo ha citato OpenAI a San Paolo nell'agosto del 2025, sostenendo che l'azienda accede quotidianamente al suo sito per ottenere contenuto senza autorizzazione né compenso, in una configurazione di concorrenza sleale. In Danimarca, un gruppo di editori di stampa ha citato OpenAI alla fine del 2025 per l'uso delle loro pubblicazioni nell'addestramento di ChatGPT. Questi primi casi suggeriscono che il contenzioso si globalizzerà, man mano che i titolari dei diritti in ciascuna giurisdizione individueranno le proprie opere nel corpus di addestramento.

La convergenza di questi sviluppi mostra tre modelli regolatori in formazione, che probabilmente coesisteranno senza armonizzarsi. Il modello statunitense risolve caso per caso, mediante la dottrina del fair use, con risultati imprevedibili e una giurisprudenza instabile. Il modello europeo combina eccezioni limitate con diritti di *opt-out* e obblighi di trasparenza, scommettendo che l'informazione permetta ai titolari di esercitare il controllo. Il modello giapponese privilegia l'innovazione, con un'ampia eccezione che minimizza le restrizioni all'addestramento.

Ogni modello esprime una decisione politica su chi assorbe il costo dell'incertezza. Negli Stati Uniti lo assorbono entrambe le parti, mentre litigano. In Europa, gli sviluppatori, che devono dimostrare compliance. In Giappone, i creatori, che non hanno un meccanismo di opposizione effettivo. In nessun caso c'è consenso, e la frammentazione tra giurisdizioni aggiunge uno strato di complessità per chiunque operi globalmente: lo stesso atto di addestramento può essere legale a Tokyo, illegale a Monaco, e in attesa di risoluzione a New York.

Sul versante economico, le conseguenze di qualunque risoluzione sono problematiche. Se i tribunali stabiliscono che l'addestramento con dati protetti richiede licenza, i costi di sviluppo dei modelli aumenterebbero sostanzialmente. Gli attori con risorse per negoziare accordi di licenza massivi — come quelli che Google ha firmato con Reddit e Associated Press — avrebbero un vantaggio sugli attori più piccoli, consolidando la concentrazione già descritta. Se invece si stabilisce che l'addestramento costituisce uso equo, si consolida un modello in cui i creatori di contenuto sussidiano involontariamente l'industria dell'IA senza partecipare ai suoi benefici. In entrambi i casi qualcuno perde — e probabilmente ciò ha più a che vedere con il potere di negoziazione che con i princìpi.

Il problema si estende al consenso individuale. Le regolamentazioni di protezione dei dati — il Regolamento Generale sulla Protezione dei Dati (GDPR 2016/679) in Europa, la LGPD in Brasile, e altre — stabiliscono requisiti di base giuridica per il trattamento dei dati personali. Quando un modello si addestra con pubblicazioni nei social network, forum, email trafugate o dati medici, la base giuridica è in molti casi controversa. Il diritto all'oblio, sancito dall'articolo 17 del GDPR, pone la sfida più acuta. Che cosa significa «cancellare» un dato che non è archiviato come registrazione in una base di dati, ma disciolto nei pesi di una rete neurale con miliardi di parametri?

La risposta tecnica è il *machine unlearning*, un campo di ricerca emergente che tenta di sviluppare metodi affinché un modello «dimentichi» dati specifici senza bisogno di riaddestrarlo da zero.[216] Gli approcci attuali includono metodi esatti, come SISA (*Sharded, Isolated, Sliced, and Aggregated*), che partiziona i dati di addestramento in modo che eliminare un dato richieda di riaddestrare solo il frammento interessato; metodi approssimati, che regolano i parametri del modello per ridurre l'influenza di dati specifici senza

---

[216]Sul *machine unlearning*, vedi Martin Pawelczyk et al., *Machine Unlearning Fails to Remove Data Poisoning Attacks*, International Conference on Learning Representations (ICLR 2025), arXiv:2406.17216, 2025, e A. Feder et al., *Machine Unlearning Doesn't Do What You Think: Lessons for Generative AI Policy, Research, and Practice*, arXiv:2412.06966, 2024.

garantirne l'eliminazione completa; e il *fine-tuning con etichette modificate*, che riaddestra il modello sui dati da dimenticare con risposte scorrette, forzando una sovrascrittura. IBM ha sviluppato SPUNGE, che in esperimenti con i modelli Llama di Meta è riuscito a completare processi di oblio in minuti, invece dei mesi che richiederebbe un riaddestramento completo.

Ma nessun metodo attuale garantisce l'eliminazione completa, né verifica in modo affidabile che il modello abbia davvero dimenticato: il campo è lontano dall'offrire soluzioni scalabili per i modelli di frontiera. La difficoltà è, in un certo senso, ontologica. I modelli non archiviano dati come registrazioni recuperabili, ma come pattern distribuiti, e «cancellare» un dato è come tentare di estrarre un ingrediente da un piatto già cucinato. Anche sopprimendo la capacità di riprodurre un dato specifico, le tracce statistiche di quel dato possono persistere nei pattern generali del modello. Il Comitato europeo per la protezione dei dati ha fatto del diritto all'oblio la sua priorità di applicazione per il 2025, con 32 autorità nazionali che coordinano indagini su come le organizzazioni gestiscono le richieste di eliminazione. La California ha promulgato la legge AB 1008, che dal 2025 esige esplicitamente che gli sviluppatori di IA onorino le richieste di eliminazione di informazione personale incorporata nei modelli — un'esigenza pionieristica, ma di adempimento tecnicamente incerto, viste le limitazioni appena descritte.

La tensione tra l'architettura dei modelli e i princìpi normativi che le società hanno costruito sulla proprietà intellettuale e la privacy è profonda. I modelli sono stati progettati senza la possibilità dell'oblio, perché la finalità dell'addestramento è esattamente l'opposta: assorbire tutto e non dimenticare nulla. Chiedere a un sistema ottimizzato per la ritenzione totale di implementare l'oblio selettivo contraddice la sua architettura. I progressi nel *machine unlearning* mostrano quanto si lavori controcorrente — con conseguenze normative che affrontiamo con goffaggine.

Il percorso attraverso le dimensioni dell'addestramento, l'asimmetria territoriale-globale e il diritto all'oblio mostra che nessuna giurisdizione ha ancora consolidato un quadro efficace, ed è difficile che qualcuna possa farlo da sola. Tanto meno se abbraccia l'idea di strumento, perché il fantasma senza ego sfugge facilmente alle reti regolatorie fatte per gli artefatti tradizionali. La questione giuridica di chi sia responsabile di ciò che il modello produce è impegnativa, e richiede anzitutto di cambiare le prospettive che non stanno funzionando.

SVILUPPO SOSTENIBILE

Tutto ciò che abbiamo esaminato fin qui confluisce in una domanda: è sostenibile questo ecosistema? La dimensione economica è la più discussa, e tende a oscurare le altre; ma parlare di sostenibilità solo in quei termini è una riduzione indebita del problema. La sostenibilità dell'intelligenza artificiale opera su vari piani distinti, con logiche anch'esse distinte. Ciò che segue cerca di descrivere come si presentano le tensioni in ciascuno, e che cosa implichi la coesistenza di segnali contraddittori. Conviene tenere a mente che le domande sulla sostenibilità non riguardano come usare meglio uno strumento, ma quali condizioni permettano o impediscano il funzionamento sostenibile di ciò che nel Capitolo 7 abbiamo chiamato *servizio di esecuzione di capitale cognitivo.*

Cominciamo dalla *sostenibilità economica*, che dipende meno dai ricavi di ciascun attore individuale che dalle relazioni di interdipendenza che sostengono il settore nel suo insieme. I ricavi di OpenAI e Anthropic, le perdite operative dei laboratori, la segmentazione tra utenti gratuiti e a pagamento non arrivano a rendere conto di un ecosistema in cui le strategie di ciascuno condizionano la sostenibilità degli altri.

L'apertura di Meta con Llama ha stabilito un pavimento di accesso gratuito che mette sotto pressione tutti gli attori proprietari. Se un modello *open source* con rendimento competitivo è disponibile senza costo, i modelli proprietari hanno bisogno di offrire qualcosa in più del rendimento per giustificare il prezzo: stabilità, allineamento, supporto, integrazione, governance. DeepSeek ha compresso i presupposti sul costo di addestrare modelli di frontiera, forzando riduzioni di prezzo che hanno ridotto i margini di tutti. Google può far operare Gemini in perdita indefinitamente, perché lo sussidia con i ricavi di ricerca, pubblicità e servizi cloud; ma quella capacità di sussidio incrociato stabilisce un tetto di prezzi che gli attori senza un ecosistema diversificato — Anthropic, i laboratori più piccoli — non possono eguagliare. NVIDIA ha investito un miliardo di dollari in partecipazioni di startup di IA nel 2024, molte delle quali spendono quei fondi per comprare GPU di NVIDIA, configurando un circuito di finanziamento che sostiene la domanda dei propri prodotti. E OpenAI ha impegnato più di un bilione di dollari in infrastruttura per il prossimo decennio, finanziato da investimenti di Microsoft e NVIDIA.

Il risultato è un ecosistema in cui la sostenibilità individuale di ciascun attore dipende da decisioni che prendono gli altri, e in cui la pressione competitiva spinge sistematicamente i prezzi verso il basso mentre i costi di infrastruttura crescono. La domanda è se il modello di business del settore nel suo insieme sia sostenibile senza sussidi incrociati, investimenti circolari e tolleranza di perdite su scala di miliardi di dollari. Non mancano i confronti con la struttura di una bolla. È possibile che non lo sia. Ma la sostenibilità economica dell'ecosistema attuale è ancora in discussione.

A questo si aggiunge il ritmo di obsolescenza. I modelli di frontiera si rimpiazzano ogni pochi mesi. GPT-4 è stato lanciato nel marzo del 2023; per il marzo del 2026 l'ecosistema di OpenAI include GPT-5.4. Ogni generazione richiede nuova infrastruttura di addestramento, nuovi dati, allineamento rinnovato, nuove valutazioni di sicurezza, nuovi cicli di *compliance*. Non è chiaro che un ecosistema in cui il prodotto centrale ha un ciclo di vita di mesi, e ogni iterazione esige investimenti che non si recuperano prima della successiva, sia sostenibile. Il silenzio nel dibattito pubblico indica che la retorica del progresso ha normalizzato un ritmo che in qualunque altra industria si considererebbe insostenibile.

Anche la *sostenibilità geopolitica* è in discussione. La catena di approvvigionamento dei chip avanzati, come si è visto nel Capitolo 7, è più concentrata di quella del petrolio. Vista nell'ottica della sostenibilità, quella concentrazione indica che l'intero sistema dipende da pochi punti geografici di fragilità. NVIDIA controlla circa l'80% del mercato di GPU per l'addestramento, TSMC produce più del 90% dei semiconduttori avanzati, ASML è l'unico fornitore mondiale delle apparecchiature di litografia più avanzate. Qualunque interruzione in uno dei tre punti — un conflitto militare nello stretto di Taiwan, una restrizione commerciale unilaterale degli Stati Uniti alle apparecchiature olandesi, una sanzione incrociata della Cina — paralizzerebbe la produzione globale. Il sistema produttivo dell'IA non ha ridondanza geografica significativa, né un meccanismo internazionale di coordinamento, né riserve strategiche. È un sistema critico con pochi punti di rottura. A questa fragilità si aggiunge la biforcazione dell'ecosistema cinese e di quello occidentale, in hardware, software, quadri regolatori, flussi di dati. Se la divergenza si approfondisce, la sostenibilità di ciascun blocco dipenderà dalla sua capacità di costruire un'infrastruttura completa propria, con tutti i costi di duplicazione che ciò implica. Se la divergenza si attenua per pressione economica, dipenderà da meccanismi di cooperazione che le tensioni geopolitiche attuali rendono difficili. In entrambi gli scenari, la sostenibilità geopolitica del settore è da vedere.

Quanto alla *sostenibilità ambientale*, l'impronta del settore in elettricità, acqua, emissioni e stress territoriale è stata già trattata nel Capitolo 7. L'efficienza tecnica potrebbe mitigare i problemi. Guardando solo a quelle curve, la conclusione potrebbe essere ottimista — se non fosse che il rimbalzo di Jevons trasforma ogni guadagno di efficienza in un aumento del volume totale d'uso, e il sistema nel suo insieme consuma di più. Le proiezioni della IEA, secondo cui il consumo elettrico dei centri dati raddoppierà entro il 2030, incorporano già i miglioramenti di efficienza attesi, e perfino con essi il consumo cresce.[217] I modelli *on-device*, che si eseguono

[217]International Energy Agency, *Energy and AI*, 2025. Le proiezioni di raddoppio del consumo entro il 2030 incorporano i miglioramenti di efficienza attesi.

localmente sui dispositivi, tendono a presentarsi come una direzione ambientalmente sostenibile, perché eliminano il traffico verso la nuvola. È vero per il centro dati, ma cessa di esserlo per il sistema nel suo insieme: il costo energetico si trasferisce al dispositivo dell'utente, che lo assorbe nella sua bolletta elettrica.

Ciò che invece riduce l'impatto ambientale è la specializzazione, attraverso modelli piccoli, addestrati per domini circoscritti, che operano con una frazione del calcolo di un modello generalista. Un modello regolato per l'analisi di contratti, la diagnosi radiologica o la gestione di inventari non ha bisogno dei miliardi di parametri di un modello conversazionale generale, e produce risultati migliori dentro il suo dominio. La stessa logica vale per l'uso ibrido, dove un modello leggero risolve i compiti di routine e un modello di frontiera si attiva solo quando il compito lo richiede. Sono le uniche strategie che riducono davvero il calcolo totale, rendendolo più efficiente ed eliminando operazioni non necessarie.

Nel mezzo di tutto questo, la Commissione Europea ha proposto di esentare i centri dati di IA dalle valutazioni di impatto ambientale obbligatorie, in nome della competitività. La decisione, se confermata, codifica istituzionalmente la tensione già documentata tra gli obiettivi climatici e le ambizioni tecnologiche — forze che si annullano a vicenda, quando la regolamentazione decide di non mediare tra esse.

La *sostenibilità epistemica* è una dimensione meno studiata. È legata al cosiddetto rischio di contaminazione ricorsiva, derivato dall'addestramento dei modelli. Se i modelli generano testi che si pubblicano in internet, e l'addestramento li incorpora nel ciclo successivo, quei testi entreranno nel corpus come se fossero produzione umana. Il risultato è un circuito in cui ogni generazione di modelli si addestra in parte con le risposte della generazione precedente, con partecipazione umana diluita. Il cosiddetto «collasso del modello» (*model collapse*) mostra che, quando i sistemi si addestrano iterativamente con dati generati da modelli precedenti, la distribuzione delle risposte si restringe progressivamente.[218] I registri meno frequenti scompaiono, le varianti dialettali si appiattiscono, le posizioni minoritarie o idiosincratiche si cancellano in una media statistica sempre più omogenea. Il fenomeno è analogo a ciò che avviene con le fotocopie di fotocopie: ogni iterazione perde risoluzione, e la perdita è cumulativa e irreversibile. In breve, se i corpus di addestramento si contaminano via via con testo generato da IA, si degrada la diversità della risorsa cognitiva su cui il modello opera. Non c'è modo di invertire il processo, perché non c'è modo di separare su scala il testo umano da quello generato — un problema serio, se la sostenibilità dell'IA dipende proprio dalla produzione linguistica e cognitiva umana, diversa e non contaminata, che il sistema stesso sta degradando.

Consideriamo ora la *sostenibilità sociale.* Le condizioni del lavoro di allineamento svolto da esseri umani, a volte deplorevoli, sono già state descritte. Quel lavoro è una condizione dell'operazione: servono valutatori umani che classifichino gli output per l'uso commerciale, moderatori che filtrino il contenuto tossico perché le piattaforme possano operare in giurisdizioni regolate, etichettatori che curino i corpus per assicurare la qualità dei modelli. Questo lavoro non appare nelle equazioni di sostenibilità economica, perché il suo costo è marginale rispetto all'hardware e all'energia; ma ciò non lo rende secondario. Se domani tutti i valutatori di contenuto tossico smettessero di lavorare, i modelli comincerebbero a produrre output inaccettabili nel giro di ore. Possiamo chiederci se un sistema che produce supporto cognitivo per professionisti ad alto reddito sia sostenibile quando il suo funzionamento dipende da lavoro precario in paesi poveri. Al di là della retorica, è una questione di struttura di costi del sistema, e di chi paga che cosa perché funzioni.

C'è un tipo ulteriore, che possiamo chiamare *sostenibilità regolatoria.* Guardiamo il mosaico regolatorio già esplorato, ma dalla prospettiva della sostenibilità. I requisiti dell'EU AI Act per i sistemi

---

[218] Ilia Shumailov et al., *AI models collapse when trained on recursively generated data*, Nature 631 (2024), 755-759.

ad alto rischio — documentazione tecnica, valutazione d'impatto, supervisione umana, monitoraggio post-mercato, segnalazione di incidenti — impongono oneri rilevanti di adempimento normativo. Per organizzazioni con capacità istituzionale,[219] questi costi sono assorbibili, e possono perfino costituire un vantaggio competitivo, perché la capacità di dimostrare *compliance* diventa un differenziatore rispetto a concorrenti che non la hanno. Per attori più piccoli — startup, sviluppatori indipendenti, organizzazioni di paesi senza infrastruttura regolatoria — gli stessi costi possono essere proibitivi.

La regolamentazione distribuisce la sostenibilità in modo disuguale tra gli attori del settore. L'EU AI Act classifica come ad alto rischio i sistemi applicati in istruzione, occupazione, sanità, giustizia e servizi pubblici essenziali. Per quei sistemi esige documentazione tecnica dettagliata, valutazione d'impatto, supervisione umana nei punti critici, monitoraggio continuo dopo il dispiegamento, segnalazione obbligatoria di incidenti. Ciascun requisito ha un costo concreto: team legali, revisori, ingegneri dedicati a garantire la tracciabilità, sistemi interni di registro, processi di revisione che rallentano i cicli di sviluppo. In settori ad alto rischio, questi costi possono essere comparabili a quelli computazionali del sistema stesso. E cambiano le condizioni di concorrenza nel mercato europeo.

Gli attori che hanno già costruito i loro prodotti con governance incorporata fin dalla progettazione hanno un vantaggio strutturale su chi deve retro-adattare i sistemi per conformarsi. Un sistema di IA incorporato in un ERP per la gestione aziendale, che include registro di audit, tracciabilità delle decisioni e documentazione fin dall'architettura iniziale, si conforma alla regolamentazione in un modo che converte l'adempimento in proposta di valore: il cliente compra, insieme al sistema, la garanzia di poter rendere conto del suo uso. Allo stesso modo, un sistema di IA educativo che documenti

[219]European Commission, Impact Assessment accompanying the AI Act proposal, 2024. OneTrust, *Where AI Regulation is Heading*, 2026. Anche Regulation (EU) 2024/1689, European Parliament and Council, 2024, e Digital Omnibus proposal, 2025.

come decide quale contenuto presentare, e permetta un audit esterno dei suoi criteri pedagogici, evita sanzioni e genera fiducia istituzionale — esattamente ciò di cui scuole, università e ministeri hanno bisogno per adottare lo strumento. Dalla prospettiva delle grandi imprese con capacità istituzionale, dunque, la regolamentazione è un costo assorbibile che opera come vantaggio competitivo: più è esigente, più differenzia tra chi può conformarsi e chi no. Dalla prospettiva delle piccole imprese, degli sviluppatori indipendenti e degli attori di paesi senza infrastruttura regolatoria robusta, gli stessi requisiti possono essere proibitivi, e agire come barriera d'ingresso al mercato europeo. La regolamentazione, in questo senso, anziché azzerare le asimmetrie le riorganizza, favorendo chi era già avvantaggiato. Il paradosso dell'EU AI Act è che pretende di proteggere i cittadini europei dall'uso negligente dell'IA, ma così facendo consolida la posizione degli attori che hanno già il capitale e le capacità istituzionali per conformarsi, spingendo fuori dal mercato chi potrebbe essere un'alternativa più diversa e piccola. La regolamentazione è insieme un costo necessario e un creatore di mercato per l'IA sostenibile — a patto di capire che quel mercato avrà meno giocatori, non di più.

Guardato da lontano, il capitolo descrive due pareti dello stesso labirinto. La prima è legale. Tre modelli regolatori dissentono su tutto, tranne che su una premessa sbagliata — quella che riduce l'intelligenza artificiale a mero strumento —, e producono una frammentazione territoriale in cui gli attori capaci di operare globalmente convertono la dispersione giuridica in vantaggio competitivo, mentre gli altri assorbono l'incertezza come costo. La seconda è di sostenibilità. Molteplici dimensioni si condizionano a vicenda, e il sistema attuale ne attraversa alcune con successo, e altre barcollando.

Nessuno dei problemi descritti in questo capitolo è esclusivamente tecnico, né esclusivamente regolatorio. Tutti sono, in ultima analisi, problemi di governance. Le risposte che il settore sta costruendo — concentrazione accelerata, esternalizzazione di costi, opacità strutturale, controllo privato senza contrappeso istituzionale

— sono il risultato di decisioni specifiche, che potrebbero essere diverse. La retorica dell'inevitabilità è un espediente discorsivo efficace per bloccare l'immaginazione politica, e conviene resistervi.

Ma che tipo di controllo sociale può esercitarsi su un'infrastruttura cognitiva il cui funzionamento concentra potere, esternalizza costi e opera sotto categorie che il diritto non è stato progettato per accogliere? Le esperienze storiche di regolamentazione dell'elettricità, delle telecomunicazioni e dei media di massa suggeriscono che le società possono farlo, ma solo quando riconoscono il carattere infrastrutturale di ciò che regolano e sviluppano quadri istituzionali consistenti. L'IA è in un momento equivalente. Ciò che le società faranno o non faranno nei prossimi anni definirà se il settore si svilupperà sotto forme di controllo compatibili con la democrazia, o se la concentrazione strutturale diventerà irreversibile prima che le istituzioni riescano a rispondere.

E tutto questo, va aggiunto, avviene in contesti paradossali, a volte quasi parodistici — come il caso, già citato, del Dipartimento della Difesa degli Stati Uniti che dichiarava Anthropic un rischio per la catena di approvvigionamento mentre abbracciava il modello Grok di xAI, appena prima che Anthropic e xAI si associassero.[220] Il labirinto legale ha l'incoerenza come condizione di operazione normale.

Usciamo da questa zona del labirinto con più domande che risposte, ma con una mappa più chiara di ciò che è in gioco. La sezione che segue si occupa di come, in mezzo a tutto questo, possiamo lavorare bene con lo strumento — perché, in fondo, mentre i quadri istituzionali si riconfigurano, continuiamo a interagire con sistemi concreti su problemi concreti, e la qualità di quell'interazione conta tanto quanto la qualità della regolamentazione che la governa.

---

[220] CNBC, *Pentagon tech chief says Anthropic is still blacklisted, but Mythos is a separate issue*, 1 maggio 2026, e sull'accordo SpaceX-Anthropic, CNBC, 6 maggio 2026.

9

Ingegneria dell'interazione

Due persone possono operare sullo stesso modello linguistico, nell'identica versione e in condizioni tecniche equivalenti, e ottenere risultati di qualità completamente diversa. È capitato a tutti, confrontando le esperienze. D'impulso lo attribuiamo a differenze di abilità o di conoscenza tecnica. Ma la verità è che il modo di formulare le richieste, gestire le risposte e condurre il processo di interazione è determinante. La qualità della risposta dipende in buona misura dalla qualità dell'input, per ragioni di fondo che già conosciamo. Se la direzione viene da noi, dobbiamo arrangiarci per governare questa potenza priva di orientamento proprio senza che si imbizzarrisca — tanto più che il cavallo può infuriarsi o fermarsi senza che ce ne accorgiamo, finché non è troppo tardi. Dobbiamo progettare un processo che circoscriva quella potenza, la valuti, e si chiuda al momento opportuno. In questo capitolo esamineremo alcuni aspetti di questa strana arte di conduzione.

La natura delle istruzioni

Cominciamo dalla natura dell'istruzione, o *prompt*. Alcune guide pratiche paragonano questi sistemi ad assistenti estremamente capaci, che hanno bisogno di istruzioni precise. L'analogia è utile fino a un certo punto, perché punta alla definizione del compito; ma diventa ingannevole se la prendiamo alla lettera. Il modello non comprende ordini né decide di eseguirli: riconfigura probabilisticamente il suo spazio di generazione in funzione del contesto. Abbiamo a che fare con un fantasma senza ego, non con un assistente poco flessibile. Proprio per questo, l'istruzione dell'utente non può essere un ordine in senso umano — il che presupporrebbe un destinatario che la comprenda come ordine, una relazione diretta tra comando ed esecuzione, e la capacità di distinguere tra obbedire, disobbedire o reinterpretare. Niente di tutto questo è presente nell'interazione con un LLM. E per questo parlare di «dare ordini» al modello conserva un residuo antropomorfico, che è un ostacolo quando si opera con la modulazione statistica del contesto.

Il modello incorpora il testo di input come parte del contesto, e a partire da ciò riconfigura localmente lo spazio delle continuazioni probabili: un'istruzione funziona come una *condizione iniziale, che orienta la traiettoria di generazione e la sua distribuzione di probabilità.*[221] La forza imperativa della formulazione è priva dell'efficacia che troviamo, invece, in un vincolo preciso, in un esempio, in un cambio di registro. Con un vincolo, un esempio, un cambio di registro, riconfiguriamo il modo in cui il modello genera la risposta. Gli effetti sono immediati. Basta modificare il contesto perché il comportamento cambi, senza che il modello trattenga nulla in modo persistente.

Formulare istruzioni, vale ribadirlo, non è mai addestrare il sistema. L'illusione è comprensibile, perché il modello sembra «imparare» dallo scambio, adattandosi al nostro stile e migliorando lungo la conversazione.[222] Ma sono meccanismi del tutto distinti: l'istruzione opera solo sul contesto di input, senza alterare alcun parametro interno. Il cambiamento dello spazio di rappresentazione

---

[221]Laria Reynolds et al., *Prompt Programming for Large Language Models: Beyond the Few-Shot Paradigm*, Extended Abstracts of the 2021 CHI Conference on Human Factors in Computing Systems, arXiv:2102.07350, 2021.

[222]Tom Brown et al., *Language Models are Few-Shot Learners*, Proceedings of NeurIPS, arXiv:2005.14165, 2020.

che crea l'addestramento è il suolo che percorriamo nel formulare un'istruzione. Confondere i due piani produce aspettative che il modello non può soddisfare, e ci rende più vulnerabili ai fenomeni e ai rischi esaminati nel Capitolo 5. «Ho addestrato la mia IA perché non sia compiacente» potrebbe essere la prima battuta di un dramma greco, con tanto di errore tragico — e, purtroppo, si sente molto tra gli utenti con minore formazione tecnica.

Visto così, l'intera questione sembra ridursi al trovare buone istruzioni. Ma bisogna disattivare anche la mitologia del *prompt* perfetto. La popolarità dei cosiddetti *prompt universali* illustra la confusione. Spesso vediamo circolare sui social liste di istruzioni che promettono miglioramenti radicali del rendimento del modello, mediante formulazioni riutilizzabili applicabili a quasi qualunque situazione. Tutte presuppongono che esista una formulazione abbastanza completa da produrre buoni risultati indipendentemente dal contenuto. Purtroppo, in pratica, quelle istruzioni funzionano solo sotto condizioni molto specifiche.

Rivediamo tre esempi. «Ti darò i miei appunti in disordine su un progetto. Organizzali in una struttura logica, identifica i temi ricorrenti, individua le contraddizioni e segnala i punti che richiedono sviluppo.» L'istruzione funziona nell'essenziale, perché il modello ha visto innumerevoli testi organizzati in introduzione, sviluppo e conclusione; ma non ha criterio per distinguere quale idea sia centrale e quale irrilevante, se non lo sappiamo già noi. Nel caso di «Questo è il mio piano. Fai l'avvocato del diavolo, trova i difetti, i presupposti nascosti e i rischi che sto sottovalutando», otterremo obiezioni verosimili, perché il corpus contiene molti esempi di critica e argomentazione; ma il modello non può valutare l'importanza reale di quei rischi nella situazione concreta. Quando l'istruzione è «Devo scegliere tra A e B. Analizza oggettivamente le due opzioni, considera il contesto, i vincoli e i miei valori, e dammi una raccomandazione chiara», le raccomandazioni possono essere coerenti, perché il modello è addestrato con testi in cui si confrontano opzioni e si giustificano decisioni; ma restano limitate a ciò che appare esplicitamente nel contesto. In tutti i casi la risposta suona ragionevole, perché riproduce forme discorsive tipiche — il che può essere molto utile, purché si tenga presente che il modello non comprende il problema, e che l'istruzione da sola non garantisce nulla.

Un *prompt*, lo abbiamo detto, restringe lo spazio di generazione. Ma se la definizione del problema è debole, se operiamo con poco criterio e saltiamo la valutazione, il miglioramento è solo apparente, e otteniamo l'unica cosa che il modello produce in modo stabile: testi plausibili. Per questo gli stessi *prompt* che sembrano straordinariamente efficaci nelle dimostrazioni semplici diventano imprevedibili quando si applicano a problemi reali. Insistiamo: l'aspettativa che una consegna ben formulata possa sostituire la progettazione del processo completo è infondata, per due ragioni.

In primo luogo, a partire da una certa soglia le istruzioni estese degradano il rendimento. Più della lunghezza, il problema è l'ambiguità, i conflitti tra le consegne, la saturazione dell'attenzione del modello. Quando le istruzioni sono molto lunghe, il sistema deve gestire in simultanea molti vincoli, che possono contraddirsi, e può risolverli in modo poco consistente. La cosa si aggrava per tre proprietà dell'elaborazione di sequenze lunghe. Per effetto di primazia (*primacy effect*), il modello tende a prestare più attenzione all'inizio del testo, a prescindere dalla sua importanza. Per la tendenza opposta, il bias di recenza (*recency bias*), ricorda meglio ciò che appare alla fine. E per il perso nel mezzo (*lost in the middle*), l'attenzione decade nella zona centrale dei contesti estesi. Le tre proprietà coesistono e si combinano in modi imprevedibili: in un'istruzione molto lunga, il modello può privilegiare arbitrariamente alcuni vincoli su altri, solo per la loro posizione nel testo. Dell'importanza, niente. Ne segue che un'istruzione eccessivamente elaborata è un blocco di testo con regolarità potenzialmente contraddittorie, che il modello risolve in un modo che non possiamo anticipare né controllare.[223]

Supponiamo di aver bisogno del riassunto di un lungo articolo accademico. Un'istruzione scarsa direbbe: «riassumi questo articolo». Il modello non sa se ci si aspetta un paragrafo o due pagine, se debba dare priorità agli argomenti o ai dati, se il destinatario è uno specialista o un lettore generale — e risolve tutto da sé, di solito inclinandosi verso il generico e l'esteso. Una buona istruzione direbbe, invece: «riassumi l'argomento centrale di questo articolo in un paragrafo di non più di 150 parole, rivolto a chi conosce il campo ma non ha letto il testo; dai priorità alla tesi principale e all'evidenza che la sostiene, non alla struttura dell'articolo».

Ogni vincolo elimina una decisione che il modello prenderebbe da solo — estensione, fuoco, destinatario, criterio di selezione. Un'istruzione eccessiva aggiungerebbe: «usa un tono accademico ma accessibile, evita il gergo non necessario ma non semplificare troppo, sii preciso senza essere pedante, includi il contesto del dibattito in cui si inscrive l'articolo ma senza dilungarti, menziona i limiti se rilevanti ma solo se non allungano il riassunto oltre il necessario, e assicurati che il risultato sia utile sia per chi vuole decidere se leggere l'articolo sia per chi deve citarlo in un proprio lavoro». Ogni clausola, presa da sola, è ragionevole. Insieme sono tanto contraddittorie che il modello sceglie arbitrariamente a cosa obbedire e cosa ignorare — con l'aggravante che la scelta è meno prevedibile, perché i segnali competono tra loro.

In secondo luogo, la convinzione che tutto dipenda dall'istruzione è una forma di antropomorfismo invertito. Si insinua già dietro l'idea stessa di «istruzione», ma opera anche nell'obiettivo di «dire meglio», che presuppone un interlocutore umano a cui «spiegare bene» ciò che vogliamo. Il modello risponde a pattern

---

[223]Nelson F. Liu et al., *Lost in the Middle: How Language Models Use Long Contexts*, Transactions of the Association for Computational Linguistics 2024, arXiv:2307.03172, 2023.

statistici condizionati dal contesto. Non capisce meglio perché gli parliamo di più.

In sintesi, queste liste possono essere utili come esempi, ma rafforzano l'illusione che il controllo del modello si ottenga con una consegna isolata. In realtà, ogni istruzione funziona solo dentro un determinato regime di interazione, che implica una sequenza di operazioni differenziate. Il risultato migliora con la separazione delle fasi, la valutazione di ogni risposta e l'aggiustamento progressivo delle condizioni per la risposta successiva. L'alternativa alla cultura del *prompt* elaborato è ciò che chiamiamo *ingegneria dell'interazione*.

Ingegneria dell'interazione e iterazione

Analizziamo tre modi d'uso da saper riconoscere, perché non ogni interazione con un modello linguistico ha la stessa struttura.

Domandare è sollecitare un dato o una spiegazione puntuale. Qual è la differenza tra RLHF e DPO? Cosa stabilisce l'articolo 17 del GDPR? Come funziona l'attenzione nei *transformer*? Così il modello funziona come un'enciclopedia conversazionale. Le risposte sono utili, isolate, e la loro affidabilità dipende interamente dal fatto che abbiamo criterio per valutare ciò che riceviamo.

Richiedere, invece, è commissionare un prodotto chiuso — «Redigi una email», «riassumi questo documento», «scrivi una funzione che faccia questa cosa». Il modello produce un risultato finito, che tende a resistere alla revisione. Sembra completo, e la tentazione di accettarlo senz'altro è forte: la fluidità della risposta può mascherare carenze che appaiono solo se vinciamo quella tentazione e valutiamo.

Progettare un compito, infine, è strutturare una sequenza di operazioni con criteri espliciti, valutazioni intermedie e correzioni. L'utente introduce contesto rilevante, fissa vincoli, valuta output parziali, aggiusta la rotta, decide quando chiudere. Così il modello rende meglio, perché lo spazio di generazione è circoscritto a ogni passo; ma è anche il modo più esigente, perché richiede di sapere che cosa si vuole prima di chiederlo, e di essere capaci di valutare ciò che si riceve.

Supponiamo che un avvocato debba analizzare se un contratto di licenza software soddisfi i requisiti dell'EU AI Act per i sistemi ad alto rischio. Se chiede «questo contratto soddisfa l'EU AI Act?», ottiene una risposta generica sulla regolamentazione. Se richiede «analizza questo contratto alla luce dell'EU AI Act», ottiene un documento dall'aspetto professionale, che probabilmente mescola requisiti applicabili e requisiti che non lo sono. Se invece progetta il compito scomponendolo — prima chiede di identificare quali clausole si riferiscono alla classificazione di rischio del sistema, e valuta se l'identificazione è corretta prima di proseguire; poi chiede di confrontare quelle clausole con gli articoli specifici del regolamento, indicando quali; quindi chiede di segnalare le omissioni, cioè che cosa esige il regolamento che il contratto non menziona, rivedendo ogni omissione rispetto al testo reale della norma; e infine chiede una sintesi di rischi ordinata per gravità, col vincolo di non includere rischi ipotetici, ma solo quelli derivati dall'analisi precedente —, allora a ogni passo l'avvocato può valutare ciò che riceve con la sua conoscenza del diritto e della situazione concreta del cliente. Così il modello accelera un lavoro che altrimenti richiederebbe ore di lettura incrociata. La maggior parte degli utenti opera nei primi due modi. Ma è il terzo a trasformare il modello in elemento di lavoro cognitivo di intelligenza articolata, che coniuga abilità umane e artificiali.

Questa ingegneria dell'interazione richiede di padroneggiare l'*iterazione*. La prima risposta è raramente la migliore, e ciò che è più prezioso compare dopo un ciclo controllato di generazione, valutazione e aggiustamento. Iterare sembra ripetere, o domandare la stessa cosa in un altro modo; in realtà significa *usare la risposta come input*. Il modello genera sotto certe condizioni, noi valutiamo con criteri espliciti, e a partire da quella valutazione aggiustiamo la consegna per il giro successivo, per poi valutare il nuovo risultato con gli stessi criteri — ora raffinati da ciò che il giro precedente ha rivelato. Il processo ha struttura di spirale: ogni ciclo parte da un punto più informato del precedente, perché l'iterazione è il meccanismo attraverso cui l'informazione rilevante entra nel processo.

Ci sono quattro condizioni che rendono produttiva un'iterazione.

La prima è *separare le fasi*. L'abbiamo già toccato nell'esempio dell'avvocato e della licenza software, e ora possiamo descriverle meglio. Nella *fase di esplorazione* si generano opzioni, approcci, ipotesi, senza esigere ancora che alcuna sia quella corretta. La *valutazione*, poi, sottopone ciò che è stato prodotto a criteri chiari, per rilevare errori, bias, omissioni. La *chiusura*, infine, porta a una sintesi o a una decisione, sulla base di ciò che le fasi precedenti hanno costruito. Chiedere tutto in una volta spinge il modello a simulare autorità; iterare per fasi permette di controllare ogni passo.

La seconda è *esplicitare i criteri di valutazione*, nella fase che le compete. Non basta rispondere «non mi convince», perché il modello non ha accesso a ciò che l'utente si aspettava, e aggiusterà in modo superficiale o stilistico. Bisogna segnalare se rileviamo imprecisione concettuale, salto inferenziale o errore di inquadramento — sempre in modo specifico. Il modello aggiusta localmente la sua traiettoria quando gli si indicano falle concrete.

La terza condizione è *introdurre attrito deliberato*. Richieste come «mostra il punto più debole di questa risposta», «formula l'obiezione più forte», «confronta questo con un quadro incompatibile» o «cosa resterebbe fuori se accetto questo approccio» costringono il modello a uscire dal modo compiacente incentivato dall'allineamento.[224] Iterare è, a questo punto, sottoporre una risposta a prova, per produrre argomenti che resistano o ne rivelino i limiti.

[224] Mrinank Sharma et al., *Towards Understanding Sycophancy in Language Models*, arXiv:2310.13548, 2023, e il Capitolo 5.

La quarta riguarda il *sapere quando fermarsi* — diverso dal sapere quando il modello ha finito, perché non finisce né ha un criterio interno di sufficienza. Il ciclo infinito di riformulare, migliorare e riformulare di nuovo degrada progressivamente la qualità delle risposte. La degradazione nelle iterazioni lunghe è, in effetti, un effetto dell'elaborazione del contesto già visto nei Capitoli 3 e 5,[225] e si riconosce perché il testo comincia a crescere senza aggiungere informazione nuova, compaiono riformulazioni invece di avanzamenti, e il modello introduce sfumature o avvertenze che aumentano l'apparenza di esaustività senza cambiare la struttura del problema. Dal punto di vista dell'elaborazione, significa che il contesto ha cessato di restringere lo spazio delle continuazioni, e che la risposta ha virato verso il generico. Per questo l'interazione efficace richiede di introdurre tagli, riassumere lo stato raggiunto, riavviare il contesto quando serve, tornare a fissare esplicitamente i vincoli rilevanti. Soprattutto, la chiusura richiede un criterio esterno al modello — uno standard concettuale, o una decisione nostra. L'ultima parola non può essere del modello.

Osserviamo un altro esempio — non più per l'uso delle fasi, ma per le condizioni che ciascuna soddisfa. Una società di consulenza deve valutare se la strategia di prezzi di un'azienda SaaS sia sostenibile a tre anni, perché i concorrenti stanno riducendo i prezzi in modo aggressivo. Nella fase di esplorazione, chiede al modello di identificare i fattori principali: costo di acquisizione clienti, tasso di ritenzione, margine lordo, elasticità-prezzo, costi di cambio, differenziazione del prodotto. Nella fase di valutazione applica criteri espliciti: «hai incluso l'elasticità-prezzo, ma non hai distinto tra elasticità di acquisizione ed elasticità di ritenzione; nel SaaS sono dinamiche distinte, perché i costi di cambio operano in modo asimmetrico. Rifammi l'analisi incorporando quella distinzione».

La correzione segnala un errore concettuale che il modello non ha rilevato, perché nel corpus le due elasticità tendono a comparire

[225]Jules White et al., *A Prompt Pattern Catalog to Enhance Prompt Engineering with ChatGPT*, arXiv:2302.11382, 2023.

mescolate. Poi introduce attrito: «costruisci il miglior argomento possibile per sostenere che la strategia di prezzi premium è insostenibile a tre anni, e poi il miglior argomento per sostenere che invece lo è. Li voglio entrambi con la stessa forza, senza che uno sembri più ragionevole dell'altro». Il risultato rivela che il punto di rottura dell'argomento è il tasso di ritenzione netta dei ricavi. La società nota poi che, nel giro successivo, il modello comincia ad aggiungere scenari che si limitano ad abbellire la struttura dell'analisi — «in un contesto di recessione moderata...», «se il tasso di cambio varia...». L'iterazione ha cessato di produrre informazione. È il momento di chiudere: prende la struttura argomentativa e la confronta con i dati reali dell'azienda.

Questo ci porta alla *distinzione tra esplorare e decidere*. Gran parte dei problemi attribuiti all'intelligenza artificiale sorge quando cominciamo a trattare come conclusioni ferme ciò che il sistema genera come variazioni plausibili. I modelli, lo sappiamo, non riconoscono quando un'ipotesi passa a organizzare il ragionamento. Se non segnaliamo quel passaggio, il sistema continua a funzionare in regime esplorativo.[226] È come stare dipingendo e, sollevando il pennello per applicare la mano successiva, trovare che la parete non c'è più, o è di un colore diverso da quello che abbiamo nel pennello. Il modello continua a offrire alternative e ad aprire varianti quando non servono più. L'iterazione efficiente esplicita la decisione di smettere di esplorare: congela definizioni, scarta quadri alternativi, fissa vincoli che cessano di essere aperti a revisione. Con questi interventi si fissa la coerenza globale che decidiamo di trattenere.

La chiusura è legata anche alla *verifica*, una necessità costitutiva del lavoro con gli LLM. Abbiamo esaminato più volte la somiglianza tra ciò che il modello maneggia con solidità e ciò che improvvisa, e la necessità di esercitare la calibrazione epistemica che distingue le risposte affidabili da quelle che non lo sono. Gli indicatori di confidenza che alcuni sistemi includono si producono con la stessa architettura che produce le risposte, e dunque non sono più affidabili

[226] James March, *Exploration and Exploitation in Organizational Learning*, Organization Science 2.1 (1991), 71-87.

di esse.[227] In questo quadro, la verifica è l'operazione che completa ciò che il sistema da solo non può completare. Non si tratta di verificare ogni parola, né il modello è inutile senza supervisione costante; ma abbiamo bisogno di sviluppare una mappa delle zone di affidabilità del modello che usiamo, nella versione che usiamo, sotto le condizioni in cui la usiamo. Quella mappa, e la sua gestione coerente, vale più di qualunque tecnica di *prompting*.

Facciamo un passo ulteriore. Nelle prime fasi della loro diffusione pubblica, l'attenzione si concentrò sulla formulazione di istruzioni sempre più precise per ottenere risposte migliori. Con il maturare della tecnologia, i modelli cominciarono a essere integrati in architetture più complesse.

Una delle vie più importanti di questa integrazione è l'uso delle *interfacce di programmazione*, o Application Programming Interfaces (API). Un'API può essere intesa come un insieme di regole che consente a un programma di comunicare con un altro. Grazie ad esse, uno sviluppatore può incorporare un modello linguistico all'interno di una propria applicazione, inviargli istruzioni in modo automatico, ricevere risposte e combinarle con altre fonti di informazione. Questo rende possibile costruire sistemi molto più sofisticati di una semplice conversazione in una finestra di chat.

Il passaggio dall'interazione conversazionale ad architetture basate su API permette di separare l'intelligenza del modello dall'interfaccia con cui interagisce l'utente. Mentre in una conversazione ogni passaggio deve essere guidato esplicitamente da una persona, i sistemi connessi tramite API possono automatizzare processi e coordinare compiti senza un intervento umano costante. Le applicazioni più potenti dell'intelligenza artificiale contemporanea si sviluppano al di fuori delle interfacce conversazionali visibili all'utente.

---

[227]Saurav Kadavath et al., *Language Models (Mostly) Know What They Know*, arXiv:2207.05221, 2022.

In questi ambienti è frequente che intervengano diversi modelli specializzati. Un sistema può utilizzare, per esempio, un modello piccolo ed economico per classificare richieste di routine, un altro più potente per compiti complessi di ragionamento, un modello specifico per la programmazione, un altro per la generazione di immagini e un altro ancora per l'elaborazione dell'audio. Questa cooperazione tra modelli può essere interpretata come una sorta di *consiglio o di squadra di specialisti*. Ognuno apporta capacità differenti e il sistema distribuisce i compiti in base ai rispettivi punti di forza. La domanda diventa allora quale modello sia opportuno utilizzare per ciascuna funzione e come coordinare l'insieme.

Questa evoluzione ha dato origine alle cosiddette *skills*, o abilità specializzate. Una *skill* è una procedura progettata per svolgere una funzione specifica, come cercare informazioni in una base documentale, tradurre testi o qualsiasi altra operazione analoga. Invece di chiedere al modello di improvvisare ogni passaggio, gli forniamo accesso a strumenti definiti in precedenza. Il modello decide quando utilizzarli e come combinarne i risultati con la propria capacità di generare linguaggio.

Uno sviluppo successivo è rappresentato dagli *agenti*. In termini generali, un agente è un sistema che persegue un obiettivo attraverso molteplici passaggi. Può scomporre un compito complesso in sottocompiti, consultare strumenti esterni, valutare risultati parziali, correggere errori e continuare a lavorare in questo modo fino a raggiungere uno scopo determinato. Mentre un'interazione tradizionale consiste in una domanda e una risposta, un agente può eseguire intere sequenze di azioni prima di presentare un risultato finale.

Molti agenti operano mediante *cicli iterativi*. In un ciclo, il sistema genera una proposta, la valuta e, se necessario, riprova. Per esempio, un agente incaricato di redigere un rapporto può produrre una prima bozza, individuare lacune informative, effettuare nuove ricerche, riformulare il testo e ripetere il processo più volte. Questo meccanismo consente di superare alcune limitazioni dei modelli linguistici quando operano su compiti estesi o soggetti a molteplici vincoli.

La comparsa di *spazi di lavoro collaborativi* basati sull'intelligenza artificiale amplia ulteriormente queste possibilità. Alcune piattaforme consentono a più modelli di lavorare simultaneamente sullo stesso problema, confrontando approcci e risultati oppure assumendo ruoli differenziati all'interno di un processo comune. In questi ambienti, l'utente assomiglia a qualcuno che coordina una squadra di collaboratori specializzati. Il risultato combina prospettive che sarebbe difficile ottenere attraverso una singola conversazione lineare.

Qualcosa di analogo avviene con gli strumenti di *programmazione assistita*, esemplificati da sistemi del tipo Codex. In questi casi il modello può ispezionare interi repository, modificare file, eseguire test, individuare errori e proporre le correzioni necessarie. L'interazione coinvolge azioni concrete su ambienti di lavoro reali, cosicché il modello diventa un collaboratore operativo all'interno di un flusso di sviluppo.

Naturalmente, non tutti i modelli consentono queste capacità nella stessa misura. I modelli più avanzati offrono generalmente accesso tramite API, utilizzo di strumenti esterni, finestre di contesto estese, esecuzione di azioni e coordinamento con altri sistemi. I modelli più piccoli o più datati possono invece limitarsi alla generazione diretta di testo.

La questione pratica consiste allora nello scegliere la strategia più adeguata per ciascun problema. Per compiti semplici una conversazione diretta è spesso sufficiente, mentre quando il compito richiede informazioni aggiornate è opportuno integrare strumenti di ricerca. Se intervengono grandi quantità di documenti, può essere necessario aggiungere meccanismi di recupero delle informazioni. Quando l'obiettivo richiede più passaggi coordinati, verifiche successive o interazione con sistemi esterni, risulta più appropriato ricorrere ad agenti, *skills* specializzate o cicli iterativi. Se il compito coinvolge tipi diversi di contenuto, può essere conveniente distribuire il lavoro tra più modelli complementari.

L'evoluzione recente dell'intelligenza artificiale può essere interpretata come uno spostamento dalla conversazione al coordinamento. Al centro non c'è più il dialogo con un modello, ma il problema di come organizzare una comunità di modelli e strumenti per raggiungere un obiettivo.

EXPERTISE E DELEGA DEI COMPITI

Una narrazione abbastanza diffusa presenta l'intelligenza artificiale come un equalizzatore, che permette a chiunque di accedere a capacità che prima richiedevano una formazione specializzata. La realtà osservabile è piuttosto l'opposto. È una questione di divari — il tema centrale del Capitolo 10 —, ma ne anticipiamo qui un aspetto puntuale, legato ai criteri d'uso. Lo stesso modello produce risultati radicalmente distinti a seconda di chi lo usa. Uno studio su scrittori ha mostrato che gli LLM comprimono la dispersione di qualità:[228] i meno abili migliorano più dei più capaci, avvicinandosi al loro livello. In un altro, i lavoratori dell'assistenza clienti meno esperti miglioravano sostanzialmente, mentre i veterani non vedevano quasi alcun cambiamento. Sono risultati reali, ma misurano la qualità dell'esecuzione in compiti in cui il criterio di valutazione è esterno e predefinito — produrre un testo accettabile, risolvere un ticket di supporto secondo protocolli noti. A quel livello l'IA effettivamente equalizza, perché apporta repertorio di pattern, fluidità, velocità di produzione: esattamente ciò che manca al principiante.

La situazione si inverte, però, quando si passa dall'esecuzione al lavoro intellettuale che richiede giudizio. Lo studio di Dell'Acqua et al. con consulenti di BCG, pubblicato dalla Harvard Business School nel 2023, ha descritto consulenti che hanno lavorato con GPT-4 e sono migliorati del 40% in compiti dentro la frontiera di competenza

[228] Shakked Noy et al., *Experimental Evidence on the Productivity Effects of Generative AI*, Science 381.6654 (2023), 187-192.

del modello; ma quando il compito cadeva fuori da quei limiti e infierivano le risposte scorrette, chi si è fidato senza verificare ha ottenuto risultati peggiori di chi non ha usato l'IA, mentre chi ha verificato e corretto ha ottenuto il meglio dei due mondi.[229] L'uso efficiente del modello richiede la capacità di verifica. Se ne deduce che l'intelligenza artificiale amplifica le capacità quando esistono, ed espone la carenza quando mancano: è un moltiplicatore di produttività per chi sa, e un generatore di confidenza ingiustificata per chi non sa.

Sulla stessa linea, la delega dei compiti dipende dalla qualità di giudizio dell'utente. Ci sono compiti che beneficiano della velocità di generazione, della capacità di elaborare grandi volumi di testo, dell'ampiezza dello spazio di varianti che un modello può percorrere. Lì delegare al modello è efficiente, e spesso produce risultati che non avremmo raggiunto da soli. Ce ne sono altri in cui delegare è rischioso. Il giudizio contestuale, che richiede di ponderare fattori presenti nella situazione, non si delega mai senza perdita — come non è delegabile la responsabilità di fronte alle conseguenze di una decisione. Soprattutto, non è delegabile la verifica fattuale, ricordando sempre che il modello accede solo a pattern statistici che parlano del reale ma non lo sono; né la sensibilità alla situazione particolare, in cui possono esserci altri soggetti coinvolti. Come principio: si può delegare la forma, conservando sempre il criterio.[230]

D'altra parte, lo stesso strumento che estende la capacità di produzione testuale può atrofizzare la capacità di giudizio su ciò che è prodotto — salvo che il regime d'uso includa l'esercizio deliberato di quel giudizio. Stiegler riconoscerebbe in questa dualità la sua nozione di tecnologia come *pharmakon*, insieme rimedio e veleno

[229]Fabrizio Dell'Acqua et al., *Navigating the Jagged Technological Frontier: Field Experimental Evidence of the Effects of Artificial Intelligence on Knowledge Worker Productivity and Quality*, Harvard Business School Working Paper 24-013, 2023.

[230]J. D. Zamfirescu-Pereira et al., *Why Johnny Can't Prompt: How Non-AI Experts Try (and Fail) to Design LLM Prompts*, Proceedings of CHI, 2023.

della conoscenza;[231] il che coincide con ricerche empiriche come quella di Lisanne Bainbridge, che in un articolo classico ha identificato un tratto curioso dell'automazione. Più si automatizza un processo, più critico diventa l'intervento umano nei casi che il sistema non può gestire — ma l'operatore tende a essere meno preparato a intervenire, perché ha smesso di praticare le abilità che l'automazione ha rimpiazzato.[232] Bainbridge scriveva sul controllo di impianti industriali, ma il nocciolo è lo stesso della delega cognitiva ai modelli linguistici. Abbiamo bisogno di intervenire proprio quando il modello fallisce — per giunta senza allarmi né luci rosse —, ma la delega prolungata erode le competenze che un intervento di quel tipo richiede.

Nella sua rassegna integrativa su bias e compiacenza nell'uso umano dell'automazione, Parasuraman e Manzey hanno analizzato lunghe serie di evidenza empirica, e hanno trovato due pattern convergenti. Da un lato, una riduzione della vigilanza, che compare sotto condizioni di carico cognitivo multiplo, quando altri compiti competono per l'attenzione dell'operatore. Dall'altro, un'accettazione acritica delle risposte del sistema, che produce errori sia di omissione sia di commissione. Nessuno dei due effetti si elimina con addestramento specifico né con esperienza pregressa.[233] Il fenomeno è una risposta cognitiva adattativa all'ambiente: se il sistema azzecca la maggior parte del tempo, il costo di verificare ogni risposta supera il beneficio percepito, e la verifica si allenta. Il problema è che l'allentamento è graduale e impercettibile, e quando il sistema fallisce in un caso critico, l'operatore non è in condizione di rilevarlo.

---

[231] Bernard Stiegler, *Taking Care of Youth and the Generations* (2008), Stanford, Stanford University Press, 2010. Vedi anche Nicholas Carr, *The Shallows: What the Internet Is Doing to Our Brains*, New York, Norton, 2010.

[232] Lisanne Bainbridge, *Ironies of Automation*, Automatica 19.6 (1983), 775-779.

[233] Raja Parasuraman et al., *Complacency and Bias in Human Use of Automation: An Attentional Integration*, Human Factors 52.3 (2010), 381-410.

Più di recente, un altro studio ha mostrato che gli utenti di strumenti di supporto alle decisioni con IA non verificavano di più.[234] Al contrario: le spiegazioni sul ragionamento aumentavano la confidenza senza aumentare la vigilanza. La trasparenza del processo raffinava la compiacenza. Solo quando i ricercatori hanno introdotto meccanismi che costringevano l'utente a formulare la propria valutazione prima di vedere quella del sistema, il tasso di rilevamento degli errori è migliorato. L'implicazione per i modelli linguistici è diretta. Rendere visibile il ragionamento del modello — come tentano i modelli che mostrano la catena di pensiero — non risolve il problema della delega senza criterio, se non esercitiamo attivamente il nostro giudizio prima di accettare la risposta.

Gli studi realizzati specificamente con modelli linguistici generativi concordano. In uno studio di Microsoft Research, per esempio, sono stati intervistati lavoratori della conoscenza, che hanno condiviso esempi concreti di uso dell'IA generativa nel lavoro.[235] Il risultato centrale: chi più si fida del modello verifica meno, chi più si fida di sé verifica di più. Gli LLM spostano lo sforzo cognitivo dalla produzione attiva alla verifica passiva, e molti lavoratori senza criterio di dominio sufficiente per verificare non compensano la delega con la vigilanza: si limitano ad accettare.

Sulla stessa linea, uno studio che ha confrontato la ricerca assistita da ChatGPT con la ricerca web convenzionale ha rilevato che gli utenti di ChatGPT sperimentavano un carico cognitivo minore, ma producevano argomenti di minore qualità e profondità di ragionamento — un risultato che gli autori hanno riassunto come «costo della facilità cognitiva».[236] La riduzione dello sforzo non si è

---

[234]Zana Buçinca et al., *To Trust or to Think: Cognitive Forcing Functions Can Reduce Overreliance on AI in AI-Assisted Decision-Making*, Proceedings of the ACM on Human-Computer Interaction 5 (CSCW1), 188, arXiv:2102.09692, 2021.

[235]Hao-Ping Lee et al., *The Impact of Generative AI on Critical Thinking: Self-Reported Reductions in Cognitive Effort and Confidence Effects From a Survey of Knowledge Workers*, Proceedings of the 2025 CHI Conference on Human Factors in Computing Systems (CHI 25), Yokohama, Giappone, ACM, 2025, 1-22.

[236]Matthias Stadler et al., *Cognitive Ease at a Cost: LLMs Reduce Mental Effort but Compromise Depth in Student Scientific Inquiry*, Computers in Human Behavior, 160, 2024.

tradotta in una migliore valutazione del risultato. Allo stesso modo, le osservazioni di connettività cerebrale e funzioni esecutive durante compiti di scrittura, con e senza assistenza dell'IA, mostrano metriche neurali di controllo esecutivo significativamente più deboli nella condizione assistita.[237] L'attività cerebrale associata al pensiero deliberato diminuiva quando il modello produceva la bozza. E un esperimento controllato randomizzato con studenti, durante compiti di scrittura accademica, ha rilevato che il gruppo assistito dall'IA mostrava livelli di coinvolgimento cognitivo significativamente minori del gruppo di controllo, producendo pensatori più pigri.[238]

La convergenza di questi studi suggerisce che la delega a sistemi che producono risposte fluide riduce la vigilanza cognitiva in modo misurabile, persistente e inavvertito. L'avevamo visto nel Capitolo 6. L'utente non percepisce di star verificando meno, perché disattiva i segnali che di solito fanno scattare il sospetto. Nella delega senza valutazione, dunque, l'utente va alla deriva — perché un LLM, semplicemente, non può stare al timone. Se l'intelligenza artificiale amplifica l'expertise invece di sostituirla, allora la formazione in quel campo diventa ancora più importante: la capacità di valutare presuppone una conoscenza che si ottiene studiando il dominio, e quella competenza si acquisisce solo avendo eseguito abbastanza da sapere cosa cercare quando la macchina fallisce.

Governare una potenza priva di direzione propria esige di apportare criterio. Niente di tutto questo richiede di padroneggiare con maestria l'architettura dei *transformer*, ma chiede una disposizione vigile. I migliori risultati vengono da un'iterazione ben progettata — concepita come ingegneria dell'interazione, non come mero *prompting* —, e dipendono perciò da chi la traccia e la sostiene come responsabilità epistemica. Lo dicevamo all'inizio: in tutto questo c'è qualcosa che assomiglia alla vecchia avventura di domare una creatura più forte di sé. Non la domineremo con la sola forza, ma

---

[237]Nataliya Kosmyna et al., *Accumulation of Cognitive Debt when Using an AI Assistant for Essay Writing Task*, arXiv:2506.08872, 2025.

[238]Georgios Georgiou, *ChatGPT Produces More Lazy Thinkers: Evidence of Cognitive Engagement in Decline*, arXiv:2507.00181, 2025.

con l'intelligenza di chi la conduce, la fermezza della mano che non molla le redini, e la conoscenza di quando la bestia obbedisce davvero e quando solo simula di farlo. La differenza tra un risultato brillante e un disastro ben redatto dipende interamente dal saper tenere quelle redini, e dall'aver chiaro, in ogni momento, dove stiamo andando.

10

DIVARI E ASIMMETRIE

C'è un momento in cui, percorrendo il labirinto, smettiamo di guardare l'architettura e cominciamo a guardare chi altro è con noi. Ci interessa chi è entrato dalla porta principale e chi si è infilato da un ingresso laterale più stretto, chi cammina lungo i corridoi centrali ben illuminati e chi avanza a tentoni nei passaggi periferici, dove il soffitto è più basso e i cartelli sono in un'altra lingua. Questo capitolo esamina chi può entrare, fin dove può arrivare, e cosa trova ciascuno quando arriva.

CHE COS'È UN DIVARIO

In diversi momenti del nostro percorso, a proposito della relazione tra intelligenza artificiale e società, è emerso il problema delle differenze di accesso. Nella versione più ottimista, l'espansione dei modelli linguistici si presenta come un'opportunità di democratizzazione tecnologica: chiunque, da qualunque luogo, avrebbe oggi accesso a un'intelligenza artificiale potente. L'affermazione ha un fondamento, ma non mancano i distinguo. L'accesso è eterogeneo, differenziato per livelli tecnici, economici, istituzionali e culturali che condizionano chi accede a cosa. Ci sono, cioè, diversi divari.

La nozione stessa di divario designa, nel suo uso più generale, una distanza strutturale tra gruppi, settori o territori rispetto a una risorsa, una capacità o una condizione la cui distribuzione disuguale produce conseguenze cumulative. Non è una differenza, che potrebbe essere neutra, né una disuguaglianza, categoria più ampia che può non avere una struttura identificabile. Il divario implica che c'è una risorsa il cui possesso o la cui carenza genera traiettorie divergenti: chi la possiede avanza, chi non la possiede ristagna o arretra.

L'economia dello sviluppo usa il concetto dalla metà del XX secolo per descrivere le distanze persistenti tra paesi industrializzati e periferici, in ciò che Prebisch e la CEPAL chiamarono il divario centro-periferia, dove la struttura del commercio internazionale riproduce l'asimmetria invece di chiuderla.[239] La sociologia dell'educazione, da parte sua, parla di divari di apprendimento, per descrivere differenze nei risultati educativi tra gruppi socioeconomici che, lungi dal ridursi con la scolarizzazione universale, si mantengono o si ampliano, perché le condizioni familiari e istituzionali che determinano lo sfruttamento della scuola sono tanto disuguali quanto l'accesso stesso.[240] La nozione di divario sanitario descrive differenze nell'aspettativa di vita, nell'accesso ai trattamenti e nei livelli di malattia tra popolazioni che spesso convivono nello stesso territorio sotto condizioni materiali distinte. Questo «gradiente sociale della salute» mostra che c'è un divario tra ricchi e poveri, ma anche che è granularizzato lungo tutta la scala socioeconomica: ogni gradino ha indicatori peggiori di quello immediatamente superiore.[241]

Il concetto è montato su una metafora spaziale, e ha inoltre una struttura causale, in cui la distanza iniziale si riproduce e si amplifica attraverso meccanismi indipendenti dalle intenzioni degli attori.

---

[239] Raúl Prebisch, *El desarrollo económico de la América Latina y algunos de sus principales problemas*, Santiago del Cile, CEPAL, 1950.

[240] Questo fenomeno fu documentato da Coleman già nel 1966 e la sua persistenza è stata confermata da decenni di ricerca successiva. Vedi James Coleman et al., *Equality of Educational Opportunity*, Washington, U.S. Department of Health, Education, and Welfare, 1966, e Sean Reardon, *The Widening Academic Achievement Gap Between the Rich and the Poor: New Evidence and Possible Explanations*, in Whither Opportunity?, New York, Russell Sage Foundation, 2011, dove si documenta che il divario di rendimento associato al reddito è cresciuto del 40% tra le coorti nate nel 1976 e nel 2001.

[241] Michael Marmot, *The Health Gap: The Challenge of an Unequal World*, International Journal of Epidemiology 46.4, 2017, 1312-1318.

Merton, nella sociologia della scienza, parlò di «effetto Matteo», dal passo evangelico secondo cui a chi ha sarà dato di più e a chi non ha sarà tolto anche il poco che ha. Il meccanismo non richiede malafede: opera attraverso decisioni apparentemente razionali, che si rivolgono prima a chi già si conosce. In questa logica di «vantaggio cumulativo», chi parte con un vantaggio iniziale, per piccolo che sia, tende ad accumularne altri nel tempo, perché ogni vantaggio crea le condizioni per il successivo. Lo stesso accade in campi diversi come l'occupazione, la salute, l'educazione, la tecnologia.[242]

Bourdieu concettualizzò la riproduzione dei divari attraverso le forme di capitale — economico, culturale, sociale, simbolico —, la cui distribuzione disuguale si trasmette tra generazioni non per eredità diretta, ma per la struttura di disposizioni che chiamò «*habitus*»: l'insieme di disposizioni, gusti e modi di muoversi nel mondo che una persona incorpora fin dall'infanzia, e che le danno vantaggio o svantaggio prima che entri in gioco qualunque decisione individuale.[243] In tutti questi quadri, il divario è un processo che si produce, si riproduce e si approfondisce senza intervento.

Il *divario digitale* emerse come categoria negli anni Novanta, per riferirsi all'accesso disuguale alle tecnologie dell'informazione e della comunicazione. Si distingue dai precedenti per la sua velocità. I divari educativi o sanitari operano su scale di decenni o generazioni; quelli tecnologici possono aprirsi in mesi, perché il ritmo di cambiamento dell'oggetto è incomparabilmente più rapido di quello della scuola o del sistema sanitario, e l'adozione precoce genera competenze che l'adozione tardiva non compensa senza uno sforzo deliberato.

---

[242]Robert Merton, *The Matthew Effect in Science*, Science 159.3810 (1968), 56-63, e Thomas A. DiPrete e Gregory M. Eirich, *Cumulative Advantage as a Mechanism for Inequality: A Review of Theoretical and Empirical Developments*, Annual Review of Sociology 32.1 (2006), 271-297.

[243]Pierre Bourdieu e Jean-Claude Passeron, *La reproduction: Éléments pour une théorie du système d'enseignement*, Paris, Minuit, 1970, e Pierre Bourdieu, La distinction: Critique sociale du jugement, Paris, Minuit, 1979.

DiMaggio e Hargittai proposero lo spostamento concettuale da «divario digitale» a «disuguaglianza digitale».[244] Il divario digitale, così come veniva misurato, operava con una logica binaria — accesso o non accesso, connesso o disconnesso. Quella formulazione perse valore man mano che la penetrazione di internet cresceva, perché il problema cessò di essere chi avesse accesso, per diventare cosa ne facessero coloro che lo avevano. Proposero perciò cinque dimensioni di disuguaglianza che operano anche quando l'accesso materiale è risolto.[245]

La prima è la *disuguaglianza di equipaggiamento tecnico.* Una connessione a banda larga su un computer da scrivania abilita usi molto diversi da una connessione mobile lenta su un telefono dallo schermo piccolo — anche se entrambe contano come accesso nelle statistiche.

La seconda è l'*autonomia d'uso.* Se l'accesso dipende da un dispositivo condiviso in una biblioteca pubblica con orari ristretti, o da un telefono familiare, le condizioni di esplorazione sono incomparabili con quelle di chi ha un dispositivo personale disponibile in qualunque momento.

La terza è la *disuguaglianza di competenze.* Saper accendere un dispositivo e aprire un browser non equivale a saper cercare informazione con criterio, valutare le fonti, navigare interfacce complesse o risolvere problemi tecnici. Le competenze digitali si distribuiscono in modo disuguale, e quella distribuzione è allineata con il livello educativo, il reddito e il capitale culturale pregresso: il divario di competenze riproduce le stesse asimmetrie che il divario di accesso prometteva di risolvere.

La quarta dimensione è il *supporto sociale disponibile.* Chi è circondato da persone che usano la tecnologia con fluidità dispone

---

[244]Paul DiMaggio et al., *From the Digital Divide to Digital Inequality*, Working Paper, Center for Arts and Cultural Policy Studies, Princeton University, 2001.

[245]Paul DiMaggio e Eszter Hargittai, *From the Digital Divide to Digital Inequality: Studying Internet Use as Penetration Increases*, Center for Arts and Cultural Policy Studies, Princeton University, 2001.

di una rete informale di assistenza che riduce il costo di apprendere; chi non ha quella rete affronta ogni difficoltà in solitudine, il che eleva il tasso di abbandono e consolida l'uso superficiale.

La quinta è il *proposito d'uso*. Gli utenti a minor reddito e minor livello educativo tendono all'uso per intrattenimento; quelli a maggior reddito e maggiore educazione cercano informazione sanitaria, opportunità lavorative, educazione, partecipazione civica — usi *capital-enhancing*, che generano vantaggi cumulativi in altre dimensioni della vita.

Il quadro è pertinente per l'intelligenza artificiale, perché la sola fornitura di accesso non chiude i divari, e può perfino ampliarli. Se chi ha già vantaggi sociali, educativi e culturali estrae più valore dalla tecnologia di chi non li ha, allora democratizzare l'accesso senza intervenire sulle condizioni d'uso produce ciò che van Dijk chiamò «paradosso dell'inclusione»: più si espande l'accesso, più diventa visibile la disuguaglianza d'uso, perché la variabile che determina i risultati non si risolve con l'infrastruttura, e richiede interventi molto più complessi, dispiegati su quattro livelli, dove l'intervento su uno produce effetti solo se i precedenti sono coperti.[246]

Il primo livello è l'*accesso motivazionale*: la disposizione a usare la tecnologia, che precede qualunque questione di equipaggiamento. Ci sono gruppi che ignorano tecnologie disponibili perché non ne percepiscono l'utilità, provano ansia di fronte all'interfaccia, o ritengono che la tecnologia non sia per loro — per età, livello educativo, esperienze negative pregresse. Un lavoratore precarizzato che vive la tecnologia come strumento di controllo associa «accesso all'IA» a minaccia, e molto probabilmente la evita. Senza esperienze concrete di utilità, la motivazione si dissolve, e blocca i livelli successivi.

L'*accesso materiale* — la disponibilità fisica di dispositivi e connettività — è il secondo livello. Qui si è concentrata storicamente

[246]Jan A. G. M. van Dijk, *The Deepening Divide: Inequality in the Information Society*, London, Sage, 2005. Aggiornato in The Digital Divide, SAGE, 2005.

la politica pubblica: fornitura di computer, cablaggio delle scuole, sussidi per la connettività; ed è ciò che misurano di solito le statistiche di adozione. In sé è ottimo, ma per quanto detto è una condizione necessaria e non sufficiente, come si vede in paesi ad alta connettività che mantengono disuguaglianze d'uso tanto marcate quanto quelle di paesi con penetrazione molto minore. L'infrastruttura, insomma, è solo un pavimento — con meno impatto di quanto di solito si voglia ammettere.

Al terzo livello c'è l'*accesso allo sviluppo di competenze*. Quelle operative — accendere un dispositivo, navigare un'interfaccia, usare una tastiera, aprire un'applicazione — sono le più basilari. Le competenze formali sono intermedie: orientarsi nella struttura di un sito, capire come funziona un motore di ricerca, distinguere tipi di contenuto, gestire file e configurazioni. Le competenze sostanziali si distribuiscono in modo più disuguale, e implicano compiti come cercare informazione con criterio, valutare l'affidabilità di una fonte, usare la tecnologia per risolvere problemi reali, produrre contenuto proprio, integrare strumenti digitali in un flusso di lavoro. La loro distribuzione riproduce quella del capitale educativo e culturale pregresso, secondo la logica del vantaggio cumulativo già descritta. Fornire accesso materiale senza sviluppo di competenze sostanziali non chiude i divari.

Al quarto livello c'è l'*accesso d'uso*: cosa facciamo effettivamente con la tecnologia, quando i tre livelli precedenti sono coperti. La tecnologia attiva benefici trasferibili ad altre dimensioni della vita, o si esaurisce nel consumo di intrattenimento senza effetto cumulativo? I divari a questo livello sono più difficili da chiudere con politiche pubbliche, perché dipendono da fattori come l'ambiente sociale dell'utente, i bisogni percepiti, la struttura di incentivi, l'esistenza di istituzioni che medino tra la tecnologia e le sue applicazioni produttive.

Ogni generazione di politica pubblica tende a concentrarsi sul livello che può risolvere, e ad assolutizzarlo per aumentare il proprio merito. Fornire infrastruttura è politicamente visibile e tecnicamente semplice; sviluppare competenze sostanziali è costoso, lento e difficile da misurare. E appare più come frutto dello sforzo individuale che come merito intestabile al governante, il che lo rende poco attraente come intervento elettoralistico. Per giunta, trasformare i pattern d'uso richiede interventi istituzionali e culturali che eccedono una politica tecnologica isolata. Il risultato è una successione di iniziative che risolvono il livello materiale, e poi constatano, con sorpresa ricorrente, che il divario d'uso persiste.

Il problema di fondo è che il divario digitale è una manifestazione di disuguaglianze sociali preesistenti: risolverlo richiederebbe di intervenire sulle condizioni sociali, non solo sull'infrastruttura.[247] Ne deriva inoltre la cosiddetta «disuguaglianza digitale di secondo livello», in cui le differenze nelle competenze e nel tipo d'uso producono risultati disuguali anche tra chi ha lo stesso accesso materiale.[248] Le differenze di competenza digitale tra persone con accesso equivalente sono tanto grandi quanto quelle tra chi ha e chi non ha accesso. Il fuoco si sposta così dall'infrastruttura verso le competenze.[249] E il divario più profondo si dà tra chi sa valutare ciò che riceve e chi non può farlo, perché la risposta non avverte della propria insufficienza. Senza il disagio del non capire, senza la tensione che obbliga a interagire con un altro che potrebbe considerarci stupidi o intelligenti per il fatto di domandare o di non farlo, si sopprime il segnale che renderebbe possibile cercare ciò che ci manca. Su scala di un miliardo di utenti, la categoria sociologica di disuguaglianza tecnologica risulta insufficiente: siamo piuttosto davanti a una trasformazione del quadro epistemico collettivo, in cui l'illusione di sapere può rimpiazzare progressivamente il sapere, senza che nessuno registri la perdita.

---

[247]Mark Warschauer, *Technology and Social Inclusion: Rethinking the Digital Divide*, Cambridge, MIT Press, 2003.

[248]Laura Robinson et al., *Digital Inequalities and Why They Matter*, Information, Communication & Society 18.5 (2015), 569-582.

[249]Eszter Hargittai et al., *Succinct Survey Measures of Web-Use Skills*, Social Science Computer Review 30.1 (2012), 95-107.

Andiamo ora oltre questi quadri, per osservare tre aspetti del divario come fenomeno, in consonanza con quanto emerso dalla nostra analisi.

Il primo riguarda la *visibilità del divario.* I quadri sociologici lo descrivono dall'esterno, come distribuzione osservabile di risorse, competenze e risultati. Le teorie classiche del divario digitale assumevano che la differenza tra utenti si traducesse in differenze di risultato prevedibili e, in linea di principio, visibili: chi sapeva di più cercava meglio, chi aveva una connessione migliore scaricava più in fretta — ma la persona con meno risorse, che otteneva meno, lo sapeva sempre, percependo per esempio la lentezza. Nei divari tecnologici precedenti, lo svantaggio era percepibile da chi lo subiva. Il divario appariva come carenza, e la mancanza si sentiva. Ora quel meccanismo si opacizza. Il divario *non si presenta* a chi è in svantaggio. Chi interagisce con un modello gratuito, con istruzioni vaghe e accettazione acritica, riceve una risposta che ha esattamente la stessa tessitura formale di quella che riceve un utente esperto con un modello di frontiera. Un'analisi rigorosa e una superficiale suonano uguali. Il divario si sperimenta come soddisfazione, e la disuguaglianza si presenta con l'apparenza dell'uguaglianza — conseguenza delle proprietà dell'oggetto tecnologico stesso. Il fantasma senza ego inverte i suoi effetti.

Il secondo aspetto riguarda la *costituzione temporale del divario.* I quadri sociologici descrivono l'accumulazione di vantaggio come un processo esterno: chi usa di più e meglio accumula più competenze, come chi pratica uno strumento. Ma le competenze sono abilità che si possono insegnare e apprendere, mentre ciò che sedimenta con l'esperienza ripetuta non è solo abilità: è una struttura di aspettative, di soglie di attenzione, di ciò che al soggetto viene in mente di fare o non fare di fronte a una situazione nuova. E tutto questo è più difficile da modificare, perché non c'è un contenuto da sostituire, ma una forma che organizza come si ricevono i contenuti nuovi. Quelle disposizioni, che si formano per sedimentazione di esperienza, sono «abitualità», e formano il suolo da cui ogni percezione e azione prendono avvio.[250] Se fin dall'inizio iteriamo, correggiamo e valutiamo criticamente le risposte, sviluppiamo un'abitualità di esigenza, che affina lo sguardo e rende naturale il ridomandare; se fin dall'inizio accettiamo senza valutare, sviluppiamo un'abitualità di delega, in cui la verifica non si presenta nemmeno come possibilità. È una differenza di orizzonti, che si costituiscono per accumulazione lenta di esperienza vissuta — e per questo questa dimensione del divario è più resistente di qualunque altra.

Il terzo aspetto riguarda la *natura del divario*, in linea con la struttura della virtualità analizzata nel Capitolo 5 e con le proprietà costitutive del fantasma senza ego. Per il suo carattere di potenza passiva, è privo di direzione propria e si attualizza secondo l'istruzione che riceve, producendo risultati distinti a seconda di chi lo usa senza segnalare la differenza: l'utente non riceve alcuna indicazione del fatto che un altro, con un'altra istruzione, otterrebbe qualcosa di qualitativamente distinto. Per la sua indeterminazione generica, risponde a qualunque domanda senza uno standard interno di qualità contro cui misurare ciò che riceviamo. Il fantasma senza ego porta l'intera tradizione umana senza un orientamento verso alcun suo segmento, e dunque non può distinguere, dall'interno, tra una risposta rigorosa e una fragile. Per la sua inesauribilità senza trasformazione, che mantiene il modello uguale dopo ogni interazione, non resiste al cattivo uso, e produce risposte fragili con la stessa disponibilità con cui produce quelle rigorose, senza degradarsi né avvertire che qualcosa è andato storto. Per la sua derivazione cognitiva, che dà alla risposta la forma del sapere senza il suo fondamento esperienziale, il divario si riveste di un'apparenza di competenza che lo rende non individuabile dall'interno. Restituisce solo il nostro sguardo amplificato, e riceviamo una risposta mediocre indistinguibile da una eccellente. Ciascuna di queste proprietà costitutive contribuisce a fare di questo divario

[250] Edmund Husserl, *Das Ich als Substrat von Habitualitäten*, Cartesianische Meditationen und Pariser Vorträge, Vierte Meditation, § 32, in Husserliana, Bd. I, hrsg. von Stephan Strasser, Den Haag, Martinus Nijhoff, 1950, 100-101. Vedi anche Roberto F. Menéndez, *La génesis de las habitualidades y el problema de la reflexión en Husserl*, Investigaciones fenomenológicas, Monográfico 5, 2015.

qualcosa di qualitativamente distinto dai precedenti: una disuguaglianza prodotta e occultata dall'oggetto stesso, e dal suo peculiare modo di essere.

Il dislivello prometeico di Anders — richiamato nel Capitolo 6 per spiegare perché la materialità del sistema possa essere conosciuta e insieme percepita come irreale — fa sì che il divario possa essere descritto sociologicamente, con dati, e restare invisibile per chi lo subisce. La distanza tra la descrizione sociologica del divario e l'esperienza vissuta di chi sta dal lato sfavorito è, essa stessa, una manifestazione del dislivello prometeico. L'IA stratifica, dunque, in modi che le categorie abituali di inclusione ed esclusione non colgono bene; ed è necessario esaminarle per determinare meglio quali divari apre e quali può chiudere.

Stratificazione dell'accesso

Secondo il Generative AI Adoption Tracker della Federal Reserve di St. Louis e della Harvard Kennedy School — la prima indagine rappresentativa sull'adozione dell'IA generativa negli Stati Uniti —, nell'agosto del 2025 il 54,6% della popolazione statunitense tra i 18 e i 64 anni aveva usato l'IA generativa almeno una volta, contro il 44,6% un anno prima.[251] Il 37,4% dei lavoratori occupati l'aveva usata almeno una volta nella settimana precedente. La frazione di ore di lavoro assistite dall'IA generativa è passata dal 4,1% del novembre 2024 al 5,7% dell'agosto 2025. Per mettere i numeri in prospettiva: l'adozione lavorativa dell'IA generativa è stata tanto rapida quanto quella del personal computer nei primi anni dopo il lancio del primo prodotto di massa, e più rapida di quella di internet.

Le cifre globali sono simili. Secondo dati dell'OCSE pubblicati nel gennaio del 2026, l'uso individuale dell'IA generativa si è espanso in modo accelerato in tutti i paesi membri con dati disponibili, e il

[251] Alexander Bick et al., *The Rapid Adoption of Generative AI*, NBER Working Paper 32966, 2024.

20,2% delle imprese ha riferito di usare l'IA nel 2025, più del doppio dell'8,7% registrato nel 2023. L'America Latina ha un profilo particolarmente rivelatore, perché combina un'alta adozione emotiva con una bassa adozione strutturale. Secondo l'Índice Latinoamericano de Inteligencia Artificial (ILIA 2025), elaborato dalla CEPAL e dal Centro Nazionale di Intelligenza Artificiale del Cile in 19 paesi, la regione accelera l'adozione a un ritmo che supera quanto ci si aspetterebbe dato il suo peso digitale: adotta più rapidamente di quanto le sue condizioni di infrastruttura suggerirebbero. Il Brasile è il caso più visibile.[252] Con una delle basi di utenti di ChatGPT più grandi del mondo, i download di strumenti di IA sono cresciuti da 3,7 milioni nel 2023 a 11,8 milioni nel 2025 — una crescita interannuale dell'88%. Secondo un'indagine di Ipsos e Google del 2025, il 72% dei messicani, il 71% dei cileni e il 65% dei brasiliani si dichiarano entusiasti delle possibilità dell'IA. In Argentina, secondo il rapporto *Our Life with AI* di Ipsos e Google 2025, il 65% degli argentini usa chatbot di IA, sopra la media globale del 62%, e il rapporto di FUNDAR e del CEPE dell'Università Torcuato Di Tella conferma che il 45% degli adulti e il 64% della generazione Z usa l'IA per fini personali, a livelli comparabili a economie avanzate.[253]

Ma l'entusiasmo coesiste con restrizioni che i dati dei paesi dell'OCSE non riflettono con la stessa intensità. I divari non si distribuiscono in modo uniforme, e ciascuno opera con dinamiche proprie. Il più marcato è quello anagrafico. I dati dell'OCSE mostrano una differenza di 53,6 punti percentuali tra i gruppi di età con maggiore e minore adozione — la più ampia tra tutte le dimensioni misurate. Tre quarti degli studenti maggiori di 16 anni hanno riferito di usare strumenti di IA generativa, contro il 12,5% dei pensionati e delle persone economicamente inattive.

---

[252] CEPAL e CENIA Cile, Índice Latinoamericano de Inteligencia Artificial (ILIA 2025). Più di 100 sottoindicatori in 19 paesi. Terza edizione.

[253] Ipsos e Google, Our Life with AI, 3ª edizione, 2025. FUNDAR e CEPE-Università Torcuato Di Tella, Encuesta Nacional sobre Adopción de IA en Argentina, 2025, disponibile su cepe-fundar.github.io/encuesta.html.

Il divario anagrafico è soprattutto di tipo d'uso. Il 61% della Generazione Z usa l'IA per l'educazione, mentre la Generazione X e i baby boomer la usano soprattutto per compiti lavorativi funzionali e assistenti vocali. I millennial, in posizioni di gestione intermedia, mostrano i tassi più alti di integrazione professionale sostenuta: i programmatori che usano l'IA completano il 55,8% di progetti in più, secondo uno studio di Netguru del 2025, e funzionano come vettori di adozione istituzionale.[254] Tra gli ultra-cinquantacinquenni l'uso è basso, anche se non nullo, e si concentra in applicazioni pratiche a basso impegno cognitivo, senza l'esplorazione più ambiziosa dei gruppi più giovani. Il divario anagrafico suggerisce pattern d'uso qualitativamente distinti, che potrebbero consolidarsi come regimi generazionali di relazione con la tecnologia.

Il divario di genere, a differenza di quello anagrafico, è quantitativamente minore ma persistente. I dati dell'OCSE lo collocano a 4,2 punti percentuali a livello aggregato. Una meta-analisi di Harvard del 2024, su 18 studi e 140.000 partecipanti,[255] ha rilevato che le donne sono circa il 20% meno propense a interagire con l'IA rispetto agli uomini, a prescindere dall'occupazione.[256] Un rapporto di Deloitte conferma il dato, ma suggerisce una tendenza al cambiamento.[257] Il 44% degli uomini, contro il 33% delle donne, usa l'IA generativa, con una divergenza ancora maggiore nell'uso quotidiano (43% contro 34%). Appena il 18% delle donne confida che i fornitori di IA proteggano i loro dati, contro il 31% degli uomini. Il divario, probabilmente, si sta chiudendo nell'adozione iniziale, ma persiste nell'intensità, nella fiducia e nel tipo d'uso.

---

[254]BBF Digital, *Patterns Behind the AI Boom Across Generations and Economies*, 2025.

[255]Nicholas Otis et al., *Global Evidence on Gender Gaps and Generative AI*, Harvard Business School Working Paper 25-023, 2024.

[256]SurveyMonkey, *2024 AI Trends by Generation: Who Uses AI the Most?*, SurveyMonkey Curiosity. https://www.surveymonkey.com/curiosity/ai-trends-by-generations/.

[257]Deloitte, *Women and Generative AI: The Adoption Gap Is Closing Fast, but a Trust Gap Persists*, Technology, Media & Telecommunications (TMT) Predictions 2025, Deloitte Insights, 2024.

Il divario per livello educativo e per reddito è sostanziale. I dati dell'OCSE mostrano una differenza di circa 21 punti percentuali tanto per livello educativo quanto per livello di reddito.[258] Lo studio di Bick, Blandin e Deming per gli Stati Uniti mostra che l'adozione è significativamente maggiore tra le persone con istruzione superiore e nelle occupazioni di informatica, matematica e gestione. I redditi medi e alti correlano fortemente con l'uso a pagamento, che si associa a compiti più complessi e a maggiore accumulazione di competenze di interazione.

Il divario per professione e settore è ugualmente pronunciato. I dati dell'OCSE per il 2025 mostrano che il 57,3% delle imprese del settore delle TIC usa l'IA, con tassi vicini alla saturazione nei paesi nordici — la Svezia raggiunge l'87,9% —, contro il 7,2% nelle costruzioni e il 7,8% nella ricettività e ristorazione. I servizi professionali e scientifici si collocano al 36,8%. All'interno di ciascun settore, l'adozione è marcatamente disuguale a seconda della dimensione dell'impresa. Il 52% delle grandi aziende usa l'IA, contro il 17,4% delle piccole — un divario di tre a uno che, secondo il rapporto dell'OCSE sull'adozione dell'IA da parte delle PMI, si spiega con differenze di budget, ma anche di preparazione digitale, disponibilità di dati di qualità, accesso a fornitori specializzati, capacità di generare nuovi modelli di business.[259]

Il divario più difficile da misurare è quello che opera dentro gli stessi gruppi di accesso. Non tutti gli utenti che pagano un abbonamento usano il servizio allo stesso modo, e la differenza tra uso superficiale e uso integrato è poco precisa nelle statistiche di adozione. Del totale degli utenti a pagamento, si stima che solo una frazione ridotta — probabilmente tra il 5 e il 10% — utilizzi configurazioni personalizzate, memorie esterne o integrazione sistematica nei flussi di lavoro.[260] Un gruppo ancora più piccolo,

---

[258]OECD, *AI use by individuals surges across the OECD as adoption by firms continues to expand*, gennaio 2026.

[259]OECD, *AI Adoption by Small and Medium-Sized Enterprises*, discussion paper preparato per la presidenza canadese del G7, 2025.

[260]Menlo Ventures, *The State of Generative AI in the Enterprise*, 2025.

dell'ordine dell'1%, integra l'IA in modo strutturale in processi complessi. In termini assoluti, sono pochi milioni su scala globale. La differenza ci riconduce al problema del regime di interazione trattato nel Capitolo 9, e produce traiettorie divergenti di accumulazione di competenze. I dati aggregati raccontano, dunque, due storie che coesistono senza contraddirsi: una di espansione accelerata, e una di stratificazione persistente.

DIVARI CHE SI APRONO E SI CHIUDONO

Fin qui, i divari che stiamo descrivendo hanno una direzione. Qualcuno ha di più, qualcuno di meno, e la distanza tende a crescere. Ma il fenomeno è più complesso: l'intelligenza artificiale non si limita ad amplificare disuguaglianze esistenti — apre alcuni divari nuovi, mentre tende a chiuderne altri. Separare queste dinamiche evita gli errori simmetrici dell'ottimismo, che vede nell'IA un livellatore universale, e del pessimismo, che la riduce a un amplificatore di tutto ciò che già andava male. È più interessante osservare un sistema che stratifica e democratizza al tempo stesso, a seconda del dominio, del contesto e delle condizioni d'uso. Cominciamo da ciò che si apre.

Il *divario istituzionale* merita un'attenzione speciale, perché la disuguaglianza nell'accesso non si limita agli utenti individuali. In alcuni paesi, specie del nord Europa, le istituzioni sono riuscite a integrare l'IA in modo relativamente ordinato. In sistemi come quelli di Finlandia, Estonia o Paesi Bassi, l'introduzione di strumenti basati su modelli linguistici si accompagna a programmi di formazione docente, regole chiare su uso e valutazione, e quadri istituzionali che trattano l'IA come oggetto di apprendimento — per padroneggiare cosa può fare, cosa no, e a quali condizioni convenga usarla.

In molti altri contesti — l'America Latina, il sud Europa, ampie regioni dell'Africa e dell'Asia — le istituzioni educative e le organizzazioni in generale affrontano molte limitazioni. Budget ristretti, connettività disuguale, quadri regolatori poco chiari e un divario crescente tra l'ambiente formale e le pratiche reali cospirano contro l'avanzamento. Le risposte istituzionali oscillano tra il divieto reattivo, che rende informale e disordinato l'uso dell'IA senza eliminarlo, e l'adozione acritica, che lo introduce senza ridefinire obiettivi chiari, delegando compiti senza assicurare la supervisione.

In *ambito aziendale* la dinamica è simile. Le grandi organizzazioni integrano l'IA mediante sistemi personalizzati, protocolli d'uso e team specializzati; le piccole e medie dipendono da strumenti pubblici di uso generale, senza formazione adeguata né criteri di controllo. Secondo dati dell'OCSE, il 52% delle grandi aziende usa l'IA, contro il 17,4% delle piccole. Inoltre, le aziende che sviluppano IA internamente ottengono ritorni significativamente maggiori di quelle che usano soluzioni generiche, e la capacità di sviluppare o adattare internamente va di pari passo con la dimensione e le risorse dell'organizzazione. Il divario istituzionale è, in fondo, di capacità di integrarla con senso — il che dipende da formazione, tempo, struttura organizzativa e criterio, tutti aspetti che non si risolvono da un giorno all'altro.

I divari d'uso e di integrazione istituzionale operano sulla struttura dei modelli stessi. Le barriere tecniche producono *divari di modelli*, da cui emerge una stratificazione che eccede il piano tecnico. Nel Capitolo 7 abbiamo visto che alla sommità si colloca un numero molto ridotto di attori capaci di addestrare modelli base di grande scala, concentrati in grandi aziende tecnologiche e, in alcuni casi, in consorzi con un significativo supporto statale. Questi attori controllano l'addestramento iniziale, l'architettura, la selezione dei dati, i criteri di curatela e i processi di allineamento che definiscono il comportamento basilare del modello. Su questa base si costruisce uno strato intermedio, formato da centinaia o migliaia di modelli derivati, ottenuti mediante *fine-tuning*, LoRA o aggiustamenti di allineamento specifici. E infine, milioni di utenti, organizzazioni e perfino istituzioni pubbliche accedono unicamente all'inferenza — all'uso del modello già addestrato, sotto condizioni fissate da terzi.[261]

Questa divisione del lavoro cognitivo risponde a una realtà materiale che, però, si sta differenziando. Addestrare un modello base di frontiera assoluta richiede ancora investimenti che solo un pugno di attori può affrontare; ma DeepSeek ha dimostrato che si possono addestrare modelli con meno investimento, e Kimi K2 ha replicato lo schema. La soglia di accesso a capacità di livello competitivo, lo abbiamo visto, è scesa drasticamente, e questo apre una zona intermedia in cui attori con risorse moderate possono addestrare modelli propri, se hanno i dati, l'ingegneria e l'orientamento strategico. La possibilità, però, non elimina la concentrazione nello strato più alto, né risolve il problema centrale: senza accesso ai dati originali, alle pipeline di curatela e alla capacità di iterare l'addestramento su scala, l'apertura dei pesi abilita l'uso e l'adattamento locale, ma non la produzione di modelli che riflettano tradizioni, lingue e saperi locali fin dalla loro origine. La concentrazione della genesi persiste — anche se il suo tetto è diventato più poroso di quanto sembrasse.

I modelli operano, in questo senso, come infrastruttura cognitiva. Facilitano compiti e mediano l'accesso alla conoscenza, ma anche stabilizzano modi di argomentare, gerarchizzano stili di scrittura, normalizzano certi registri come più ragionevoli di altri. Yuk Hui, nel suo lavoro sulla cosmotecnica, chiama tutto questo monotecnologia: l'imposizione di una relazione unica con il sapere, che sopprime la diversità mediante la standardizzazione.[262] Un modello addestrato dentro una cosmotecnica particolare — con i suoi presupposti su efficienza, scalabilità e utilità — si dispiega globalmente come se quella cosmotecnica fosse la tecnica stessa. La

---

[261]Emily Bender et al., *On the Dangers of Stochastic Parrots: Can Language Models Be Too Big?*, Proceedings of FAccT, 2021, e Epoch AI, *How much does it cost to train frontier AI models?*, 2024.

[262]Yuk Hui, The *Question Concerning Technology in China: An Essay in Cosmotechnics, Falmouth*, Urbanomic, 2016, e *Machine and Sovereignty: For a Planetary Thinking*, Minneapolis, University of Minnesota Press, 2024.

neutralità, qui, è una finzione retorica, che ignora le condizioni materiali della propria costruzione.

C'è un divario che va in direzione contraria agli altri, e si apre all'interno dei gruppi con maggiore adozione. Gli utenti più giovani, che integrano l'IA fin dall'inizio della loro formazione, prima di aver sviluppato le competenze che lo strumento sostituisce, rischiano di non acquisire abilità che le generazioni precedenti svilupparono per necessità. Redigere senza assistenza, sostenere un argomento senza aiuto esterno, cercare informazione con criterio in fonti primarie, tollerare l'incertezza del non sapere e costruire a partire da lì sono competenze che si rafforzano con la pratica e si atrofizzano con la delega sistematica. Se un'intera coorte impara a scrivere con assistenza fin dall'adolescenza, la capacità sociale accumulata di produrre testo argomentativo senza supporto esterno si danneggia nell'insieme. Il *divario generazionale di perdita di abilità* contrappone chi ha usato lo strumento senza aver prima sviluppato ciò che esso sostituisce a chi è arrivato dopo averlo sviluppato — o a chi non l'ha usato —, con conseguenze che diventeranno visibili solo quando quelle competenze saranno richieste in assenza dello strumento.

Consideriamo ora quali divari l'intelligenza artificiale potrebbe chiudere. La critica alla narrazione della democratizzazione non dovrebbe occultare che ci sono divari concreti in cui l'IA può produrre valore genuino.

Il più immediato è *linguistico.* Un ricercatore che legge in spagnolo ma ha bisogno di consultare letteratura in mandarino, tedesco o arabo aveva, fino a poco fa, due sole opzioni: imparare la lingua, o dipendere da ciò che fosse tradotto. I modelli linguistici non eliminano la barriera — la traduzione automatizzata ha limiti di qualità —, ma la riducono a un grado che modifica le condizioni del lavoro intellettuale.[263] Un avvocato argentino che ha bisogno di capire un contratto redatto secondo il diritto tedesco ottiene una prima lettura funzionale in minuti, e ciò che guadagna è la capacità

[263]Pratik Joshi et al., *The State and Fate of Linguistic Diversity and Inclusion in the NLP World*, Proceedings of ACL, 2020.

di sapere quali domande fare a uno specialista. Un ricercatore in Brasile può percorrere bibliografia in giapponese per decidere se valga la pena commissionare una traduzione professionale, qualora gli servano stile o estrema precisione. L'asimmetria tra chi legge in varie lingue e chi legge in una sola si riduce, perché si abbassa il costo di accesso al materiale.

Il secondo divario è *informazionale*. Un piccolo produttore agricolo nell'entroterra di una provincia non ha accesso alla stessa conoscenza tecnica di una corporation con un reparto di R&S; ma un sistema di IA specializzato nella gestione di suoli, parassiti o irrigazione — che può essere un modello piccolo, addestrato per quel dominio, operante su dati locali — può avvicinare quella conoscenza, senza che il produttore debba leggere articoli o assumere consulenti. L'IA organizza informazione che altrimenti non arriverebbe. Lo stesso vale in sanità, dove un medico rurale che lavora da solo può usare un modello come secondo paio d'occhi per la diagnosi differenziale, quando l'isolamento professionale gli rende difficile confrontarsi con colleghi.

Il terzo divario è di *compliance*. I requisiti di documentazione e trasparenza imposti da regolamentazioni nazionali e regionali sono gestibili per un'azienda con un reparto legale, ma per una cooperativa, una ONG o una piccola impresa possono essere proibitivi. Un sistema di IA che assista nella redazione di documentazione tecnica, nella valutazione d'impatto o nell'organizzazione di registri di audit riduce il costo di produrre la prima bozza da settimane a ore — bozza che poi un professionista può rivedere a minor costo. La regolamentazione diventa meno asimmetrica quando lo strumento avvicina la capacità di produrre ciò che è richiesto.

Il quarto divario è *educativo*. Uno studente senza accesso a un tutor individuale può usare un modello come compagno di studio, che gli spiega ciò che non capisce, gli propone esercizi, gli segnala errori, adatta il ritmo al suo livello. Senza sostituire il docente né la scuola, riduce la distanza tra chi ha accesso a un'educazione personalizzata e chi no.[264] Dal lato del docente, la progettazione multistrato facilita compiti di adattamento a profili diversi che tradizionalmente consumavano enormi quantità di tempo, e rendevano, in pratica, l'inclusione di alunni con difficoltà soggetta a restrizioni insormontabili. È forse il divario dal potenziale maggiore — e anche dal rischio maggiore, perché un sistema mal progettato, che conferma gli errori invece di correggerli, può consolidare le carenze che dovrebbe attenuare.

Il quinto divario che si chiude è di *accesso professionale.* In molte regioni del mondo, consultare un avvocato, un commercialista o un consulente finanziario è fuori dalla portata economica della maggioranza. Un modello linguistico che offra un primo orientamento, attraverso domande iniziali rilevanti, può fare la differenza tra agire con informazione e agire alla cieca. Il rischio di prendere l'orientamento del modello come parere definitivo è reale; ma nei casi in cui l'alternativa è agire senza informazione, la tendenza è verso un divario minore.

In tutti questi casi, l'intelligenza artificiale riduce il costo di accesso a un primo livello di capacità prima riservato a chi poteva pagarlo, o a chi aveva la fortuna geografica e istituzionale di averlo a portata di mano. La potenza passiva del modello, che nelle mani di un esperto amplifica il suo vantaggio, in contesti di carenza può svolgere la funzione di rendere disponibile ciò che non c'era. Con più scetticismo si può obiettare che non è un livellamento reale; ma senza dubbio può avvicinare il pavimento.

Sovranità tecnologica

Se l'addestramento dei modelli base resta concentrato, la capacità di definire cosa conti come conoscenza ben formata rimane

[264] Kurt VanLehn, *The Relative Effectiveness of Human Tutoring, Intelligent Tutoring Systems, and Other Tutoring Systems*, Educational Psychologist 46.4 (2011), 197-221, OECD, *AI and the Future of Skills*, 2025, e UNESCO, *Guidance for Generative AI in Education and Research*, 2024.

strutturalmente limitata. È ciò che segnala la discussione sulla sovranità tecnologica — anche se il termine tende a essere usato con più enfasi politica che precisione. Per un paese che non addestra modelli propri (e sono l'immensa maggioranza), dipendere da modelli prodotti in un'altra «cosmotecnica» ha conseguenze che vanno oltre il prezzo dell'abbonamento. Significa che le norme implicite di ciò che costituisce una buona risposta, o un argomento ben formato, sono state calibrate in un altro contesto culturale, e il modello le introduce come pavimento statistico del plausibile.[265]

L'effetto non è vistoso, ma è certo che i modelli funzionano meglio nei registri meglio rappresentati nel loro corpus, e peggio negli altri. Un avvocato che chiede sul diritto statunitense ottiene risposte più precise di uno che chiede sul diritto argentino. Su scala, questo produce una pressione normalizzatrice, che spinge verso i registri dominanti solo perché sono meglio modellati.

La geopolitica dei chip esaminata nel Capitolo 7 è una condizione di fondo: la sovranità cognitiva è condizionata dalla sovranità materiale sugli input dell'addestramento. Un paese senza accesso a GPU di ultima generazione non può addestrare modelli di frontiera, a prescindere dalla sua capacità scientifica o dalla qualità dei suoi dati. Se non si può riprodurre l'infrastruttura necessaria, la consapevolezza dell'asimmetria e la progettazione deliberata di correzioni diventano rilevanti. Addestrare modelli più piccoli con dati locali per domini specifici, investire nella produzione di corpus di qualità in lingue e registri sottorappresentati, stabilire quadri regolatori che esigano trasparenza sui dati di addestramento, sviluppare capacità istituzionale per valutare e adattare modelli prodotti da altri invece di consumarli senza mediazione: tutto questo amplia il margine di manovra, e dovrebbe entrare nell'agenda globale.

Correggere i divari ha bisogno di decisioni di politica educativa che trattino l'IA come oggetto di apprendimento e non solo come strumento; di quadri istituzionali che integrino con criterio, invece di

---

[265]Nick Couldry et al., *The Costs of Connection: How Data Is Colonizing Human Life and Appropriating It for Capitalism*, Stanford, Stanford University Press, 2019.

vietare o adottare alla cieca; di investimento in dati e modelli locali, che riducano la dipendenza da infrastruttura cognitiva prodotta altrove; e di regolamentazione che esiga trasparenza su cosa c'è dentro i sistemi che configurano sempre più l'accesso alla conoscenza. La domanda è quale tipo di infrastruttura cognitiva siamo disposti a costruire, per chi e a quali condizioni. All'inizio del capitolo dicevamo di fermarci a guardare chi altro fosse nel labirinto. Ciò che troviamo non è incoraggiante. L'ingresso è aperto, ma non dallo stesso punto; il prezzo si fa pagare in modo diverso a seconda di dove veniamo; e le mappe migliori sono scritte in una lingua che non è quella di tutti. Tutto dipende dall'architettura politica — che può essere riprogettata, se siamo disposti a costruire ciò che manca.

11

Sfide per il lavoro umano

C'è una zona del labirinto che non è diversa dalle altre. I corridoi hanno la stessa larghezza, la luce è la stessa, le pareti hanno la stessa texture, ma qualcosa nella proporzione dello spazio diventa opprimente. I passi risuonano in modo diverso, e si fiuta la paura. È lì, con una presenza più concreta e paralizzante. Camminando per questa zona non possiamo evitare di pensare a ciò che abbiamo lasciato fuori, a chi ci aspetta, e ci chiediamo cosa succederà — perché ciò che è in gioco è il sostentamento. Poche questioni generano tanta ansia quanto la possibilità che il proprio lavoro smetta di esistere. L'inquietudine materiale è legittima: colpisce chi sostiene famiglie, paga mutui, ha investito anni a formarsi per una professione che ora sembra vulnerabile. Nei cicli precedenti, le transizioni richiedevano decenni, con tempo per l'adattamento graduale di istituzioni e sistemi formativi. Ora si comprimono in trimestri. È impossibile non sentirsi minacciati.

Le aspettative di disruzione lavorativa si riflettono in laureati che credono che l'IA abbia ridotto il valore del loro titolo, e in datori di lavoro che pianificano di ridurre la forza lavoro automatizzando compiti. La paura dello spostamento lavorativo, peraltro, ha conseguenze anche se lo spostamento non si verifica: modifica decisioni di formazione, investimento personale, pianificazione familiare, orientamento politico, con il solo affacciarsi. Come ogni paura, è terreno fertile tanto per la manipolazione allarmista quanto per la minimizzazione interessata. Eviteremo quelle vie, per esaminare il fenomeno senza addolcire ciò che è preoccupante né amplificare gli aspetti incerti, su un terreno già di per sé intricato.

IL QUADRO GENERALE

A differenza di altri problemi, qui l'evidenza empirica abbonda — il che spiega almeno in parte la confusione nel dibattito teorico. I numeri sull'adozione, visti nel capitolo precedente, raccontano una storia di espansione accelerata, con una popolazione crescente che usa l'IA generativa e moltiplica le ore di lavoro assistite. L'indagine MetLife del marzo 2026 su responsabili delle risorse umane e dipendenti conferma che l'IA è ormai integrata nell'operatività quotidiana.[266] L'80% dei datori di lavoro consultati riferisce che gli strumenti di IA fanno parte dei compiti quotidiani, e ancor più affermano che aiuta i dipendenti a lavorare più rapidamente e con maggiore efficienza. Ma quando si passa dall'adozione all'impatto, l'immagine diventa un rompicapo di risultati che puntano in direzioni distinte.

Un esperimento controllato con GitHub Copilot afferma che gli sviluppatori con accesso all'assistente di IA hanno completato un compito di programmazione il 55,8% più in fretta del gruppo di controllo, con beneficio maggiore per i programmatori meno esperti e più anziani.[267] Uno studio sul campo successivo, con sviluppatori in Microsoft e Accenture, ha trovato un effetto reale ma più modesto.[268] E un'analisi dell'attività in progetti *open source* dopo l'introduzione di Copilot suggerisce che la produttività aumenta, ma il codice scritto con assistenza dell'IA richiede più lavoro aggiuntivo

---

[266]MetLife 24th Annual U.S. Employee Benefit Trends Study, marzo 2026.

[267]Sida Peng et al., *The Impact of AI on Developer Productivity: Evidence from GitHub Copilot*, arXiv:2302.06590, 2023.

[268]Zheyuan (Kevin) Cui et al., *The Productivity Effects of Generative AI: Evidence from a Field Experiment with GitHub Copilot*, MIT Generative AI Initiative, 2024.

di correzioni e manutenzione[269] — il che indica che i guadagni di velocità possono mascherare un carico crescente, che ricade su un gruppo sempre minore di esperti capaci di rilevare i problemi che il modello introduce.

Una parte importante della forza lavoro ha parte dei propri compiti esposta ai modelli linguistici, ma quantificare quell'esposizione dipende da cosa si misura.[270] I dati dell'Anthropic Economic Index, basati sull'analisi di milioni di conversazioni reali con Claude lungo il 2025, lo confermano con sfumature. La prima misura è di copertura.[271] Nel gennaio 2025, il 36% delle occupazioni registrava un uso di Claude per almeno un quarto dei propri compiti; per novembre la cifra è salita al 49%. Ma copertura non è impatto. Aggiustando per il tasso di successo del modello — in che misura Claude completa effettivamente i compiti, ponderato per frequenza e durata —, il quadro è cambiato: occupazioni come l'inserimento dati e la radiologia sono risultate molto più colpite di quanto suggerisse la mera copertura, perché lì il modello è molto efficiente; mentre l'impatto era minore in altre, come l'insegnamento e lo sviluppo software, dove il modello funziona con meno autonomia.

Un terzo risultato attenua l'idea di sostituzione: il pattern dominante d'uso è il complemento, non l'automazione completa. I dieci compiti più frequenti rappresentano il 24% di tutte le conversazioni — segno di un uso piuttosto distribuito —, e i compiti di informatica e matematica, i più associati all'automazione nell'immaginario, sono solo un terzo dell'uso totale. L'IA, inoltre, migliora la collaborazione in team e permette di superare i tradizionali silos funzionali, un effetto positivo che non appare nelle

---

[269]Feiyang Xu et al., *AI-Assisted Programming May Decrease the Productivity of Experienced Developers by Increasing Maintenance Burden*, Tilburg University, arXiv:2510.10165, 2025.

[270]Tyna Eloundou et al., *GPTs are GPTs: An Early Look at the Labor Market Impact Potential of Large Language Models*, Science 384, 6702 (2024), 1306-1308, arXiv:2303.10130, 2023.

[271]Kunal Handa et al., *Which Economic Tasks Are Performed with AI? Evidence from Millions of Claude Conversations*, arXiv:2503.04761, 2025.

metriche individuali di produttività;[272] ma allo stesso tempo aumenta le ore di lavoro, perché complementa senza sostituire il quantum lavorativo, e riduce la soddisfazione del dipendente.[273]

Le proiezioni macroeconomiche sono enormemente disperse. Acemoglu ha stimato che solo circa il 5% dei compiti lavorativi potrà essere svolto in modo redditizio dall'IA nel prossimo decennio, con un aumento del PIL di appena l'1,1%-1,6% in dieci anni. Goldman Sachs, all'estremo opposto, ha proiettato un aumento del PIL globale del 7%; McKinsey ha stimato che tra il 60% e il 70% delle attività lavorative potrebbero automatizzarsi entro il 2030; e il World Economic Forum ha proiettato 92 milioni di impieghi spostati e 170 milioni creati per il 2030, con un guadagno netto di 78 milioni. Il panorama nasconde un problema distributivo severo: chi perde il proprio impiego e chi guadagna quelli nuovi non sono le stesse persone, né stanno negli stessi luoghi, né hanno le stesse competenze.[274]

Il dato più significativo del 2025-2026 sull'impatto lavorativo concreto proviene da uno studio che ha incrociato metriche di esposizione all'IA con registri reali di impiego — milioni di registri, non solo indagini di percezione.[275] Da lì emerge che l'impiego dei lavoratori giovani, dai 22 ai 25 anni, nelle occupazioni più esposte all'IA è sceso del 13% dal novembre 2022, mentre nelle occupazioni meno esposte, e per i lavoratori più anziani, si è mantenuto stabile o è perfino cresciuto. La caduta è dovuta a una riduzione degli ingressi nella forza lavoro. Le imprese non hanno licenziato personale: hanno smesso di assumere in quei ruoli.

---

[272] Fabrizio Dell'Acqua et al., *Navigating the Jagged Technological Frontier: Field Experimental Evidence of the Effects of AI on Knowledge Worker Productivity and Quality*, Harvard Business School Working Paper 24-013, 2023.

[273] Wei Jiang et al., *AI and the Extended Workday: Productivity, Contracting Efficiency, and Distribution of Rents*, NBER Working Paper No. 33536, 2025.

[274] Daron Acemoglu, *The Simple Macroeconomics of AI*, Economic Policy 40.121 (2025); Goldman Sachs Research, 2025; McKinsey Global Institute, 2023, e WEF Future of Jobs Report 2025.

[275] Erik Brynjolfsson et al., *Canaries in the Coal Mine: Six Facts about the Recent Decline in Entry-Level Employment*, Stanford Digital Economy Lab, 2025.

Nel 2025 ci sono stati quasi 55.000 licenziamenti negli Stati Uniti direttamente attribuiti all'IA, su un totale di 1,17 milioni — il livello più alto dalla pandemia.[276] Allo stesso tempo, un esperimento di assunzione ha mostrato che le competenze di IA nel curriculum compensano in parte gli svantaggi di età e di mancanza di titolo avanzato. I candidati più anziani, e quelli senza un titolo post-laurea, migliorano sostanzialmente le probabilità di essere chiamati a un colloquio quando hanno competenze certificate in questo ambito.[277] Il mercato del lavoro nei paesi di avanguardia sta già premiando questa capacità come competenza trasversale, e chiudendo la porta d'ingresso a chi non la possiede.

I dati citati provengono quasi interamente da economie di avanguardia — Stati Uniti, Europa del nord, paesi dell'OCSE —, con mercati del lavoro che hanno già generato una domanda compensatoria mentre automatizzavano compiti. Quell'asimmetria di dati è essa stessa un dato. Nelle economie periferiche, la velocità dell'automazione non genera nuova domanda con la stessa rapidità. Un programmatore in California sostituito da Copilot può trovare domanda di audit o di design nello stesso mercato; un programmatore in Argentina o in Nigeria affronta la stessa automazione senza la stessa domanda compensatoria, che non c'è né nel mercato locale né in quello globale, perché non gli è ugualmente accessibile. Il divario tra economie che esportano intelligenza ed economie che la importano può ampliarsi con l'IA in modi che le proiezioni aggregate del WEF o di McKinsey non registrano, perché sono poco sensibili al fatto che la creazione e la distruzione non avvengono negli stessi luoghi.

Il panorama che questi dati delineano è contraddittorio. Visto tutto insieme: a livello di compito l'IA migliora e peggiora la

---

[276] Challenger, Gray & Christmas, 2025 Year-End Challenger Report: Highest Q4 Layoffs Since 2008; Lowest YTD Hiring Since 2010, 8 gennaio 2026. Amazon ha eliminato 14.000 ruoli aziendali sostenendo che l'IA consente strutture più agili. Workday ha tagliato l'8,5% della sua forza lavoro per riassegnare risorse verso investimenti in IA.

[277] Fabian Stephany et al., *AI Skills Improve Job Prospects: Causal Evidence from a Hiring Experiment*, arXiv:2601.13286, 2026.

produttività, nella professione redistribuisce funzioni in modo disuguale, nel mercato del lavoro crea e distrugge impieghi, e nella qualità accelera e degrada la produzione.[278] Si è detto che la ricerca su IA e mercato del lavoro è agli inizi, alle prese con differenze di effetti tra occupazioni, profili e industrie che obbligano a riprogettare tutto. Eppure la contraddizione è, almeno in parte, il riflesso di un fenomeno che opera su dimensioni distinte — e molti studi si affrettano a misurare senza chiedersi bene cosa stiano misurando, o scegliendo dati che confermano preferenze. Occorre, al contrario, una comprensione dell'oggetto in questo contesto specifico — ma conviene prima rivedere lo stato della questione.

LE COORDINATE DEL DIBATTITO

Se tracciamo una mappa del dibattito teorico, appare per prima la corrente dominante agli inizi: la posizione sostitutiva forte. Per questo approccio, l'IA è una tecnologia di automazione avanzata, che tende a sostituire compiti formalizzabili e ripetitivi. Lo studio fondativo di Frey e Osborne del 2017, che stimò il 47% degli impieghi negli Stati Uniti ad alto rischio di automazione, fu metodologicamente utile per mostrare la magnitudine potenziale del fenomeno, ma tendeva a sovradimensionare la sostituzione effettiva, estrapolando capacità tecniche senza tener conto degli attriti organizzativi, normativi e cognitivi.[279] Uno studio per l'OCSE del 2016, che ristimò il rischio al livello dei compiti invece che delle occupazioni complete, concluse che solo il 9% degli impieghi nei paesi dell'OCSE affrontava un rischio alto. La correzione dell'ordine di grandezza trasformò il dibattito.[280]

---

[278]Jed Kolko, *Research on AI and the Labor Market Is Still in the First Inning*, Hamilton Project, Brookings Institution, 2026.

[279]Carl Benedikt Frey et al., *The Future of Employment: How Susceptible Are Jobs to Computerisation?*, Technological Forecasting and Social Change 114 (2017), 254-280.

[280]Melanie Arntz, Terry Gregory e Ulrich Zierahn, *The Risk of Automation for Jobs in OECD Countries*, OECD Working Papers 189, 2016.

Una seconda corrente, di taglio complementarista tra lavoro umano e macchinico, sostiene che l'IA redistribuisce compiti, e potrebbe perfino invertire la polarizzazione del mercato del lavoro prodotta dalle tecnologie digitali precedenti, democratizzando l'accesso a saperi che prima richiedevano una formazione costosa e prolungata.[281] In questa lettura, l'IA è un moltiplicatore di capacità. Una terza posizione pone l'accento sulla polarizzazione cognitiva: l'IA amplifica disuguaglianze preesistenti.[282] Solo gli utenti capaci di integrarla riescono ad aumentare la produttività, con una divergenza progressiva di traiettorie.

Una quarta corrente, di ispirazione istituzionalista, sposta il fuoco dall'individuo alle strutture, e sottolinea che gli effetti dell'IA dipendono in larga parte dalle decisioni organizzative, regolatorie ed educative che governano l'adozione.[283] La stessa tecnologia può rafforzare l'autonomia professionale in un contesto e intensificare il controllo e la precarizzazione in un altro.

Una quinta posizione analizza come l'esternalizzazione di operazioni cognitive modifichi le pratiche di apprendimento e trasmissione della conoscenza, con il rischio di danneggiare le competenze quando la delega non è accompagnata da valutazione critica[284] — toccando indirettamente la questione lavorativa attraverso il problema detto «dell'ultimo esperto»: quando l'ultima generazione di professionisti formati senza IA andrà in pensione, e non resterà nessuno a verificare ciò che il modello produce.

---

[281]David Autor, *Applying AI to Rebuild Middle Class Jobs*, NBER Working Paper 32140, 2024.

[282]Fabrizio Dell'Acqua et al., *Navigating the Jagged Technological Frontier: Field Experimental Evidence of the Effects of AI on Knowledge Worker Productivity and Quality*, Harvard Business School Working Paper 24-013, 2023.

[283]Shoshana Zuboff, The Age of Surveillance Capitalism, London, Profile Books, 2019, e il rapporto dell'OIL, Generative AI and Jobs: A Global Analysis of Potential Effects on Job Quantity and Quality, Ginevra, 2023, che adotta esplicitamente un quadro istituzionalista.

[284]Ethan Mollick et al., *Assigning AI: Seven Approaches for Students, with Prompts*, The Wharton Interactive, arXiv:2306.10052, 2023.

Aggiungiamo, in sesto luogo, la teoria del lavoro immateriale. Il concetto, sviluppato da Maurizio Lazzarato nel 1996 e[285] elaborato da Hardt e Negri[286] e da Paolo Virno,[287] tematizza uno spostamento storico nella forma dominante di produzione di valore: dal lavoro materiale, che trasforma materia fisica, al lavoro che produce informazione, conoscenza, comunicazione, relazioni, affetti. L'approccio distingueva una dimensione informazionale — la produzione e manipolazione di contenuto simbolico — e una affettiva — la produzione di stati emotivi ed esperienze di cura. Il lavoro postfordista si è inclinato all'uso produttivo di competenze linguistiche e comunicative che prima appartenevano all'ambito dell'azione politica, e le ha convertite in competenze produttive centrali.

Questa tradizione non poté anticipare l'impatto dell'intelligenza artificiale. Un modello linguistico produce, infatti, proprio le risposte che la teoria del lavoro immateriale identificò come la frontiera della creazione di valore contemporanea. Si ritenevano difficilmente automatizzabili, perché dipendevano da competenze costitutivamente umane, esercitate in situazioni irripetibili e perciò irriducibili all'esecuzione meccanica. Paradossalmente, la «virtualità derivata» si è messa alla pari di quel «virtuosismo». Così, questo approccio diagnostica quale tipo di lavoro l'IA trasforma e il suo legame con la produzione di forme simboliche, e spiega perché l'ansia del professionista della conoscenza, davanti a un sistema che parla e scrive come lui, è distinta da quella dell'operaio davanti alla macchina. Ma non spiega perché il modello produce le conseguenze lavorative che l'evidenza empirica registra. Il mondo del lavoro immateriale era esperienziale, ruotava attorno alla competenza vissuta — che ora trova al suo fianco il nostro peculiare fantasma come compagnia.

---

[285]Maurizio Lazzarato, *Immaterial Labor*, in Radical Thought in Italy: A Potential Politics, Minneapolis, University of Minnesota Press, 1996.

[286]Michael Hardt e Antonio Negri, *Empire*, Cambridge, Harvard University Press, 2000, e *Multitude: War and Democracy in the Age of Empire*, New York, Penguin, 2004.

[287]Paolo Virno, *Grammatica della moltitudine. Per una analisi delle forme di vita contemporanee*, Soveria Mannelli, Rubbettino, 2002.

Lavoro e passività produttiva

Andiamo oltre queste posizioni, riprendendo i frutti della nostra esplorazione generale. Le posizioni che dominano il dibattito trattano l'IA, quando la tematizzano, come una scatola nera, i cui effetti sul lavoro si osservano empiricamente e si teorizzano dall'esterno. La posizione sostitutiva registra che ci sono compiti automatizzabili; la complementarista nota che altri si intensificano; quella centrata sulla polarizzazione avverte che i risultati divergono a seconda dell'utente; l'istituzionalista afferma che il contesto è determinante; e quella cognitivo-culturale collega la delega all'atrofia di competenze. Ciascuna osserva aspetti slegati dalle proprietà del sistema. Ma questi tratti sono conseguenze della struttura ontologica dell'intelligenza artificiale in generale, e dei modelli linguistici in particolare — non contingenze empiriche che avrebbero potuto essere altrimenti.

L'intelligenza artificiale è apparsa, in effetti, come virtualità con quattro proprietà costitutive, analizzate in dettaglio nel Capitolo 5. È *passiva*, perché non si muove da sola e richiede un'attivazione esterna. È *genericamente indeterminata*, perché non ha un orientamento proprio verso alcun tipo di attualizzazione. È *derivata*, perché produce la forma funzionale di operazioni cognitive senza il fondamento esperienziale che le origina nei soggetti umani. Ed è *inesauribile senza trasformazione*, perché non si consuma né si modifica con l'esercizio. Sono proprietà costitutive, e da ciascuna segue una conseguenza lavorativa specifica, che le posizioni sociologiche osservano senza poter spiegare.

Dalla *potenza passiva* segue che la direzione deve venire da noi. Se il modello non si muove da solo, chi apporta la direzione — l'istruzione precisa, la formulazione del problema, la delimitazione dell'ambito — diventa più prezioso, non meno. In ambito lavorativo, questo significa che la capacità di formulare problemi, sempre importante ma raramente davvero valorizzata, diventa la variabile determinante del rendimento. La posizione complementarista osserva il fenomeno come «intelligenza aumentata»: che appare qui come effetto diretto del tipo di potenza del sistema, non come scelta o ideale.

Dall'*indeterminazione generica* segue che la qualità della risposta dipende dall'istruzione, non da capacità del sistema. Chi sa cosa chiedere ottiene un risultato radicalmente distinto da chi non lo sa, e questo rende conto della polarizzazione cognitiva che osserva la divergenza di traiettorie tra utenti sofisticati e superficiali. La differenza si spiega come conseguenza di un sistema senza direzione propria, non con un accesso differenziale alla tecnologia, che proprio per questo amplifica la differenza tra chi apporta direzione e chi no, con conseguenze per il mondo del lavoro.

Dalla *derivazione* — l'assenza di fondamento esperienziale, la dipendenza dal corpus di addestramento — segue che la risposta del modello non dà segnali per identificare se sia corretta o scorretta. In termini lavorativi, poiché verificare è una condizione primaria dell'uso competente, la professione che può verificare acquista valore, mentre quella che non può — perché il suo valore stava nell'esecuzione e non nella valutazione — perde adattabilità, irrilevante com'è nel distinguere risposte utili e dannose. La cosiddetta «frontiera irregolare» — la difficoltà di stabilire dove un modello funziona e dove smette di funzionare — è la manifestazione lavorativa della derivazione.[288] La forma cognitiva della risposta non segnala chiaramente dove sia la frontiera, e così chi è privo del criterio sufficiente per rilevarla viene trascinato dalla fluidità verso errori che non avrebbe commesso da solo. La posizione cognitivo-culturale si limita al rischio di erosione delle competenze, si tratta invece dell'effetto necessario di questo tipo di architettura, che proprio per la frontiera irregolare richiede competenze specifiche —

[288]Fabrizio Dell'Acqua et al., op. cit.

non necessariamente quelle tradizionali, ma parte centrale del nuovo mercato del lavoro.

Dall'*inesauribilità senza trasformazione* segue che il modello non apprende, il che obbliga a maggiori controlli; non dà segnali di fatica, il che è utile per aumentarne la produttività; e non dà indizi di degradazione quando comincia a operare in un regime inadeguato. Dal punto di vista del lavoro, questo implica che non c'è una retroazione negativa che ci protegga dalla delega eccessiva. Un professionista che delega tutto al modello e accetta tutto ciò che riceve non sperimenta resistenza. È la base strutturale dell'«ironia dell'automazione» di Bainbridge, richiamata nel Capitolo 9: lo strumento che rende non necessaria l'esecuzione manuale rende più necessaria la vigilanza, ma al tempo stesso la indebolisce. La posizione istituzionalista osserva che i risultati dipendono dal contesto; va aggiunto che l'assenza di retroazione negativa del sistema rende i contesti senza supervisione istituzionale particolarmente vulnerabili, perché l'unico freno possibile è esterno al sistema.

Prese insieme, queste quattro derivazioni producono una tesi più ampia, che integra elementi apparentemente incompatibili quando appaiono dispersi. L'IA redistribuisce l'economia del lavoro cognitivo non per la potenza di ciò che produce, ma per la passività di come lo produce: se il sistema avesse direzione propria, non avrebbe bisogno che gliela fornissimo; se segnalasse i propri errori, non richiederebbe expertise per rilevarli; se resistesse al cattivo uso, la supervisione istituzionale sarebbe meno urgente; e se apprendesse dall'interazione, non produrrebbe atrofia per delega. Proprio perché il modello è privo delle quattro proprietà descritte, il sapere umano acquista valore invece di perderlo. L'IA non spiazza il giudizio perché lo superi: lo sposta altrove, rendendolo necessario in altre forme — e in questo movimento rivela quali professioni lo avevano, quali credevano di averlo, e quali non ne avevano mai avuto bisogno.

Quest'ultima distinzione si manifesta con particolare chiarezza in un fenomeno lavorativo recente, che illustra in pratica ciò che il nostro quadro teorico predice. *Vibe coding* è un termine coniato da Andrej Karpathy, cofondatore di OpenAI, per descrivere la pratica di produrre software descrivendo al modello ciò che si vuole in linguaggio naturale, senza soffermarsi sul codice che il modello genera. L'utente prova il risultato e, se funziona — se compila, se qualcosa appare sullo schermo, se il comportamento somiglia a ciò che immaginava —, lo dà per buono. La pratica si è diffusa massivamente, e persone con una formazione basilare in programmazione producono applicazioni, siti web, automazioni e prototipi che prima richiedevano uno sviluppatore. Questa democratizzazione della produzione di codice ha effetti economici concreti, che hanno fatto suonare l'allarme nel mondo dei programmatori — anche se la questione ha molte più sfumature.

Per analizzare il lavoro, bisogna guardare il fenomeno completo, incluso ciò che accade dopo. La derivazione opera qui con precisione. Il codice generato ha la forma di codice competente, ma può contenere errori di architettura, vulnerabilità di sicurezza, debito tecnico, problemi di scalabilità o decisioni di design che non si manifestano fino alla fase di produzione — sotto carico, con dati reali, o quando bisogna modificarlo sei mesi dopo. Molti *vibecoders* non possono rilevare questi problemi, perché non sanno cosa cercare: esattamente come chi si fida del modello ai bordi, senza ricordare che ha frontiere irregolari, e finisce col cadere nel precipizio. Di conseguenza, alcuni programmatori esperti riferiscono di avere più lavoro, sorto dalla domanda di diagnosi e riprogettazione di codice generato da altri con l'IA. La loro expertise è diventata più preziosa, di fronte alla massa crescente di codice che ha bisogno di criterio per funzionare.

Acemoglu e Restrepo distinguono tre effetti dell'automazione sul lavoro. L'*effetto di sostituzione* si verifica quando la macchina sostituisce lavoro umano in certi compiti, deprimendo salari e impiego in quei ruoli. L'*effetto di produttività* si dà quando quell'automazione riduce costi e aumenta la produzione, generando domanda di lavoro in altre aree. L'effetto di reintroduzione si riferisce alla creazione di nuovi compiti, che prima non esistevano e richiedono lavoro umano.[289] L'IA sposta la domanda dalla produzione all'audit, e può perfino aumentarla, perché il volume di risposte che richiedono audit cresce più in fretta della capacità degli esperti di farvi fronte.

Nel caso del *vibe coding*, i tre effetti operano insieme. La sostituzione si avverte nel fatto che la produzione basilare di codice si amplia, e chi faceva quel lavoro di esecuzione affronta una minore domanda. La produttività si constata nel fatto che il codice più economico e rapido genera più progetti, più prodotto, più domanda aggregata di sviluppo. La reintroduzione appare dove meno ce lo si aspettava: nel volume crescente di codice generato con IA, che crea domanda di audit, diagnosi e riprogettazione prima inesistente a quella scala. L'IA sposta la domanda dalla produzione verso la valutazione, e può perfino aumentarla, perché il volume di risposte che richiedono audit cresce più in fretta della capacità degli esperti. L'esperto che prima produceva ora fa audit — e a volte ne fa più di quanto producesse.

Presentato così, l'argomento può suonare come un appoggio naïf alla posizione complementarista, che confida nel ridimensionare il problema della relazione tra IA e lavoro. Per evitare il malinteso, tre aspetti calibrano il senso di ciò che abbiamo detto.

Il primo è tecnico, e fa appello al *miglioramento dei modelli*. Se gli errori si riducono a ogni generazione, la domanda di audit può essere transitoria. Poiché i modelli migliorano a ogni ciclo, anche se il miglioramento incrementale non risolverà di colpo il problema della verifica, cambierà di certo il livello di domanda di audit, che passerà dalla sintassi all'architettura, dal contratto individuale alla strategia legale, dalla diagnosi standard al caso atipico: si sposterà verso l'alto senza scomparire, ma limitando molto la figura del programmatore come scialuppa di salvataggio dei *vibe coders*.

---

[289] Daron Acemoglu e Pascual Restrepo, *Automation and New Tasks: How Technology Displaces and Reinstates Labor*, Journal of Economic Perspectives 33.2 (2019), 3-30, e *Tasks, Automation, and the Rise in U.S. Wage Inequality*, Econometrica 90.5 (2022), 1973-2016.

Il secondo è economico, e riguarda gli *aggiustamenti del mercato*. Ci sono già nuovi strumenti di verifica automatizzata, di testing più esaustivo, attraverso modelli specializzati nel rilevare errori di altri modelli, che stanno riducendo la necessità di audit umano. La valutazione sostanziale continuerà a richiedere giudizio di dominio, ma la fascia di lavoro tra la produzione automatizzata e quella valutazione diventerà minore. È una posizione meno catastrofista di quella sostitutiva, ma più scettica di quella complementarista: la fisionomia delle professioni ridurrà e sposterà zone, senza annichilire interi settori.

Il terzo aspetto è sociologico, e riguarda l'*abbassamento degli standard*. Se la maggioranza degli utenti non può distinguere tra codice solido e codice che sembra solido, allora il mercato non domanderà una qualità che solo l'esperto garantisce. Può prodursi, al contrario, una biforcazione: un segmento premium dove la qualità conta e si paga — infrastruttura critica, sanità, finanza regolata —, e un segmento di massa dove la risposta mediocre del modello basta, perché la verifica si deprezza e le conseguenze dell'errore si sentono diffuse o differite. La storia lo conferma. L'invenzione della stampa, da un lato, democratizzò la conoscenza; dall'altro, produsse masse di pubblicazioni di bassa qualità a cui ci siamo abituati.[290] Allo stesso modo, il giornalismo digitale non eliminò il giornalismo di qualità, ma lo ridusse a una frazione del mercato; e la fotografia digitale convertì la fotografia professionale in una nicchia dentro un oceano di immagini senza criterio. Se l'IA segue quel pattern, l'effetto «più lavoro per l'esperto» può restare confinato a un segmento persistente, ma sempre più stretto.

Il racconto catastrofista del naufragio dell'impiego è fastidioso, perché, quando si esamina l'evidenza con rigore, non sembra esserci all'orizzonte una sparizione di professioni né una disoccupazione generalizzata, ma una trasformazione dei nuclei di valore e uno spostamento tra segmenti del mercato del lavoro, a una velocità che

---

[290]Elizabeth Eisenstein, *The Printing Press as an Agent of Change*, Cambridge University Press, 1980, e David Alan Grier, *When Computers Were Human*, Princeton University Press, 2005.

mette in difficoltà la capacità di adattamento di individui e istituzioni. Per una civiltà abituata a crisi di mercato, guerre mondiali e pandemie, rimane pur sempre un giorno qualunque sul pianeta Terra. Ma la distinzione conta, perché le risposte politiche che ne derivano sono radicalmente diverse. Se il problema fosse la sparizione del lavoro umano, la risposta sarebbe qualche forma di reddito di base universale, che disaccoppi il sostentamento dal contributo produttivo — un meccanismo di compensazione passiva. Se il problema, invece, è che la redistribuzione opera più in fretta della capacità di persone e istituzioni di adattarsi, le misure per mitigarlo passano per la formazione di competenze che acquistano valore, una regolamentazione che distribuisca i costi della transizione, istituzioni che medino sulla velocità. Il racconto catastrofista, perciò, è paralizzante, e disattiva la possibilità di intervenire sulle variabili su cui si può agire.

Il reddito di base universale — un reddito incondizionato per tutti i cittadini, a prescindere dalla situazione lavorativa — circola da decenni nel dibattito politico, e ha preso slancio quando l'IA è diventata candidata a giustificarlo.

OpenResearch ha finanziato esperimenti di reddito di base negli Stati Uniti, con risultati disomogenei in termini di aumento dell'impiego, salute mentale e stabilità finanziaria.[291] I detrattori segnalano problemi strutturali che gli esperimenti pilota non risolvono, perché nessuno è stato davvero universale né permanente. Da un lato, il costo di trasferire un reddito significativo a tutta la popolazione di un paese sviluppato richiede risorse fiscali di un ordine di grandezza che nessun pilota mette alla prova. Dall'altro, l'inflazione — specie di alloggi e servizi — può distruggerne il valore reale. E infine il design: ricevere un reddito aggiuntivo in un contesto

[291]Sull'esperimento di OpenResearch, vedi Eva Vivalt et al., *The Employment Effects of a Guaranteed Income: Experimental Evidence from Two U.S. States*, OpenResearch Unconditional Cash Study, 2024. Per il caso di Stockton, California, vedi Stacia West et al., *Stockton Economic Empowerment Demonstration (SEED): Final Report, Center for Guaranteed Income Research*, University of Pennsylvania, 2022. Per il Kenya, vedi Tavneet Suri et al., *Universal Basic Income: Short-Term Results from a Long-Term Experiment in Kenya*, NBER Working Paper No. 32477, 2024.

dove la maggioranza non lo riceve, e riceverlo in un contesto dove tutti lo ricevono, può produrre effetti completamente distinti.

Due delle figure più influenti dell'ecosistema dell'IA sono giunte, nel 2025 e nel 2026, a proposte curiosamente simili. Sam Altman, dopo aver finanziato l'esperimento di OpenResearch e aver concluso che il reddito di base tradizionale era insufficiente, ha proposto nel luglio 2025 ciò che ha chiamato «ricchezza universale estrema» (*universal extreme wealth*), nata dalla distribuzione dei risultati dell'IA — misurati in token — tra tutta la popolazione globale. Se l'IA produce 20 trilioni di token annuali, una parte andrebbe al sistema tradizionale, e un'altra si distribuirebbe tra gli otto miliardi di persone del pianeta, che potrebbero usare, vendere o accumulare quei token come ricchezza propria.[292] Elon Musk, che dal 2016 argomentava che il reddito di base sarebbe stato «necessario» quando i robot avessero eliminato gli impieghi, nell'aprile 2026 ha pubblicato su X che il reddito alto universale, attraverso assegni emessi dal governo federale, è il modo migliore di affrontare la disoccupazione causata dall'IA, sostenendo che non sarebbe inflazionario, perché l'IA e la robotica produrrebbero beni e servizi molto al di sopra dell'aumento dell'offerta monetaria. Il post ha accumulato più di 27 milioni di visualizzazioni in poche ore.[293] Per entrambe le proposte l'IA genera ricchezza sufficiente a finanziare trasferimenti massicci; ma nessuna spiega il meccanismo politico per cui quel valore si redistribuirebbe, invece di concentrarsi in altre forze del mercato di certe zone del mondo.

D'altra parte, se il valore del lavoro nell'era dell'IA si sposta verso il giudizio, la contestualizzazione e la valutazione critica, allora disaccoppiare il reddito dal lavoro è una soluzione al problema della sussistenza, con un rischio per lo sviluppo delle capacità che l'IA rende più preziose. Le abitualità descritte nel capitolo precedente si formano nella pratica sostenuta, con conseguenze reali, sotto

---

[292]Sam Altman, dichiarazioni in This Past Weekend with Theo Von, episodio del 16 luglio 2025.

[293]Elon Musk, post su X (@elonmusk), 17 aprile 2026, 00:05.

pressione. Un sistema che garantisce il sostentamento a prescindere dal contributo produttivo può liberare tempo per lo sviluppo; ma può anche, se mal progettato, sopprimere gli incentivi che producono l'attrito dove quelle capacità umane si formano. Forse alcune sono superflue — ma quali? Non ci siamo ancora seduti a pensarci. Il dibattito sul reddito di base universale nell'era dell'IA è un dibattito su quale tipo di attività umana vogliamo sostenere e promuovere.

Spostamenti

Facciamo un passo in più. I confronti consueti vertono sull'intelligenza artificiale contro professionisti competenti. Ma il mercato reale non è popolato solo di professionisti competenti. Nella traduzione, nel diritto, nella programmazione, nella consulenza, nel giornalismo, una parte significativa del lavoro che si fattura come esperto è, in realtà, esecuzione meccanica senza comprensione genuina. Ci sono traduttori che traducono senza percepire i sottotesti, avvocati che copiano clausole a occhio, programmatori che incollano codice dai forum — per non parlare dei consulenti che riempiono presentazioni senza capire il business del cliente, o dei giornalisti che riscrivono comunicati stampa senza verificare né aggiungere contesto. L'elenco potrebbe allungarsi a ogni tipo di lavoro attuale.

Questi professionisti producevano essi stessi forma senza fondamento, quasi in modo derivato — solo più lentamente e più caro di un modello. Il loro valore di mercato non era sostenuto dalla qualità di ciò che facevano, ma dalla scarsità. Finché produrre un testo o un codice richiedeva abilità che non tutti avevano, c'era mercato per chiunque ne avesse anche poche. L'IA tende a eliminare la scarsità come fonte di valore. Se la macchina produce lo stesso del professionista medio, quel professionista medio non può più farsi pagare per il mero fatto di possedere una competenza che ora è gratuita. La reazione istituzionale è prevedibile, e sta già avvenendo. Ordini dei commercialisti in vari paesi hanno ristretto, o chiesto a gran voce il divieto dell'uso dell'IA nella pratica professionale, invocando ragioni di riservatezza e responsabilità tecnica. Le ragioni non sono false; ma il motore di fondo è la difesa di una scarsità che il mercato non produce più spontaneamente. Nella sua logica profonda, è lo stesso che fecero le corporazioni medievali quando tentarono di limitare la diffusione di nuove tecniche. La corporazione difende il monopolio su una competenza il cui valore viene distrutto dalla tecnologia che la democratizza.

Questo significa che l'IA non minaccia il lavoro umano qualificato, ma il lavoro umano il cui valore dipendeva dalla condizione di compito costoso, lento o difficile da accedere. Dove il valore dipende dalla qualità e dalla comprensione profonda, l'IA tende a redistribuire e perfino ad amplificare. La domanda da porsi, allora, non è tanto se l'IA possa fare un dato lavoro, ma se lo facciamo meglio dell'IA, o solo più caro. Nel caso del lavoro che dipendeva dalla scarsità, l'effetto di sostituzione è reale, e quello di reintroduzione non è garantito, perché la domanda compensatoria non appare automaticamente dove è scomparso il lavoro spiazzato.

Il rovescio di questo fenomeno è più inquietante, perché implica uno svuotamento progressivo del lavoro qualificato. Pensiamo all'avvocato che non sa più redigere un contratto da zero, perché parte sempre dalla bozza del modello; o al medico che perde l'intuizione clinica, perché la diagnosi differenziale arriva prima che la pensi. In quei casi il professionista continua a lavorare — è necessario per la verifica e l'assunzione di responsabilità —, ma il suo lavoro si è indebolito. Lo scenario passa inavvertito, perché non produce disoccupazione; ma moltiplica dipendenti con competenze più nominali che reali, il che è pericoloso nel momento in cui qualcosa fallisce, spesso in casi delicati, perché sostiene l'apparenza di lavoro qualificato mentre il fondamento si degrada.

La traduzione, che ha più tempo di esposizione all'IA di altre professioni, illustra il problema. La formazione del traduttore cominciava con traduzioni generali a basso rischio, e saliva di complessità man mano che si acquisiva esperienza. Ora il primo gradino non esiste più. L'automazione elimina il terreno di addestramento. Il risultato può essere una generazione di[294] professionisti che arrivano al livello specializzato con meno ore di pratica reale, meno intuizione sedimentata, maggiore dipendenza dal modello. La degradazione silenziosa opera su un'intera professione.

In sintesi, quando si osservano i casi concreti, l'impatto dell'IA segue tre pattern distinguibili. Spostamento del valore, come nella traduzione e nella programmazione; amplificazione asimmetrica, dove chi riunisce expertise disciplinare e tecnica resta meglio posizionato; e obsolescenza funzionale per i ruoli di esecuzione ripetitiva che l'automazione veniva già sostituendo — stenografi, dattilografi, data entry. In momenti storici simili, le professioni sopravvissero quando riuscirono a spostare la propria legittimità dall'esecuzione verso funzioni non delegabili. Lo stesso sta accadendo ora.

I NUOVI SPAZI E IL POSTO DEL GIUDIZIO

Torniamo sull'effetto di reintroduzione. È vero che l'intelligenza artificiale sta generando categorie lavorative che non esistevano tre anni fa. La più visibile è l'ingegneria dei *prompt*, sorta come specializzazione quando le imprese scoprirono che la qualità delle risposte dipendeva dalla formulazione dell'istruzione. Come professione indipendente è probabilmente transitoria: man mano che i modelli migliorano nel seguire le istruzioni e le interfacce diventano più intuitive, la necessità di uno specialista dedicato diminuisce. La competenza di saper progettare interazioni con sistemi di IA si integrerà sempre più in diversi ruoli professionali. È già successo molte volte — pensiamo al telefonista dopo il commutatore, con le sue mansioni assorbite in ruoli di assistenza clienti e simili.

[294] Joss Moorkens, *Ethics and Machine Translation*, in The Routledge Handbook of Translation and Ethics, London, Routledge, 2022.

Più stabili sono i ruoli legati alla governance dell'IA. In Europa, l'EU AI Act e le regolamentazioni equivalenti esigono documentazione tecnica, valutazione d'impatto, supervisione umana, monitoraggio post-mercato e segnalazione di incidenti per i sistemi ad alto rischio. Altre regioni che oggi non hanno nulla del genere prima o poi avranno le proprie versioni. Tutto questo crea domanda di responsabili di compliance algoritmica e auditor di sistemi automatizzati. Ruoli non transitori, perché la regolamentazione non lo è mai.

Il cosiddetto *red-teaming* e la valutazione di sicurezza costituiscono un altro campo nuovo, orientato a identificare modalità di fallimento di un modello, progettare attacchi avversari, valutare la solidità di fronte a input malevoli. Lavorare in quest'area richiede una combinazione di conoscenza tecnica, creatività avversaria e comprensione del dominio che non esisteva come profilo professionale prima dell'IA generativa.

Anche la curatela dei dati di addestramento è diventata critica. Selezionare, filtrare e documentare dati massivi richiede competenze che combinano linguistica, statistica, conoscenza di dominio e molta sensibilità culturale. E la progettazione di sistemi di orchestrazione umano-IA — quali compiti delegare, con quali controlli, sotto quali criteri di verifica — sta emergendo come funzione organizzativa nelle imprese che integrano l'IA su scala sufficiente.

Il WEF ha proiettato tassi di crescita dall'80% al 140% per ruoli come specialista in Big Data, ingegnere di IA/ML, architetto di soluzioni di IA, analista di cybersicurezza, sviluppatore di software.[295] Alcuni di questi ruoli si consolideranno, altri sono mere idee effimere di una fase di transizione. Chi ricorda ora i tempi degli operatori di telex o dei linotipisti, che furono parte dell'avanguardia tecnologica e oggi vivono nella memoria insieme a Blockbuster e alle videoteche? Impossibile saperlo. Ma la loro esistenza, oggi, è indizio del fatto che

---

[295] World Economic Forum, Future of Jobs Report 2025. Indagine su più di 1.000 datori di lavoro in 55 economie. Anche World Economic Forum, *Four Futures for Jobs in the New Economy: AI and Talent in 2030*, 2025.

l'IA redistribuisce lavoro esistente e genera domanda di capacità che il mercato del lavoro precedente non richiedeva — anche senza esprimere un giudizio sul fatto che sia solo una goccia nel deserto.

All'estremo opposto di questi lavori altamente qualificati c'è un altro gruppo, anch'esso frutto dell'effetto di reintroduzione, ma con molto meno glamour del *red teaming*, che opera in condizioni lontane da qualunque ideale. L'allineamento dei modelli richiede persone reali che leggono, valutano e classificano le risposte del modello — un lavoro importantissimo e, allo stesso tempo, mal pagato. Il Capitolo 10 ha documentato il caso dei classificatori di contenuto tossico e perturbante, retribuiti con salari miseri in paesi poveri. L'operatività del sistema, insomma, presenta sfide di integrazione proprie, nel quadro più ampio della relazione tra intelligenza artificiale e lavoro.

Consideriamo brevemente un'altra prospettiva. La maggior parte degli approcci assume implicitamente che si parli di un lavoratore individuale, che si adatta o no a seconda delle competenze e delle decisioni, o del grado di coinvolgimento di una professione in astratto. Ma la storia delle grandi transizioni tecnologiche mostra che le condizioni di transizione attivano istanze di negoziazione collettiva. Lo sciopero degli sceneggiatori e degli attori di Hollywood del 2023, che produsse accordi con protezioni esplicite contro l'uso dell'IA generativa per sostituire lavoro creativo, è un caso visibile di risposta sindacale organizzata. Gli accordi inclusero restrizioni sull'uso di materiali per addestrare modelli, requisiti di consenso per la replica digitale degli attori, limitazioni alla sostituzione di sceneggiatori con l'IA. Il risultato fu una regolamentazione negoziata, con le istituzioni che mediano tra la tecnologia e le condizioni di lavoro in primo piano.

Ora, se il valore del lavoro ai tempi dell'intelligenza artificiale si sposta dall'esecuzione verso il giudizio, la domanda sulla formazione di quel giudizio diventa prioritaria. Da quanto detto emergono cinque capacità rilevanti.

La prima è la *formulazione precisa dei problemi.* L'IA amplifica i problemi mal posti, e il collo di bottiglia sta di solito, lo abbiamo visto, nelle domande ben fatte. Ci si esercita nella logica formale, nella filosofia della scienza, nella metodologia della ricerca, nelle tradizioni di analisi di casi come quelle usate dalle scuole di diritto, di medicina e di business.

La seconda è l'*esplicitazione di presupposti e quadri.* Poiché i modelli non distinguono tra presupposti centrali e accidentali, diventa operativamente decisiva la capacità di rendere visibili le premesse. È il nucleo dell'epistemologia applicata e della teoria dell'argomentazione — discipline che occupano un posto marginale nella maggior parte dei curricula universitari fuori dalla filosofia, e che, ironicamente, risultano le più direttamente rilevanti per l'uso competente della tecnologia più avanzata del XXI secolo.

La terza è la *valutazione critica dei risultati*, che permette di rilevare errori sottili, incoerenze interne o estrapolazioni indebite, ed è una competenza centrale. Si allena ovunque si pratichi la revisione tra pari, l'analisi dell'evidenza, la rilevazione di fallacie, la lettura attenta di testi complessi. Sono abilità della tradizione delle scienze umane e sociali, sviluppate per secoli sotto nomi come ermeneutica, critica testuale, analisi del discorso — che la pressione verso la specializzazione tecnica ha via via inaridito.

La quarta è il *design cognitivo*, che permette di dividere problemi complessi in tappe, decidere quali operazioni delegare e quali mantenere sotto controllo umano, per infine ricombinare risultati parziali. Si forma nella pratica della gestione di progetti complessi, nell'ingegneria dei sistemi, nella direzione di ricerca, in qualunque contesto dove l'orchestrazione di risorse eterogenee sia la competenza centrale.

La quinta è la *competenza metacognitiva*, che determina quando una risposta è fragile, o quando una soluzione rapida compromette la comprensione profonda. È l'oggetto di studio della psicologia cognitiva applicata e delle tradizioni pedagogiche che enfatizzano l'imparare a imparare — da Piaget e Vygotskij fino ai lavori recenti di Flavell, Schraw e Dennison sul monitoraggio metacognitivo.

Può colpire che nessuna delle cinque capacità sia tecnica in senso informatico. Nessuna richiede di saper addestrare modelli, programmare in Python o comprendere l'architettura *transformer*; e nessuna si acquisisce per mera esposizione allo strumento. Questo non rende irrilevante la formazione tecnica — solo insufficiente da sola. La combinazione di formazione tecnica e formazione nelle capacità descritte produce profili qualitativamente distinti da ciascuno dei due presi separatamente. Basta guardare quali profili lavorano nei laboratori di IA più avanzati per confermarlo. In Anthropic, OpenAI, DeepMind, e nei team di interpretabilità e allineamento che producono i risultati più rilevanti degli ultimi anni, convivono ingegneri del software e matematici con filosofi della mente, linguisti, psicologi cognitivi, specialisti in etica, umanisti con formazione in analisi concettuale — per necessità funzionale. Le domande che definiscono il lavoro su quella frontiera richiedono le cinque capacità che la lista descrive.

Queste filiazioni rivelano il paradosso che ronza attorno all'indagine MetLife del 2026, citata all'inizio del capitolo. Tra i suoi dati, il 94% dei datori di lavoro dichiara che le abilità centrate sull'umano — giudizio, creatività, collaborazione, risoluzione di problemi — saranno altamente preziose nei prossimi tre anni. E il 71% dice che lo sarà anche la capacità di lavorare con l'IA. Ora, le abilità centrate sull'umano che dicono di valorizzare sono quelle che si formano nelle discipline che il mercato del lavoro viene svalutando da decenni — filosofia, lettere, scienze sociali, arti liberali —, mentre le abilità di IA che pure dicono di valorizzare si formano nelle discipline che il mercato viene privilegiando: ingegneria, informatica, scienza dei dati. La domanda del mercato punta, cioè, simultaneamente in due direzioni che il sistema educativo ha trattato storicamente come opposte.

Se è così, la logica tradizionale di scelta professionale — che presupponeva che la formazione rilevante per un campo di lavoro fosse quella che ne portava il nome — resta in discussione. Quando volevamo lavorare nella tecnologia, studiavamo ingegneria, senza tanti giri; oppure ci formavamo da autodidatti, che è un altro problema. L'IA rompe la correlazione, perché ci sono competenze per lavorare con la tecnologia che non si acquisiscono studiandola. Un filosofo addestrato all'analisi concettuale può superare un ingegnere in certi ruoli di valutazione; lo stesso vale per uno storico abituato a incrociare fonti, rilevare bias e ricostruire contesti, che può essere un eccellente auditor di risposte.

Si ha la sensazione che formazione tecnica e formazione umanistica aprano vasi comunicanti che il sistema educativo attuale non è progettato per alimentare, perché opera su una divisione disciplinare ferrea, che cospira contro le capacità trasversali — per quanti discorsi sull'interdisciplinarità e la transdisciplinarità soffino di tanto in tanto. Le università rispondono per lo più alla pressione con strategie sbagliate: creano corsi di IA che insegnano a usare modelli specifici, o si perdono in analisi astratte su effetti e impatti, invece di lavorare sulle condizioni per sviluppare le capacità descritte, che nulla hanno a che vedere con la gestione di software né con le agende culturali dell'avanguardia del momento.[296] Le scienze umane, le scienze sociali e le arti liberali, che la narrazione dell'efficienza veniva dichiarando obsolete, possono avere qualcosa da dire sulle competenze che la tecnologia più avanzata del secolo rende più preziose per il mercato del lavoro — ma solo se decidono di uscire dall'inerzia dei margini.

Dicevamo all'inizio del capitolo che la zona del lavoro provocava timori e ansie. Alla fine del percorso, risulta che la paura era orientata nel verso giusto, ma messa a fuoco male. Ciò che minaccia non è tanto la macchina che ci sostituisce, quanto la velocità che non ci lascia pensare; e ciò che può proteggerci è la capacità di fare ciò che il fantasma senza ego non può: giudicare, contestualizzare, decidere

---

[296]UNESCO, *Guidance for Generative AI in Education and Research*, 2024, e Margaret Bearman et al., *Re-imagining Assessment in the Age of Generative AI*, Assessment & Evaluation in Higher Education, 2023.

quando la risposta brillante è un miraggio e quando vale la pena rischiare di dire qualcosa che nessuna distribuzione di probabilità avrebbe predetto. Restare sulla difensiva significherebbe perderci la parte migliore. Una potenza senza direzione propria, che porta l'intera tradizione umana e può attualizzarla in qualunque direzione le si indichi, è anche, per chi sa usarla, uno strumento di espansione fantastico e sorprendente. Il ricercatore che ha sempre voluto incrociare domini che la sua formazione non gli permetteva di incrociare; il professionista che voleva capire il contesto legale o scientifico del suo lavoro senza investire anni a impararlo; il creatore che aveva bisogno di un interlocutore disponibile a qualunque ora per mettere alla prova le sue idee… Tutti hanno ora accesso a qualcosa che non esisteva. Il giudizio resta umano e insostituibile, ma il territorio su cui può esercitarsi si è espanso in modi che stiamo ancora imparando ad abitare, esplorando appena i corridoi esterni di questa zona del labirinto.

Il paradosso attorno a cui questo capitolo ha girato rivela che, in un mondo dove l'esecuzione si automatizza, coltivare ciò che è umano è il vantaggio comparativo più solido disponibile. Non competiamo con la macchina sul suo stesso terreno, bensì su quello in cui essa non può entrare — che, lungi dal restringersi, si espande a ogni miglioramento del sistema. Quanto più capace è il modello, più preziosa è la domanda che lo dirige, e più necessario il criterio che decide quando fermarsi. Uscire da questa zona con questo chiaro significa entrare in un mondo dove la curiosità ha più strumenti che mai — condizione per trarre il massimo da ciò che verrà.

UN NUOVO *NATURGEMÄLDE*

Nel giugno del 1802, Alexander von Humboldt tentò di salire il Chimborazo. Nato a Berlino nel 1769 in una famiglia dell'aristocrazia prussiana, formato in geologia, botanica, chimica, astronomia e anatomia comparata, fu amico di Goethe, interlocutore di Schiller, corrispondente di Jefferson e l'uomo più famoso del suo tempo dopo Napoleone. Inventò le isoterme, quelle linee che connettono punti di uguale temperatura su una mappa, e descrisse la corrente oceanica che porta il suo nome al largo delle coste del Perù. Soprattutto, concepì l'idea, radicale per la sua epoca, che la natura sia un sistema di relazioni dove tutto è connesso. Darwin lo definì «il più grande viaggiatore scientifico che sia mai vissuto» e riconobbe che, senza la lettura di Humboldt, non si sarebbe mai imbarcato sul Beagle.

Nel 1799, a ventinove anni, Humboldt convinse la corona spagnola a lasciargli percorrere le sue colonie americane con libertà di movimento e accesso ad archivi, miniere e territori indigeni, qualcosa che nessuno aveva ottenuto prima né ottenne dopo. Trascorse cinque anni in quelli che oggi sono Venezuela, Cuba, Colombia, Ecuador, Perù e Messico, percorrendo selve, fiumi e cordigliere con una voracità di osservazione senza pari, misurando tutto ciò che poteva, dall'altitudine, temperatura e umidità alla composizione del suolo e alla distribuzione delle piante, senza dimenticare l'inclinazione magnetica, il colore del cielo e la frequenza dei terremoti e, naturalmente, le lingue indigene, le forme di governo coloniale e il prezzo del mais nei mercati di Quito. Intuiva che le connessioni erano la chiave, ma non aveva ancora modo di dimostrarlo.

L'aiuto glielo diede il Chimborazo, il vulcano delle Ande ecuadoriane, a circa centocinquanta chilometri a sud di Quito, che nel 1802 passava per la montagna più alta del mondo, e in un certo senso lo è se misuriamo dal centro del pianeta, data la forma rigonfia in Ecuador. Humboldt arrivò alla sua base dopo mesi di ascese per le Ande, ormai acclimatato all'altitudine. Aveva trentadue anni e lo accompagnavano Aimé Bonpland, suo compagno di tutta la spedizione, e Carlos Montúfar, un giovane ecuadoriano che si era unito a Quito e si trascinava un bagaglio strano di strumenti di misurazione.

Non arrivarono alla cima. A 5.917 metri, secondo quanto registrò nel suo taccuino di appunti ossessivi, un crepaccio tagliò loro il passo. Humboldt registrò l'altitudine, la temperatura, la pressione, il polso dei suoi compagni, la presenza di licheni su una roccia che non avrebbe dovuto avere licheni e il colore esatto del cielo a quell'altezza. Sanguinavano dalle gengive e dal naso. Montúfar vomitava e Bonpland si reggeva a stento in piedi. Humboldt annotò anche tutto questo e cominciarono a scendere.

Nelle settimane seguenti, lavorando con i suoi appunti e i suoi campioni, Humboldt disegnò il *Naturgemälde*: una sezione trasversale del Chimborazo che non era una mappa della montagna, ma una mappa di come guardare. In un'unica tavola dispiegò l'altitudine, la temperatura, la pressione atmosferica, la vegetazione, i tipi di suolo, la linea della neve, le correnti d'aria e le specie animali presenti in ciascuna fascia, mostrando per la prima volta che tutto questo formava un sistema, e che le connessioni tra quelle variabili erano più rivelatrici di ciascuna presa separatamente. Humboldt non scoprì piante né rocce, ma qualcosa di più grande. La natura gli si rivelò, e comprese che il modo di vederla era salire abbastanza in alto perché le connessioni che la compongono si rendessero visibili, senza perdere i dettagli. Il *Naturgemälde* non sacrifica la minuzia in favore del panorama. Ogni specie ha il suo nome, ogni misurazione la sua cifra, e l'intera tavola dice qualcosa che nessuna cifra dice da sola.[297]

Questo libro ha tentato qualcosa di simile. Invece di una montagna, la nostra esplorazione ha percorso un labirinto, è entrata in spazi favolosi per esaminare la texture di ciò che producono, misurare i loro effetti e disegnare alla fine una sezione trasversale che mostri le connessioni che l'esperienza d'uso nasconde.

L'esplorazione ci ha tirato fuori dal cammino battuto dell'uso pratico, che cerca ricette e scorciatoie e festeggia il *prompt* che dà i migliori risultati per automatizzare ciò che prima facevamo a mano. Quel cammino ha la sua utilità e non lo disdegniamo, ma si esaurisce nella superficie dell'interazione e non genera da solo le condizioni per capire cosa stiamo usando. Non abbiamo seguito nemmeno il cammino del tecnico, che conosce i processi materiali e logici e può descrivere con precisione come operano gli strati di attenzione o come si distribuisce il gradiente durante l'addestramento, ma raramente si ferma a pensare di cosa si tratti tutto ciò. Nel migliore dei casi, il sapere tecnico produce competenza operativa. Nel peggiore, produce l'illusione che padroneggiare il meccanismo abiliti a emettere giudizi generali sulla natura umana, il futuro del mondo e il senso della storia.

Qui, invece, abbiamo avanzato con la calma che impone la fenomenologia. Abbiamo descritto ciò che andava apparendo e ne abbiamo riconosciuto i tratti senza la fretta di decidere se siano buoni o cattivi, utili o pericolosi, prima di capire cosa siano. Il viaggio per il labirinto ci ha permesso di posare gli occhi negli interstizi tra le zone, nei corridoi che le connettono e nelle scorciatoie che a volte risultano essere miraggi. Abbiamo percorso strati di multidimensionalità sorprendente senza la pretesa di diventare

297 Alexander von Humboldt, *Ideen zu einer Geographie der Pflanzen nebst einem Naturgemälde der Tropenländer*, Tübingen, F. G. Cotta, 1807. Il *Naturgemälde*, noto anche come Tableau physique des Andes et pays voisins, fu pubblicato come tavola ripiegata in quest'opera. Sulla spedizione al Chimborazo e sulla concezione della natura come rete di relazioni, vedi Andrea Wulf, *The Invention of Nature: Alexander von Humboldt's* New World, New York, Knopf, 2015.

architetti, ma neppure contenti di scattare foto alla facciata. Abbiamo esaminato la proteiforme nozione di virtualità e ci siamo tuffati in categorie filosofiche per pensare un fenomeno nuovo. Abbiamo giocato a nascondino con la materialità che si traveste da nuvola per non dover rispondere a dove sia, chi paga e chi lavora in condizioni che l'interfaccia fa sparire.

Come a Humboldt e ai suoi compagni, può darsi che ci siano sanguinate un po' le gengive nei tratti più complicati, ma torniamo con il *Naturgemälde* nello zaino. Il mucchio di aspetti dispersi che non arrivavano ad avere senso ora ha una base su cui incastrarsi. Ogni zona del labirinto continua ad avere il suo clima e la sua economia, ogni strato delle figure dell'ingresso le sue matrici e i suoi pesi e ogni fenomeno epistemico il suo meccanismo specifico, ma ora quei pezzi sono connessi in una mappa. Ora comprendiamo perché l'allucinazione è una conseguenza della virtualità, perché la compiacenza è la condotta ottimale di un sistema senza attrito epistemico e perché la materialità si ritira dalla percezione e ci lascia con surrogati. Le connessioni sfuggono all'utente comune, il tecnico non le cerca e il divulgatore non può offrirle, perché renderle visibili esige un *Naturgemälde* che riunisca il dato tecnico e l'analisi filosofica con la volontà di non cedere a soluzioni prefabbricate.

Abbiamo guadagnato qualcos'altro, che somiglia a ciò che Frank White battezzò nel 1987 come «effetto di prospettiva» (*overview effect*), in riferimento a ciò che descrissero gli astronauti del programma Apollo nel vedere la Terra dall'orbita: la percezione delle frontiere, dei conflitti e dei sistemi terrestri cambiava in modo irreversibile. Non avevano appreso nulla di nuovo sulla Terra; ma l'avevano vista da una posizione che rendeva visibile ciò che dalla superficie non si rilevava.[298] Questa versione astronautica della nozione di anamorfosi, usata per comprendere il fenomeno dell'intelligenza artificiale, ha il vantaggio di lasciare l'umanità nella posizione di ciò che è osservato.

[298] Frank White, The *Overview Effect*: Space Exploration and Human Evolution, Boston, Houghton Mifflin, 1987. Terza edizione riveduta: 2014.

In effetti, guardare da vicino il fantasma senza ego, come porta la tradizione senza viverla, come produce la forma della comprensione senza la sua texture, come attiva in noi la sensazione di un altro senza avere un'interiorità che la sostenga, dice qualcosa su di lui e anche su di noi, esseri umani, e sui modi in cui costituiamo senso. L'assenza di storia di acquisizione nel modello illumina, per contrasto, quanto la cognizione umana dipenda da quella storia, e la sua assenza di tensione epistemica sottolinea quanto il nostro giudizio dipenda dalla resistenza interna e dalla logica dei nostri limiti. Ogni proprietà del modello che non è umana restituisce, come uno specchio invertito, una proprietà dell'essere umano che era invisibile a furia di essere ovvia.

Questo è, forse, un risultato inatteso di questo percorso. L'intelligenza artificiale ha finito per illuminare settori dell'intelligenza senz'altro come trama di tempo vissuto, esperienza sedimentata, impegno con la verità e responsabilità per ciò che si afferma. Humboldt salì una montagna per misurare l'aria e scese avendo scoperto che la natura è un sistema. Noi abbiamo percorso questo labirinto per capire una tecnologia e siamo scesi avendo visto, nello specchio di ciò che quella tecnologia non è, qualcosa di ciò che siamo e che non avevamo mai avuto motivo di esaminare.

Da quella comprensione dipende la differenza tra usare il sistema ed essere usati da esso, che è la differenza tra operare alla cieca e sapere cosa stiamo facendo, tra ricevere la forma della conoscenza e poter valutare se è davvero lì. Quando la fluidità linguistica si abbassa di prezzo fino a sembrare gratuita e la responsabilità epistemica si fa cara fino a sembrare un lusso, quella differenza vale lo sforzo.

www.ingramcontent.com/pod-product-compliance
Lightning Source LLC
LaVergne TN
LVHW050844051026
849532LV00006BA/2104